La décentralisation au Tchad

Points de vue
Collection dirigée par Denis Pryen

Dernières parutions

Serge Eric MENYE, *L'Afrique face au cynisme climatique*, 2023.
Alpha Oumar Telli DIALLO, *La Guinée-Conakry de janvier 2011 à décembre 2015. Le premier quinquennat de M. PPAC aux commandes du pays*, 2023.
Mamadou Dian DIALLO, *Résoudre la crise politique en Guinée*, 2023.
Sisi KAYAN, *L'Afrique n'a pas besoin d'aide, La communication au service d'une Afrique debout*, 2023.
Birama DIOP, *Ousmane Sonko. Le génie politique*, 2023.
Tongele N. TONGELE, *Pour la renaissance de la RD Congo. Des idées pour bâtir l'avenir*, 2023.
Patience KABAMBA, *En finir avec la crise multiforme en RD Congo ? (Approche dialectique)*, 2023.
Wuldath MAMA, *Abolition du Franc CFA. La renaissance du panafricanisme*, 2023.
Albert PAHIMI PADACKÉ, *L'Afrique empoisonnée, Pathologie et thérapie des conflits,* 2023.
Georges TOUALY, *Réflexion sur un exil intérieur, Marcel Amondji dans le texte, La Côte d'Ivoire au cœur*, 2022.
Gaston ZABONDO DYNDO, *Démocratie africaine, démocratie consensuelle*, 2022.
Tracy TCHINGOUCHI, *Sang-voix. Le règlement des conflits électoraux dans la sphère CEDEAO : les maux et les remèdes*, 2022.

Maidé Hamit Lony

La décentralisation au Tchad

Une dynamique normative à l'épreuve des réalités pratiques

L'Harmattan

5-7, rue de l'École polytechnique, 75005 Paris

www.harmattan.fr

ISBN : 978-2-14-049563-2
EAN : 9782140495632

Je dédie ce travail à mon feu père le Contrôleur Général de Police Hamit Lony Kindji, qui était un haut cadre de la Police Nationale, plusieurs fois Directeur Général de cette institution. Ila servi le Tchad avec dévouement, rigueur et honnêteté. Je lui rends à travers cette œuvre les hommages qu'il mérite. Je le remercie pour les valeurs inestimables qu'il nous a inculquées, valeurs dont tous ces fils sont aujourd'hui fiers de lui.

Préface

Dans cet ouvrage, Maidé Hamit Lony confronte la vision idéale de la puissance administrative aux réalités pratiques d'une nation dans laquelle l'État moderne a été imposé plus qu'il ne s'est imposé.

Hamit prend d'abord le temps de replacer les enjeux théoriques. Confrontant les arguments des différents courants ayant travaillé la question de la décentralisation et plus largement des mécanismes de dévolution des compétences. Il évoque aussi quelques cas d'écoles permettant de mieux saisir son objet. Ces références apportent une synthèse heureuse avant d'entamer le diagnostic sur le cas particulier qui l'intéresse : le Tchad.

Son analyse est donc d'abord théorique, presque clinique. Il jette parfois un regard sévère sur les institutions tchadiennes. Cependant, il ne se contente pas d'une posture « au-dessus de la mêlée ». Il s'emploie à trouver les conditions de capacitation de l'État tchadien et en particulier des collectivités territoriales. Sur un principe simple : un transfert de compétences suppose un transfert de moyens et de légitimité. Ce transfert ne saurait être systématique. Surtout, il ne peut pas être une solution de camouflage des défaillances de l'État ou de report de son incompétence.

Comme l'auteur, les lecteurs ne douteront pas de la capacité de la nation tchadienne à faire advenir une organisation administrative tout à la fois souveraine, légitime – et donc démocratique, et efficiente ; cet ouvrage permet d'interroger les conditions de l'avènement d'un tel État.

En s'employant à comprendre le poids de l'histoire et du contexte contemporain dans la forme actuelle de l'État tchadien, il rend compte des acquis et des fragilités de l'organisation politico-administrative. Il serait réducteur de qualifier l'approche de l'auteur de pragmatique. Il ne propose pas seulement de s'adapter aux spécificités culturelles et historiques du Tchad. Il présente des pistes pour créer les conditions de dépassement des circonstances. L'ouvrage commis est engagé : il trace un chemin pour résoudre les problématiques que traverse son pays. Il est engageant : il exhorte les pouvoirs publics à emprunter rapidement ce chemin.

Il le fait en observateur militant, par son implication citoyenne et affective. Son regard est amoureux et par conséquent empreint d'admiration, de bienveillance et parfois de frustration. Ses propos peuvent parfois paraitre exigeants, voire durs. C'est là le signe de l'ambition qu'il a pour son pays.

Convaincu du rôle décisif de l'État pour conduire aux destinées du peuple, Hamit appréhende le futur du Tchad par le prisme de la puissance administrative. Son ouvrage plaide en faveur d'une décentralisation soucieuse de l'unité nationale et respectueuse des spécificités régionales. Il poursuit une réflexion qui n'est pas nouvelle : les conditions de réussite de la transition démocratique dans des États post-coloniaux. Il interroge la capacité de conversion d'un modèle autoritaire à un modèle démocratique qui préserverait l'unité nationale.

Constatant la difficile mise en œuvre des législations nationales dans les échelons locaux, il propose une nouvelle législation organisatrice du territoire. Il donne à l'État central une fonction de supervision rassérénante et non castratrice. S'il lui accorde un droit d'initiative sur tous les domaines, sorte de clause de compétence générale, il l'encourage à favoriser une régalienne. Entendu ici, d'une vision extensive, puisque derrière l'idée de « cohésion nationale » dont l'État central serait garant, Hamit affirme l'enjeu de solidarité. Comment l'administration centrale pourrait coordonner l'action publique, contrôler le respect des orientations nationales et assurer aussi les conditions du vivre ensemble dans un territoire extrêmement vaste ?

L'État moderne a préexisté à la nation tchadienne. Avec une particularité qu'il faut remarquer :l'absence de stratégie unificatrice du territoire tchadien sous la domination française. On pourrait dire : une stratégie d'évitement de l'unité. Il s'agit ici d'une exception notable en ce que la France a évité avec soin l'édification d'une réelle administration centrale au Tchad préférant entretenir une logique de factions et de cantons. Ce n'est pas pour autant une domination moins autoritaire. Elle est d'ailleurs essentiellement assurée par l'administration militaire française jusque dans les années 30 et il faut attendre quatre ans après l'indépendance pour que l'ensemble du territoire tchadien revienne aux administrateurs civils. L'indépendance tchadienne est un processus relativement pacifique en comparaison des autres processus d'indépendance des États africains. Celle du Tchad est le fruit d'un dialogue continu et fécond avec la métropole de la conférence de Brazzaville en 1944 jusqu'à l'indépendance en 1960. N'oublions pas que c'est bien un référendum français, celui en 1958 sur la Constitution de la Ve République française qui donne naissance à la République du Tchad. Et c'est par un accord de « transfert de compétence » de la « Communauté » à la République du Tchad qu'est entérinée son indépendance. Pesons bien la signification de l'intitulé de cet acte fondateur d'une nation : transfert de compétence.

Le vocabulaire est administratif. Il ne s'agit pas d'une adresse au peuple tchadien, il ne s'agit pas d'une proclamation romantique ni d'une déclaration solennelle mais d'un acte procédural. D'ailleurs cette indépendance ne signifiera pas la fin de la présence française.

L'indépendance tchadienne semble écrite depuis Paris. Elle est cahotée à Ndjamena. Quatre gouvernements successifs en quatre mois pour proclamer la République autonome.

Et la lourde tâche de construire un État sur un substrat composite faite d'autorité coutumière et de l'institution coloniale. En la matière l'héritage de la puissance coloniale est ambivalent.

On aurait tort de mésestimer la force administratrice de ce qui préexistait à l'État colonial ni surestimer le poids de la centralisation chez les administrateurs coloniaux. Gardons en tête que l'idée de décentralisation ne pouvait être appréhendée comme on l'entend aujourd'hui ; les colonies restaient de lointaines périphéries de la métropole et donc de Paris. Un double excentrement.

Et puis, faut-il considérer le Tchad comme un cas si particulièrement problématique ? L'hétérogénéité du Tchad au moment de son indépendance était plus importante qu'en France au moment de l'« avènement bureaucratique ».

Peut-être que le leg le plus déterminant est celui de la figure du fonctionnaire. Là encore, il faut voir la force du mythe sans jamais oublier qu'il ne s'agit que d'un mythe. Idéal-type fondateur d'une certaine vision de la bureaucratie. C'est-à-dire d'une certaine vision de l'État fondé sur l'interaction entre les élus et l'administration, autant dire entre la volonté et la puissance, entre l'orientation et la mise en œuvre. La transposition de ce duo dans le contexte tchadien n'a rien d'évident pour l'État central, il était hautement problématique au niveau local.

Pourtant, l'auteur est convaincant à ce sujet, la transition démocratique tchadienne passe par la décentralisation. Le Tchad doit réussir une diminution de la tendance autoritaire tout en préservant la légitimité de l'État central, figure tutélaire et unitaire.

L'auteur nous appelle à transformer cette légitimité ou s'appuyer au centre sur les sources de légitimité traditionnelle. L'enjeu d'intégration de notabilités anciennes, traditionnelles afin de mieux faire accepter de nouveaux modes de légitimation. L'État démocratique naissant a pris appui sur les formes de pouvoir existantes. Lorsqu'il désigne des chefs parmi les structures tribales, il n'est pas dans un processus de sélection des élites mais de reconnaissance. Il prend acte des réalités. L'intégration des chefferies traditionnelles dans l'édifice démocratique peut surprendre. Pourtant, n'est-ce pas une étape dont nulle démocratie moderne n'a pu s'affranchir. Chacune à sa façon n'a-t-elle pas, au moins temporairement, joué sur la confusion entre les figures notables traditionnelles et les hérauts d'une nouvelle légitimité légale-rationnelle.

En cela, il traite d'une problématique qui se pose à tous les États : La modernisation de l'action publique qui se heurte aux résistances d'une administration locale

Alors que le Tchad vit depuis 2021 une période de transition complexe - une énième transition compliquée – cette contribution pourra, à n'en pas douter, éclairer les débats à venir sur la rationalisation, la performance et la légitimation de l'action publique tchadienne au service de sa population.

Dr Jonathan Bocquet, *universitaire, élu villeurbannais en charge des finances, de la transition démocratique, aux travaux et à la performance de l'administration.*

INTRODUCTION

La décentralisation a donné « un nouveau souffle à la démocratie en conférant aux élus locaux des responsabilités importantes et les moyens de les assumer. Elle a fait des collectivités territoriales des acteurs à part entière du développement local, capables d'agir (…) pour répondre aux besoins des citoyens (…). Dans le même temps, l'État a continué de garantir la cohésion nationale, veillant à un développement équilibré du territoire et à la péréquation des ressources entre collectivités locales »[1]. Cet extrait du discours de Lionel Jospin illustre bien que la décentralisation administrative territoriale dans un processus constant et avancé, pourrait entraîner une transformation importante des territoires et elle est susceptible de produire une dynamique territoriale importante en faveur du développement ; en même temps, elle permettrait à l'État de maintenir une certaine cohésion et une unité dans ses actions sur l'ensemble du territoire national. Il garantit la cohésion nationale et assure l'égalité entre les territoires par le mécanisme de péréquation. Cette description de la décentralisation est bien défendable dans la mesure où la mise en œuvre pratique des réformes instituant la décentralisation sont assurées de façon optimale. En effet, cette conception est bien défendable en France qui depuis quelques décennies connaît une dynamique de décentralisation avérée accompagnée des ressources nécessaires accordées aux collectivités territoriales pour mieux gérer leurs affaires, contrairement aux plusieurs États africains de tradition juridique française connaissant aujourd'hui des retards importants

[1] Lionel Jospin, discours prononcé à l'Assemblée nationale française.

pour mettre en œuvre de façon concrète les réformes de la décentralisation qu'ils ont initiées[2]. La République du Tchad consacre officiellement la décentralisation depuis quelques décennies. Il y a eu une dynamique normative constante, mais sur le terrain pratique, il y a des difficultés sérieuses à concrétiser les différentes réformes engagées. Ce qui constitue dès lors un retard du processus de la décentralisation malgré une volonté affichée à travers l'adoption des lois qui mettent constamment au centre des préoccupations l'évolution de la décentralisation.[3]

La décentralisation administrative est un mode d'organisation de l'État qui consiste à partager ses compétences avec des personnes morales de droit public qui lui sont distinctes. Elle consiste à transférer des pouvoirs à des entités qui bénéficient d'une certaine autonomie vis-à-vis de l'État, mais soumises à son contrôle.[4] La notion de la décentralisation est en soi une notion très large et qui a fait l'objet de beaucoup de débats doctrinaux. Elle est reconnue comme un mode d'aménagement des structures de l'administration d'un État dans laquelle la personnalité juridique ayant été reconnue à des communautés d'intérêts ou à des activités de service public. Le pouvoir des décisions est exercé par des organes propres à ces personnes agissant librement sous un contrôle des autorités de tutelle. Elle se comprend à travers deux acceptions : la décentralisation technique ou par service ou encore la décentralisation fonctionnelle et la décentralisation administrative territoriale. Dans cette définition, on admet à côté de la décentralisation administrative territoriale qui est caractérisée par le

[2] Dr Kadjangue-Kadjangue, Enjeux et défis de la décentralisation en Afrique, acte de colloque 2018.

[3]Patrik Djimassal, Administration publique au Tchad à l'ère de la décentralisation, édition Harmattan (études africaines).

[4] Droit des collectivités territoriales, Hyper cours Dalloz 2021.

principe de compétence générale de ses organes, une autre forme de la décentralisation dite fonctionnelle qui lui est caractérisée par le principe de spécialité. Cette décentralisation fonctionnelle est une technique qui permet à l'État de déléguer certaines fonctions à des organismes dotés de personnalité juridique qui bénéficient d'une certaine autonomie administrative et financière pour gérer une ou plusieurs compétences spécifiques. Par ailleurs, la décentralisation administrative territoriale permet à des personnes morales de droit public distinct de l'État, bénéficiant d'une autonomie administrative et financière et qui gère librement ses affaires par le biais d'un organe élu bénéficiant des compétences générales. Certains auteurs insistent sur le mode de désignation des dirigeants pour définir la décentralisation[5]. Ils prennent en compte dans la définition de la décentralisation le critère d'élection démocratique des organes de décision des collectivités territoriales pour caractériser la décentralisation administrative territoriale. Ainsi, la décentralisation territoriale suppose le transfert des pouvoirs d'un niveau central à un niveau local ou périphérique géré par des conseils élus. Elle a été un mouvement qui a remis en cause la centralisation administrative qui était bien appliquée dans plusieurs États au monde et de même, elle a réaffirmé la démocratie au niveau local. Comme les autres auteurs, Maurice Hauriou pense également que la décentralisation peut-être aussi définie par le mode de désignation des conseillers qui gèrent les affaires des collectivités, c'est-à-dire par un mode de désignation basé sur les élections. Dans le même ordre d'idées, B. Christine dit ceci : "la décentralisation vise à donner aux collectivités locales des compétences propres, distinctes de celles de l'État, à faire élire leurs autorités par la

[5]Maurice Hauriou…

population et à assurer ainsi un meilleur équilibre des pouvoirs sur l'ensemble du territoire. La décentralisation rapproche le processus de décision des citoyens, favorisant l'émergence d'une démocratie de proximité"[6]. Pour beaucoup des auteurs, la place de la démocratie dans la définition de la notion de la décentralisation administrative territoriale est évidente. Même si de nos jours la démocratie occupe une place importante dans la façon de l'appréhender, mais, elle ne constitue pas une notion centrale pour la définir. Il pourrait bien exister une décentralisation sans que les organes de gestion soient élus. Cependant, la démocratie locale ne pourrait pas être vue comme une démocratie du fait de l'indivisibilité de la souveraineté dans un État.[7] Elle pourrait en effet être admise comme une forme de démocratie administrative par le fait que la grande partie des compétences transférées aux collectivités décentralisées sont d'ordre administratif[8]. Donc, la notion de la décentralisation, en regroupant tout ce que nous avons dit, se définit comme *un mode d'aménagement du pouvoir de l'État qui consiste à transférer des compétences du niveau central au niveau territorial, à des entités jouissant de personnalité morale différente de l'État et qui gèrent leurs affaires par des conseils élus*. Cette définition prend en compte plusieurs critères : la personnalité morale du droit public distinct de l'État, le mode de désignation des dirigeants et le transfert des compétences de l'État aux collectivités territoriales. La décentralisation est caractérisée par des principes qui sont entre autres celui de l'autonomie administrative, celui de l'autonomie financière et le principe de la libre administration de ces collectivités.

[6]B Christine, élection et décentralisation 2008.

[7] C. Chabrot, Démocratie et Décentralisation : un couple platonique ? Atelier "Constitution et pouvoir local" Toulouse 2002.

[8] Idem.

Le phénomène de la décentralisation administrative territoriale est très ancien dans le monde. C'est une réalité aussi ancienne que les groupements humains, mais en tant que phénomène juridique, elle constitue des réalités relativement récentes[9]. C'est en Angleterre que la première loi sur le gouvernement local ou *"local government"* a été édictée en 1838. Le système de l'État français influencé par des monarchies a connu d'abord un système administratif très centralisé. Il est construit dans une logique d'unité de la nation, c'est pourquoi, on était dans un premier temps hostile à un système qui accorde un minimum d'autonomie aux entités locales. L'expression *"l'État français n'est pas un assemblage des petites nations"* illustre un souci d'uniformité et d'unité nationale[10]. Cette expression explique bien la tradition centralisatrice de l'État français. Elle a constitué même la source historique de la culture centralisatrice de la République française[11]. Même si dans son fonctionnement, le système administratif français connaissait très tôt une forme de décentralisation, par conséquent, il faut attendre 1884 que certaines circonscriptions administratives acquièrent le statut des collectivités locales administrées par des conseils élus[12].La centralisation française, fruit de l'histoire politique, administrative et institutionnelle de la France monarchique est encore influencée par le jacobinisme fondé sur une vision d'unité de la République. Ce modèle est exporté par la colonisation française et tous les États africains issus de la colonisation française en étaient héritiers dès l'indépendance.

---

[9] George Jones, Professeur de l'université à Londres.

[10] L'Abbé Sieyès

[11] VIDA Azimi, nation contre petites nations ; Administration territoriale française 1750-1940 ; PU Orléans 1998.

[12] Loissur la municipalité de 1884, étape marquante de la décentralisation en France.

Dans le monde Arabe, la décentralisation administrative territoriale a été aussi conçue comme un système d'organisation territoriale mais, de façon différente. La tradition administrative des États arabes est très centralisée du fait des Sultanats et Royaume dans plusieurs pays ; le système étatique arabe est une sorte de monarchie basée sur le contrôle très strict de l'appareil administratif de l'État. C'est une organisation administrative très centralisée. En effet, ce système laisse très peu de chance à l'autonomie locale. Les superficies des États arabes (majoritairement, ce sont des États de petites tailles) qui s'adaptent bien avec la centralisation de l'appareil administratif. Mais, malgré tout, certains États arabes influencés par le modèle administratif et politique occidental, sont parvenus à reconnaître très tôt la décentralisation. C'est le cas par exemple de l'Égypte. Dans ce pays, la décentralisation est consacrée en 1909 lorsque les conseils régionaux (Muhafazat) ont été dotés des personnalités morales et des compétences propres[13]. Les Muhafazat ont été reconnus par la loi comme des entités morales autonomes de l'État qui ont leur propre budget et s'administrent librement[14]. Ce qui fait que l'Égypte est parmi les rares États arabes à connaître un système de décentralisation et il est même parmi les États au monde qui ont une tradition décentralisatrice ancienne.

Au vu de l'internationalisation de la décentralisation, les États africains issus de la tradition juridique française, sont entrés également dans la danse. En Afrique, la décentralisation connaît des réalités assez différentes. Mais pour les États issus de la colonisation française, la majorité a connu un changement institutionnel à partir de la fin des années 80, particulièrement sous l'influence de l'avènement de la démocratie proclamée dans plusieurs

[13] La décentralisation dans les États de traditions juridiques française.
[14] Idem.

États d'Afrique francophone à partir de 1990 ; mais, aussi sous l'influence des bailleurs de fonds qui trouvent en la décentralisation un moyen de bien répondre aux besoins des populations locales et d'améliorer la gouvernance[15]. Cependant, certains États comme le Sénégal connaissent déjà une forme de décentralisation administrative depuis 1970 en copiant très tôt le système administratif français[16]. Le Sénégal a connu le système administratif français très tôt et il a évolué avec. Le XXe siècle s'est achevé par l'engagement de la plupart des États d'Afrique francophone à la politique de décentralisation. Cette dernière devient le pilier important des réformes institutionnelles des plusieurs États d'Afrique qui lui accordent une place importante dans tous les discours des réformes institutionnelles. La décentralisation prend sa place en Afrique dans les exigences de restructuration et de modernisation des administrations publiques[17]. Ce sont en réalité les conjonctures socio-économiques sévères qu'a connues l'Afrique subsaharienne durant cette période qui ont suscité le recours à ce système d'organisation territoriale[18]. Mais aussi, parfois elle était une exigence des bailleurs de fonds internationaux envers certains États, leur imposant des réformes de l'État accordant plus d'autonomie aux territoires dans le but de permettre une gouvernance de plus en plus inclusive. De même, il faut aussi souligner l'influence de la démocratisation de

---

[15] Patrick Djimassal, l'administration Publique au Tchad à l'ère de la décentralisation ; l'Harmattan 2019, p.70

[16]Azhiri ; La décentralisation dans les États de traditions juridiques française ; études comparées.

[17] NACH MBACK (Ch), Démocratie et décentralisation, genèse et dynamique comparées des processus de décentralisation en Afrique subsaharienne, P.27

[18] Patrick Djimassal ; Administration Publique au Tchad à l'ère de la décentralisation ; l'Harmattan 2019.

certains États africains qui a grandement pesé sur le choix de favoriser la démocratie locale.

En effet, le Tchad est une ancienne colonie française. Il acquiert son indépendance en 1960. Le modèle d'organisation administrative de son territoire est hérité du système politico-administratif français. À l'indépendance, l'organisation du territoire a été très centralisée. Le pays est un vaste territoire géographique de 1 284 000 km^2, qui connaît une forte hétérogénéité à la fois géographique, culturelle et humaine. Le pays est composé de différentes tribus et des groupes ethniques composés différemment. La colonisation a réuni les trois grands royaumes préexistants pour bâtir un territoire colonial rattaché à la France avant de s'ériger en État indépendant en 1960. Dans un premier temps, l'administration coloniale avait créé des circonscriptions administratives coloniales dans l'Est, le Centre, l'Ouest et le Sud du pays dont l'administration est confiée à des administrateurs coloniaux civils et parfois militaires. Le Nord, circonscription du Borkou Ennedi et Tibesti est érigée en circonscription militaire et dirigée par conséquent par des militaires. Parallèlement, l'administration coloniale a créé également des entités investies des pouvoirs locaux dont l'organisation est basée sur un regroupement ethnique des populations. C'est une organisation regroupant les populations dans des structures de type tribal institutionnalisé et dirigées par des chefs désignés par l'administration dans la plupart des cas. C'est une sorte de regroupement ethnique constitué en circonscription administrative et fiscale à la tête de laquelle était placée un chef qui est à la fois auxiliaire de l'administration et recouvreur de l'impôt. Ces entités sont reconnues comme étant des chefferies traditionnelles dont les appellations sont très diverses : il y a les cantons, les Sultanats et les Royaumes. Ces chefferies traditionnelles sont considérées comme des circonscriptions administratives auxiliaires de proximité pour mieux organiser et contrôler les populations. En tant que circonscription administrative, ces chefferies traditionnelles servent des relais pour transmettre les décisions administratives principales aux administrés et en même temps assurer son application. De même, en matière fiscale, les chefs traditionnels sont chargés de recouvrer l'impôt dans leurs circonscriptions respectives. Ainsi, à la sortie de la colonisation, les chefferies traditionnelles sont maintenues pour des raisons de leurs efficacités sur le terrain. L'administration territoriale était toujours archaïque à l'époque. Le système d'organisation administrative du territoire adopté par la Première République en 1961 fut très centralisé et au niveau territorial se sont les services de l'État qui assurent l'administration avec l'appui des Chefferies traditionnelles[19]. Ces dernières sont reconnues comme *"gardiennes des us et coutumes",* elles occupent une place importante dans l'administration du territoire. La loi leur reconnaît un rôle d'auxiliaire administratif avec un ensemble des compétences qui ne sont pas négligeables[20]. Depuis lors, les chefferies traditionnelles occupent une place importante dans le paysage administratif territorial ou local. Ce qui nécessiterait de repenser leur présence dans une organisation territoriale moderne et décentralisée.

En 1990, la démocratie instaurée au Tchad a soulevé la question relative à la forme de l'État et de son organisation territoriale. Le système de l'État unitaire très centralisé est décrié du fait de la grandeur du territoire et de l'inefficacité de l'action publique dans les territoires, mais aussi du fait des particularismes locaux relativement perceptibles mais, exacerbés parfois en cas des crises politiques. Ainsi, des

---

[19]Patrik Djimassal; Administration Publique au Tchad à l'ère de la décentralisation; Harmattan 2019

[20]Loi organique de 2010 sur le statut des chefferies traditionnelles.

débats sur la réforme territoriale de la République s'étaient ouverts. De nombreux acteurs publics, en particuliers politiques, sont favorables à un État fédéral qui serait bien adapté selon leur vision, à la complexité culturelle, à la diversité géographique et religieuse du pays[21]. Cependant, un autre groupe très important aussi qui est soucieux de l'unité du territoire tout en étant d'accord à une forme d'autonomie administrative des territoires sans pour autant trop compromettre l'unité nationale défend la décentralisation[22]. Ainsi, en 1993, une assise nationale, dénommée conférence nationale souveraine (CNS) est organisée pour résoudre les grandes questions institutionnelles afin d'engager les réformes appropriées. Les recommandations issues de ce forum sont largement favorables à la décentralisation. Un référendum constitutionnel a été organisé qui s'est largement exprimé en faveur de la décentralisation et de la nouvelle Constitution. Par conséquent, la constitution tchadienne de 1996 a consacré depuis l'indépendance, pour la première fois la décentralisation administrative territoriale au Tchad[23].Cette constitution crée une décentralisation à quatre échelons territoriaux : la Région, le Département, la Commune et la Communauté Rurale[24]. Quatre ans plus tard, c'est-à-dire en 2000, une importante loi organique a été adoptée. Cette loi a déterminé le statut et le régime de ces collectivités territoriales. D'autres lois sont intervenues pour fixer le régime électoral des collectivités territoriales

---

[21]Rapport officiel sur les activités de la conférence nationale souveraine de 1993 au Tchad (CNS):une assise politique ayant le rôle de définir dans une cadre constitutionnel les réformes institutionnelles qui seront adaptées à la réalité du pays.

[22]Rapport officiel sur les activités du CNS de 1993.

[23] La Constitution de 1996 est la première Constitution de l'ère démocratique adoptée au Tchad.

[24] Loi organique de 2000 portant statut des collectivités territoriales décentralisées au Tchad.

et définir le domaine de leur autonomie financière, fiscale et le principe comptable qui s'applique aux collectivités territoriales. Dès lors, tout laisse croire que la décentralisation au Tchad est dans un processus dynamique et avancé. Cependant, malgré ces avancées législatives, malgré cette dynamique normative, le processus de la décentralisation administrative au Tchad rencontre des difficultés pour se concrétiser sur le plan pratique. Parmi toutes les institutions de la décentralisation prévues par la loi organique de 2000, seules les institutions communales semblent être mises en œuvre partiellement. Les institutions régionales et départementales ne sont pas mises en œuvre jusque-là. Ce retard de mise en œuvre pratique de la décentralisation a suscité des réactions hostiles à la décentralisation elle-même. On n'arrivait pas à faire clairement une distinction entre la centralisation d'avant réformes et la décentralisation vantée comme instituant une véritable libre administration au niveau local. Ce qui a provoqué une revendication appelant de plus en plus à une large autonomie des territoires. Un courant très favorable au fédéralisme s'est développé parce que la décentralisation administrative territoriale est ressentie comme un échec et qui ne pourrait s'adapter à la réalité du Tchad. Cependant, en analysant profondément, il se révèle que les réformes en faveur de la décentralisation administrative n'ont pas été opérationnelles dans leurs grandes parties. La décentralisation n'a pas été mise en pratique pour conclure qu'elle aurait échoué. La décentralisation est incontestablement une réalité du point de vue constitutionnel et législatif ; c'est une réalité théorique mais sa réalité pratique est absente, car empiriquement on l'a saisi pas. Sur le plan normatif, la décentralisation au Tchad est largement en avance. Mais, la réalité pratique constatée est très différente du niveau de la dynamique législative constatée. Ce qui nous amène certainement à nous interroger sur ce qui bloque le processus de la décentralisation au Tchad. Nous nous interrogeons sur les réelles causes qui empêchent la mise en pratique des différentes réformes en faveur de la décentralisation opérée jusque-là.

La question centrale qui se dégage serait de savoir *qu'est-ce qui empêche de mettre en pratique de façon optimale les différentes réformes de la décentralisation opérées jusque-là au Tchad ?*

Pour ainsi élucider cette question centrale, nous nous focaliserons sur les questions secondaires ci-après :

- Les difficultés dans la mise en œuvre des réformes de la décentralisation relèvent-elles d'un manque de volonté du pouvoir central ? Ou sont-elles les conséquences des difficultés liées à l'incapacité de l'État à traduire de façon concrète les promesses constitutionnelles et législatives ?
- La place centrale accordée aux chefferies traditionnelles au niveau local, a-t-elle une incidence sur ce retard de mise en œuvre pratique ?
- La mauvaise gestion de la tutelle a-t-elle un impact sur le processus de la décentralisation ?
- Le fédéralisme serait-il une réponse à ces difficultés de mise en pratique de la décentralisation ?

Sont autant de questions qui soulèvent la problématique liée à la difficulté de mise en pratique optimale de la décentralisation au Tchad.

Ainsi, l'objectif de ce livre vise à analyser le processus de la décentralisation au Tchad afin de comprendre les raisons qui empêchent sa mise œuvre pratique de façon concrète. Nous allons nous baser sur une analyse juridique et politique pour dégager les différentes tares qui empêchent ce processus à se concrétiser réellement. Dans notre analyse, nous allons nous intéresser au rôle du pouvoir central et aux différents mécanismes institutionnels existant bien avant au niveau territorial (Chefferies traditionnelles et services de l'État) pour comprendre la dynamique de cette décentralisation et son articulation avec les autres institutions locales. Nous allons également soutenir l'efficacité de la décentralisation dans le contexte actuel du Tchad contrairement à la fédération.

Notre travail est organisé en trois (03) chapitres. Dans le premier chapitre intitulé :*le processus de la décentralisation au Tchad*, nous allons nous intéresser à la généralité pour dégager la notion de la décentralisation et son application au Tchad. La première section du chapitre premier est intitulée *la notion de la décentralisation administrative*. Elle nous permettra de voir cette notion dans son ensemble ; sa définition et les principes qui les caractérisent. Et puis dans la section II, nous nous intéresserons à *la décentralisation consacrée au Tchad* : C'est une occasion de voir les niveaux des collectivités territoriales prévus par la loi, leurs articulations avec le niveau déconcentré de l'État et s'il y a existence d'une volonté de concilier la décentralisation avec la Chefferie traditionnelle.

Dans le Chapitre II qui aura comme titre *une dynamique normative sans réelle concrétisation pratique*, nous nous intéresserons aux difficultés qui empêchent la mise en œuvre concrète de la décentralisation. Dans la première section de ce chapitre qui sera titrée *mise en œuvre partielle des institutions de la décentralisation*, nous étudierons la mise en œuvre partielle des institutions de la décentralisation créées par la constitution et les lois. Nous verrons que parmi les quatre (4) échelons territoriaux créés par la constitution de 1996, seul le niveau communal peut-être considéré comme une collectivité territoriale. Nous verrons également dans cette section les difficultés pour le pouvoir central d'opérationnaliser efficacement la décentralisation. Enfin, dans la deuxième section qui prendra le titre *des paradoxes et incohérences dans la répartition des compétences au niveau local*, nous analyserons que la décentralisation est mise en difficulté avec l'existence des chefferies traditionnelles mieux considérées que les collectivités territoriales, avec des compétences reconnues par la loi et l'abus du Tutelle par les autorités de tutelle.

Enfin, dans le Chapitre III, qui sera titré *nécessaire refondation de la décentralisation au Tchad*, nous exposerons la fédération et son inadaptation aux réalités actuelles du Tchad avant de soutenir la continuité de la décentralisation. Dans la première section de ce dernier chapitre qui est intitulée *le mythe du fédéralisme comme système alternatif*, nous verrons la notion de la fédération, ses fondements, son fonctionnement et son inadaptation aux réalités actuelles du Tchad. Et puis dans la section II titrée *nécessaire rationalisation de la décentralisation administrative*, nous soutenons qu'il serait nécessaire de réadapter et optimiser la décentralisation et en même temps de doter les collectivités territoriales des outils juridiques leur permettant d'assurer l'efficacité de leurs services et de rationaliser leurs dépenses.

CHAPITRE I

LE PROCESSUS DE LA DÉCENTRALISATION AU TCHAD

La décentralisation au Tchad est un processus à la fois long et théoriquement constant. Les réformes constitutionnelles et législatives sérieuses ont débuté à partir de 1996. Les débats autour de ce système sont toujours très vifs et occupent une place importante dans les échanges politiques, administratifs et institutionnels. En effet, à cause de la complexité culturelle et géographique qui caractérise le pays, il y a constamment des débats autour du système qui s'adapterait le mieux aux réalités du pays pour assurer efficacement l'autonomie locale. Le choix vacille entre un système fédéral ou un système de décentralisation administrative. Ainsi, dès la première opportunité le choix est porté sur la décentralisation administrative. Par conséquent, pour étudier le processus de la décentralisation au Tchad, nous allons procéder à la définition de cette notion (Section 1) avant de voir ses fondements juridiques au Tchad (Section 2).

Section 1 : La notion de la décentralisation administrative

Toutes les études scientifiques exigent nécessairement en premier lieu une définition des notions essentielles qui font l'objet de l'étude. Par conséquent, dans notre étude de la décentralisation tchadienne, nous ne dérogerons pas à la règle. En effet, nous allons d'abord principalement procéder à la définition de la notion de la décentralisation administrative territoriale(I) et par la suite, nous allons voir les principes qui la caractérisent (II).

I- Définition de la décentralisation administrative

La décentralisation est une notion qui s'entend à la première appréhension comme détacher quelque chose du centre. Si cette première appréhension n'est pas fausse, il faut reconnaître aussi qu'elle est une notion très vaste. Elle est très complexe pour mieux la cerner facilement et de même, elle est très technique. Par conséquent, sa définition n'est pas aisée et il y a un risque de confondre la décentralisation avec beaucoup d'autres notions voisines. Dès lors, il faut dans un premier temps prendre en compte plusieurs éléments pour mieux définir cette notion (A). Avant de voir dans un second temps les principes qui la caractérisent. La décentralisation obéit à des principes qui garantissent à la fois les libertés et l'autonomie de ses organes et en même temps ils prévoient des limites (B).

A- Les éléments de définition de la décentralisation administrative

Avant de revenir sur la définition de la notion de décentralisation administrative territoriale, nous allons d'abord se pencher sur les éléments de définition même de l'État. Selon le Professeur Michel Verpeaux, l'État se définit par des éléments constitutifs, qui sont au nombre de trois : un territoire, une population et un pouvoir politique organisé. Une fois constitué, il peut revêtir différentes formes, que ce soit en tant qu'étant unitaire ou en tant qu'État composé[25]. Ainsi, le territoire est indispensable pour qu'il y ait un État, bien sûr tout comme la population et le pouvoir public organisé. En effet, ce dernier, c'est-à-dire le pouvoir public, c'est lui qui est chargé d'organiser

[25] Michel Verpeaux, Professeur de droit public à Panthéon Paris1 Sorbonne, Cours de droit constitutionnel, théorie général de l'État.

le territoire et de choisir l'orientation du modèle de son organisation politico-administrative et institutionnelle. Dans un cadre démocratique, les populations ont également un grand rôle à jouer dans la légitimation du pouvoir politique. Le peuple incarne la souveraineté et l'exerce dans une démocratie représentative moderne à travers ses représentants élus. Il y a là une délégation de souveraineté qui permet aux représentants du peuple de définir des actions adaptées aux meilleurs et efficaces modèles politiques, sociaux, administratifs et institutionnels. Dans une démocratie, la légitimité du pouvoir est fondée sur les élections. C'est celles-ci qui opèrent la légitimation des actions des élus pour changer la société. Celles-ci sont un mécanisme de dévolution du pouvoir politique. Le pouvoir politique détermine la voie à adopter quant au choix de la forme de l'État. La doctrine classique retient deux formes d'État : celle qui est unitaire et celle qui est composée. Dans les deux formes d'État : unitaire et composé, il y a des subdivisions importantes à reconnaître. C'est-à-dire des modes d'organisation spécifiques qui apparaissent. Le droit constitutionnel de la théorie de l'État et la doctrine abondante en droit public reconnaissent aujourd'hui la centralisation, la décentralisation et la régionalisation comme étant des modes d'organisation de l'État unitaire. Même si l'État régional est décrit aujourd'hui généralement par la doctrine comme étant un État à mis chemin entre l'État unitaire et l'État fédéral à cause de la forte autonomie et la reconnaissance des disparités régionales dont il fait objet. La confédération et la fédération sont reconnues pareillement comme des formes d'organisation de l'État composé. L'État unitaire centralisé dans la tradition juridique française est le fruit de la monarchie qui a régné sur la France avec un modèle politico-administratif très centralisé. Pendant la révolution française, les jacobins l'ont défendu comme un modèle pouvant garantir l'unité de la République, la cohésion de l'État et de la nation. Le jacobinisme français est l'exemple parfait de l'État centralisé et également il est la forme d'organisation classique de l'État perceptible dans les États issus de la colonisation française. Tous les États africains de la colonisation française ont connu un modèle d'organisation politico-administrative très centralisée avant d'évoluer récemment, il y a moins de trois (3) décennies vers un système relativement décentralisé. Cette dernière est également émaillée des crises profondes dans la majorité des pays africains qui la pallient avec la déconcentration. Ce qui permet de constater que la forme traditionnelle de la centralisation historique demeure encore sérieusement dans beaucoup de ces pays. La centralisation n'est pas encore dépassée malgré des réformes constitutionnelles et législatives très favorables à la décentralisation administrative.

Christophe Chabrot, maître de conférences en droit public défendait la thèse selon laquelle tous les États sont décentralisés mais, selon lui, c'est le degré de la décentralisation qui diffère la forme d'un État à un autre[26]. Ainsi, la décentralisation administrative est celle qui reconnaît une forme de transfert des compétences administratives aux collectivités territoriales. Dans cette décentralisation, l'État reconnaît à certaines entités locales la personnalité morale de droit public distincte de lui et vers qui il opère un transfert des compétences administratives. C'est-à-dire que les compétences des collectivités territoriales sont limitées à des pouvoirs de nature administrative. Elles ne sont compétentes que pour l'adoption des actes administratifs. Cette décentralisation

[26] Christophe Chabrot; La centralisation territoriale. Fondement et continuités en droit public français. Thèse de droit public soutenue à l'Université Panthéon Paris 2.

est propre à celle caractérisant les États unitaires décentralisés à l'exemple de la France. Par contre, la décentralisation législative quant à elle, s'affirme par un transfert des compétences législatives aux entités infra-étatiques, généralement à la région. C'est-à-dire que les collectivités infra-étatiques peuvent avoir des pouvoirs législatifs qui leur permettent d'adopter des lois régissant certains domaines des compétences locales. Cependant, dans la décentralisation administrative, les collectivités territoriales n'ont pas la capacité d'adopter des lois, alors que dans la décentralisation législative les collectivités territoriales sont investies de pouvoir législatif dépassant la limite d'un simple pouvoir administratif. Alors que dans une forme de décentralisation administrative, le pouvoir d'édiction des normes législatives est incarné par le parlement représentant le peuple dans son entièreté. La décentralisation législative donne la capacité aux entités régionales d'édicter des lois, bien que celle-ci se fasse dans un cadre bien encadré et dans des domaines aussi bien limités. C'est le cas dans un État régional. Par exemple en Espagne ou en l'Italie, les régions ont la capacité d'édicter leurs propres lois bien qu'elles soient soumises à la conformité de la Constitution de l'État central. L'État régional est donc une forme de décentralisation législative ; une décentralisation avec une autonomie très importante et prend en compte les particularismes locaux et les spécificités régionales. Dans la même logique, le fédéralisme est une décentralisation constitutionnelle ; car, il y'a une superposition de deux Constitutions due à l'imbrication des deux États qui sont placés à deux niveaux fédéré/fédéral. Le fédéralisme est construit sur le fait que des États abandonnent leurs souverainetés au niveau international au profit d'un État central dit État fédéral qui les représente. Il devient le seul à incarner la souveraineté internationale. Il est compétent pour représenter les états fédérés au niveau international et signer des conventions internationales en leurs noms. Du fait que l'autonomie locale est de principe dans cette forme d'État. Le système fédéral reconnaît une articulation de deux Constitutions superposées. En dessous de la Constitution de l'État fédéral, les entités ou les états fédérés ont leurs propres Constitutions qui définissent leurs compétences et répartissent les pouvoirs publics au sein de chaque état fédéré. Par conséquent, les entités fédérées ont des compétences constitutionnelles de principe. Elles ont le pouvoir d'édicter des normes constitutionnelles de leurs États respectifs. Par exemple aux États-Unis d'Amérique, chaque État fédéré dispose de sa propre Constitution et chaque État édicte ses normes constitutionnelles et ils participent également au fonctionnement des pouvoirs au niveau fédéral. C'est le principe de participation qui caractérise le fédéralisme. L'un des principes du fédéralisme est celui de la participation des États fédérés au fonctionnement de l'État fédéral bien qu'ils disposent d'une autonomie constitutionnelle. Selon Christophe Chabrot, le fédéralisme est aussi une forme de décentralisation mais, avec un degré trop élevé. C'est une décentralisation constitutionnelle, une décentralisation très poussée reconnaissant aux entités infra-étatiques des compétences constitutionnelles. Les entités fédérées fonctionnent exactement comme des micros États dans un État dont la Constitution fédérale est la norme suprême qui s'impose à tous. La particularité du fédéralisme est que les entités fédérées disposent généralement des compétences de droits communs et l'État fédéral dispose des compétences qui lui sont déléguées par les États fédérés. Même si cette règle n'est pas la même dans tous les États fédéraux. C'est en quelque sorte le contrepied de la décentralisation administrative dans laquelle l'État est le seul qui assure le transfert des compétences. Après cette analyse, nous pouvons dire que la différenciation entre l'État centralisé, décentralisé, régional ou celui qui est composé répond simplement à une logique et un intérêt de classification et de paradigme scientifique. Si non, tous les États connaissent une forme de centralisation et de décentralisation. Même dans les États fédéraux, il y a des compétences qui relèvent spécifiquement de l'État fédéral et centralisées à son niveau. Des compétences qui dépendent absolument de l'administration fédérale et centralisées au niveau de l'État fédéral. Par conséquent, il n'y a pas de contradiction entre la fédération et la décentralisation, de même qu'il n'y a pas des contradictions entre la forme unitaire de l'État et la forme fédérale. Mais, il y a des complémentarités et des coordinations. Selon plusieurs auteurs, dont Christophe Chabrot, tous les États sont aussi centralisés. À la première compréhension, cela pourrait susciter des débats mais, en réalité, une centralisation minimum existe dans toutes les formes des États. Dès lors, il n'existe que des différences des degrés dans la centralisation ou la décentralisation et cela qui pourraient faire d'un État un système décentralisé et d'un autre un système fédéral.

Pour définir exhaustivement la décentralisation, nous devons reconnaître particulièrement qu'elle est une notion assez complexe et difficile à saisir à la première appréhension. Nous l'avons définie brièvement dans l'introduction de cet ouvrage et nous allons encore tenter de l'approfondir encore plus dans cette partie. La décentralisation est une notion qui prête à diverses interprétations. Par conséquent, la décentralisation peut se définir de différentes manières en prenant en compte plusieurs aspects. Mais, elle conserve des éléments qui se rattachent à un point commun ; c'est le centre. Elle est polarisée par un niveau central qui transfère des compétences à d'autres entités. Selon le dictionnaire encyclopédique de l'administration publique, la décentralisation est une « dissociation d'éléments réunis en un même centre ». Il s'agit donc d'une :

"Opération de design organisationnel ou institutionnel qui s'applique à tout un ensemble d'éléments polarisés par un centre ; qu'il s'agisse d'un organisme particulier, d'une économie ou d'une société. Dans une perspective d'administration publique, la notion de la décentralisation est utilisée pour caractériser des tendances dans l'organisation interne de chaque institution publique ou dans la configuration d'ensemble des institutions d'un pays, plus spécifiquement dans les relations entre l'État et les organismes non publics, ainsi que dans les relations entre les instances centrales de l'État et toutes les autres institutions publiques".

Cette définition exprime une conception très large et assez complète de la décentralisation. Un point est essentiel à retenir dans cette définition. C'est le fait que toute forme de décentralisation parte à partir d'un centre. Elle est le fruit d'un centre, elle est articulée et également orientée par le centre et se décline vers les périphéries. Ce qui explique que toute décentralisation est le réaménagement des pouvoirs du centre au profit des autres instances qui se détachent de lui[27]. Pour simplifier, on peut dire que la décentralisation procède du centre, dépend du centre, et même produit du centre. Ainsi, la décentralisation est le réaménagement et le remodelage des pouvoirs du centre. En effet, comme le soutient monsieur Christophe Chabrot, la décentralisation et la centralisation ne se confondent pas, même si la

[27]Gérard Divay, Professeur de l'École nationale d'administration publique Canada ; dictionnaire.enap.ca/dictionnaire/docs/definitions/defintions_francais/decentrali…

décentralisation semble exprimer un dépassement de la centralisation[28]. Ces deux concepts sont complémentaires et chacun suit ses propres logiques. Monsieur Christophe Chabrot le dit bien de la façon suivante : *"La décentralisation ne saurait masquer la réalité de la centralisation qui la fonde, qui perdure à travers des siècles et qui semble paradoxalement se renforcer depuis les grands changements de la décennie passée"*[29]. Par cette phrase, l'auteur démontre que la décentralisation n'affaiblit pas nécessairement la centralisation. Cette dernière pourrait se renforcer davantage dans certains domaines. Ainsi, bien que la décentralisation soit l'émanation du centre, elle n'empêche pas cependant qu'il y ait un double mouvement. Selon la conception juridique reconnue à Charles Eisenmann, la décentralisation suppose *l'existence d'une pluralité de centres autonomes des décisions*. En effet, la décentralisation permet à des entités autonomes d'avoir la maîtrise juridique de leurs activités, c'est-à-dire la reconnaissance d'une aptitude à prendre dans le respect des lois et règlement la décision qu'ils veulent. C'est une liberté plus ou moins affirmée pour prendre des décisions dans des domaines définis que leur reconnaît le pouvoir central à travers la loi ou la Constitution.

Classiquement, dans le cadre du droit constitutionnel, la décentralisation administrative territoriale est définie comme un mode d'organisation d'un État unitaire. La doctrine classique classifie plusieurs formes de l'État comme nous l'avons déjà vu ci-haut ; la forme de l'État centralisé dont le jacobinisme français est l'exemple parfait comme nous l'avons évoqué précédemment ; l'État décentralisé est l'aménagement de cet État centralisé qui

---

[28]Christophe Chabrot ; Maître de conférence ; thèse de droit public Panthéon Paris2, 1998.

[29]Christophe Chabrot; article scientifique.

reconnaît des personnes morales de droit public, des entités investies des pouvoirs locaux distinctes de celui de l'État et vers qui, il transfère des compétences dans des domaines définis par la loi et ou par la Constitution. Cette définition est celle avancée par la doctrine de droit constitutionnel. Le professeur Michel Verpeaux dans son cours de droit constitutionnel, théorie de l'État, il définit la décentralisation de la façon suivante : *La décentralisation administrative est la reconnaissance de la collectivité, ou d'entités administratives distinctes prises en tant que personne morale, dotées elles aussi de la personnalité morale, agissant selon un principe d'autonomie, qui est différent du pouvoir hiérarchique. La personnalité morale leur donne une autonomie juridique et financière*[30]. Ces entités administratives ne sont là que pour créer et gérer des services publics. Faire œuvre d'administration et non édicter des lois. Elles n'ont pas non plus la compétence de leur compétence, c'est-à-dire qu'elles ne peuvent pas déterminer elles-mêmes leurs domaines de compétences ou d'action, comme le précise l'article 72 alinéa 3 de la Constitution française selon lequel, les collectivités territoriales s'administrent librement *"dans les conditions prévues par la loi".* Elles bénéficient d'une autonomie et non d'une indépendance, car elles font l'objet d'un contrôle, du fait de l'État unitaire, appelé tutelle, ou contrôle de légalité. Ces entités peuvent correspondre à des territoires infra-étatiques, collectivités territoriales ou collectivités locales, qui peuvent avoir le même cadre géographique et porter le même nom que les circonscriptions administratives dans le cadre de la déconcentration : commune, département, région.

Les explications explicitées ci-dessus définissent en effet la décentralisation administrative en se basant sur ces

[30]Michel Verpeaux, Maître de conférences en droit public, cours de droit constitutionnel à l'université Panthéon Sorbonne.

principes, le cadre juridique qui l'encadre et sur les natures de ses organes. Mais, à côté de la décentralisation administrative, il existe également la décentralisation fonctionnelle ou décentralisation par service. Ce qui nous amène à nous pencher sur cette définition du terme de décentralisation donnée par le dictionnaire de l'administration publique qui l'appréhende de la façon suivante : *« La décentralisation est un système d'administration autorisant une collectivité humaine ou un service public à s'administrer eux-mêmes dans le respect de la légalité »*[31]. Si on se contente à cette définition de la décentralisation donnée par le dictionnaire d'administration publique, sans que l'on puisse analyser profondément l'idée qu'elle dégage, on risquerait de confondre ici la notion de la décentralisation administrative territoriale avec celle de la décentralisation fonctionnelle. En effet, la décentralisation administrative et la décentralisation fonctionnelle se distinguent à plusieurs égards, même si elles se caractérisent toutes les deux par une certaine autonomie vis-à-vis du centre. La différenciation entre ces deux décentralisations pourrait s'expliquer clairement dans cette explication donnée par un professeur de droit public qui est la suivante :

"La décentralisation, telle qu'elle est pratiquée en France, revêt deux formes : elle est, ainsi, territoriale ou fonctionnelle. Dans le premier cas, il s'agit de confier certaines prérogatives à des collectivités dotées de la personnalité morale, soumises, non au contrôle hiérarchique des autorités centrales, mais à un contrôle dit de tutelle, et compétentes pour une circonscription géographique donnée. Dans le second, il s'agit de créer des institutions spécialisées dotées de la personnalité

---

[31]Dictionnaire d'administration publique; Sous la direction de Nicolas Kada, Martial Mathieu; Année : 2014 ; pages : 131 à 132 ; Collection : Droit et action publique; Éditeur : Presses universitaires de Grenoble.

juridique pour la gestion d'un service public. Ce second type de décentralisation, appelé aussi décentralisation par services, se différencie du premier type de trois façons : d'abord, il n'y a pas création d'un échelon supplémentaire dans l'exercice des compétences ; ensuite, l'autonomie de ces autorités est beaucoup plus limitée ; enfin, leurs compétences sont spécialisées"[32].

La distinction opérée ici est acceptable mais, il serait encore judicieux d'ajouter quelques précisions supplémentaires. La reconnaissance de la décentralisation administrative repose essentiellement sur la nature de ses organes qui sont les collectivités territoriales ou les collectivités locales selon l'appellation retenue par chaque législateur. Ces entités locales sont des personnes morales de droit public qui sont distinctes de l'État. Elles sont investies des pouvoirs locaux dans la limite de la loi et auxquelles il est reconnu une autonomie financière, technique, humaine, et administrative. La gestion de leurs affaires repose sur le principe de libre administration, de l'autonomie financière et juridique et de celui de la subsidiarité. Par contre, la décentralisation fonctionnelle est une forme d'autonomie qui est reconnue à des entités dont la personnalité morale bénéficie d'une certaine autonomie fonctionnelle, c'est-à-dire dans des domaines spécifiques. La décentralisation fonctionnelle suppose que le pouvoir central délègue certaines compétences à des entités auxquelles il reconnaît une certaine autonomie financière et administrative pour gérer un service ou des compétences spécifiques, voire même des compétences spécialisées. L'exemple illustratif d'une décentralisation fonctionnelle est caractérisé par l'établissement public… Entre la décentralisation administrative et la décentralisation fonctionnelle la différence repose

[32] La décentralisation fonctionnelle - Établissement public.pdf

également sur le mode des désignations des dirigeants des organes décentralisés. Dans les collectivités territoriales les conseillers sont élus aux suffrages universels directs, ce qui renforce davantage leur légitimité face à l'État. Alors que, dans le cadre de la décentralisation fonctionnelle, les autorités même si elles sont souvent élues, le mode d'élection repose sur un collège restreint mais non sur des suffrages universels directs. Ce qui fait que leur indépendance vis-à-vis de l'État est très relative. C'est une différence très essentielle. Cependant, il y a néanmoins des points communs entre les deux formes de la décentralisation, dont le plus important est le contrôle exercé par l'État sur les organes de ces deux décentralisations. Les collectivités territoriales comme les établissements publics sont soumis à la tutelle de l'État. Là aussi il faut le nuancer, car le degré des contrôles étatiques sur les actes des collectivités territoriales et les actes des établissements publics ne pourraient être identique. La tutelle sur les collectivités pourrait être souple à cause du principe de libre administration des collectivités territoriales qui est un principe de nature constitutionnelle. En effet, il est constaté que depuis la réforme de la décentralisation administrative en France de 1982, on parle rarement de la tutelle, mais du contrôle de légalité ; car, la loi a supprimé le contrôle a priori sur les actes des collectivités territoriales que disposait le représentant de l'État sur le territoire. Donc, la tutelle s'est assouplie, le représentant de l'État qui est le Préfet dispose désormais d'un pouvoir de contrôle de légalité dont leurs annulations relèvent de la compétence du juge administratif. Ce changement pourrait être également un point pour illustrer la différence de la décentralisation administrative avec la décentralisation fonctionnelle. Cependant, la grande différence entre ces deux notions se trouve sur leurs compétences. En effet, la décentralisation fonctionnelle dispose des compétences limitées que la loi énumère. Par contre, la décentralisation administrative territoriale dispose des compétences générales. La fameuse clause générale des compétences reconnues aux collectivités territoriales a été depuis toujours la base de distinction entre les deux notions. Là encore les récentes réformes intervenues en France supprimant la clause générale des compétences pour les Régions et les Départements suscitent des débats autour de ce critère de distinction. Désormais, la frontière qui sépare les deux notions est trop fine.

Par ailleurs, il serait aussi important de noter la différence entre la décentralisation et la déconcentration. Cette dernière est une technique de répartition des compétences de l'État central avec des autorités qui relèvent hiérarchiquement de lui. Ces autorités réparties dans des entités dites circonscriptions administratives sont nommées par les autorités centrales et vers lesquelles elles sont soumises par des liens hiérarchiques. La déconcentration est un assouplissement du pouvoir central et c'est également une technique pour décharger l'administration centrale de certaines compétences qui pourraient être mieux assurées localement par les autorités déconcentrées. La charte de la déconcentration française de 1992 préconise qu'à chaque niveau de décentralisation, il faut opérer un degré de déconcentration. Ce qui pourrait expliquer désormais que la déconcentration est un mouvement qui suit la décentralisation. L'une des particularités de l'organisation administrative territoriale de la France repose sur la multiplication des acteurs et organes locaux qui remplissent parfois les mêmes prérogatives rendant ainsi la coordination entre ces organes difficiles. Cette complexité territoriale a donné naissance à l'appellation de "mille feuille territoriale" dont il est souvent rappelé au législateur la suppression de certaines structures. Si les autorités déconcentrées sont appelées à exécuter la gestion des affaires nationales au niveau des territoires, la décentralisation quant à elle, est basée sur la reconnaissance d'affaires locales.

B- La notion d'affaires locales

Dans l'étude de la décentralisation, la notion d'affaires locales revêt une importance particulière. Elle a fait l'objet de beaucoup de controverses doctrinales. La notion d'affaires locales suscite un intérêt particulier chez beaucoup de juristes investis dans l'étude de la décentralisation. La théorie de la décentralisation est fondée principalement sur une distinction entre les affaires locales et les affaires nationales. Dans la définition de la décentralisation, la notion d'affaires locales est fondamentale et centrale. Elle fonde la reconnaissance des capacités juridiques, administratives et financières des collectivités territoriales. Cette notion légitimise leurs compétences sur un certain nombre de domaines que la loi reconnaît comme relevant de leurs ressorts. La reconnaissance d'affaires locales spécifiques est à la base, c'est elle qui a influencé la reconnaissance aux collectivités territoriales de personnalité morale distincte de celle de l'État. Ainsi, dès le début des études sur la forme des gouvernements, la notion des affaires locales était au centre des préoccupations des différents auteurs. Alexis de Tocqueville est l'un des pionniers. En effet, il reconnaît dans son célèbre ouvrage *"De la démocratie en Amérique",* qu'il y a des affaires qui relèvent naturellement de la sphère locale et d'autres qui appartiennent à la sphère nationale. En effet, pour affirmer l'existence de différence entre les affaires nationales et les affaires locales, Alexis de Tocqueville le décrit de la façon suivante : *"certains intérêts sont communs à toutes les parties de la nation, tels que la formation des lois générales et les rapports du peuple avec les étrangers. D'autres intérêts sont spéciaux à certaines parties de la nation tels, par exemple que les entreprises communales"*[33]. Dans la pensée de Tocqueville les affaires locales et les affaires nationales ne devraient pas être regardées de la même façon. Dans la même logique, Il continue même à reconnaître que le fait de *"concentrer le pouvoir de diriger" les affaires locales constitue sans nul doute la centralisation administrative*[34]. Ce qui pourrait se comprendre que la gestion des affaires locales ne devrait pas se concentrer entre les seules mains du pouvoir central. Il y a là une idée de la décentralisation qui se dégage avec comme corollaire l'institutionnalisation des personnes morales de droit public, autonomes et distinctes de l'État qui seraient capables de gérer les affaires locales. Ainsi, c'est la reconnaissance des affaires proprement locales qui pourrait être le fondement de l'autonomie locale. En suivant cette logique, l'affaire locale est une notion fondamentale pour la reconnaissance de la décentralisation. Par effet, le principe de libre administration des collectivités territoriales et le principe de l'autonomie qui est devenu aujourd'hui un principe européen reconnu et affirmé par la charte de l'autonomie locale découlent du fait qu'on reconnaît une catégorie d'affaires propres aux collectivités territoriales. Les formules consacrées dans la constitution française de 1958 relatives aux gestions des affaires des collectivités territoriales illustrent parfaitement qu'il y a incontestablement des affaires qui sont reconnues proprement au niveau local. Mais, la Constitution française ne définit pas exactement ce que pourrait être qualifié d'affaire locale. Elle se contente simplement

[33] Alexis de Tocqueville; de la démocratie en Amérique, chapitre 1.
[34] Alexis de Tocqueville; de la démocratie en Amérique, titre 1 chapitre 5.

d'une généralité qui est reformulée de la façon suivante : *"le conseil municipal gère par ses délibérations les affaires de la commune"* ou de même *"le conseil régional gère par ses délibérations les affaires de la région"*. C'est l'affirmation d'une clause générale de compétences pour les collectivités territoriales. Ce qui rend d'autant plus difficile une définition de la notion d'affaires locales. Lachaume dit à cet effet : « ... La décentralisation territoriale exige que l'administration des affaires locales soit confiée par la loi à des personnes morales de droit public, c'est-à-dire à des sujets de droit dotés de la personnalité morale et de l'autonomie financière. Il n'y a pas de décentralisation lorsque la gestion des affaires administratives est remise à des organes dépourvus d'existence juridique autonome par rapport à l'État, il y a simplement, et au plus, déconcentration»[35].Dans sa thèse, Lachaume reconnaît l'existence des affaires locales, mais celles-ci devront être déterminées par la loi. Ainsi pour Lachaume, c'est la loi qui définit quelle affaire relèverait du local et quelle autre reste sur la sphère nationale. On pourrait en effet soutenir que le principe de libre administration et le principe de l'autonomie sont les corollaires de la reconnaissance de l'existence d'une catégorie des affaires proprement locales. Il serait possible de penser ou de soutenir une thèse dans le passé qui reconnaîtrait aux collectivités locales des affaires qui relèveraient de leurs compétences naturellement. C'est-à-dire que les collectivités territoriales pourraient avoir des affaires propres sans qu'il y ait un transfert par le législateur. Cependant, comme les collectivités territoriales sont elles-mêmes l'émanation de l'État, une telle thèse est juridiquement contestable. Ainsi, certains auteurs n'ont pas manqué de soutenir que les collectivités

[35]Professeur Jean-François LACHAUME ; L'administration communale, p.18.

territoriales ne peuvent pas exister, ni agir sans une habilitation ou une volonté de l'État. Par conséquent, les affaires locales ne peuvent exister que par la volonté du législateur ou soit par la reconnaissance de la Constitution. C'est la volonté législative ou constitutionnelle qui fonde la reconnaissance des affaires locales. Si la loi et la Constitution ne définissent pas une catégorie des compétences aux collectivités territoriales, il serait difficile de reconnaître leurs domaines des compétences exactes. Dans un État, du fait de la complexité ou de la différenciation territoriale qui pourrait exister, si l'unité politique, l'intégrité du territoire et l'unicité du pouvoir central relèvent de l'État, en revanche à l'échelle locale, l'organisation pourrait être diversifiée et répondant à la réalité de chaque entité[36]. Dans ce contexte, la société peut paraître hétérogène. L'organisation de chaque société répond aux aspirations de chacune. Cela laisse paraître que chaque entité locale peut avoir ses propres affaires naturellement. Cela est défendable sur le plan politique, sociologique ou social mais, sur le plan juridique, la reconnaissance de ces affaires locales ne pourrait avoir corps que si la loi ou la Constitution le reconnaît, l'affirme et attribue la compétence aux collectivités territoriales. Donc, les compétences des collectivités territoriales dépendent absolument de la loi ou de la Constitution qui opérant un transfert des compétences de l'État central vers les entités décentralisées. L'État décentralisé était d'abord un État centralisé qui avec l'évolution politique, sociale, sociologique, culturelle et économique s'est muté vers une forme de plus en plus décentralisée reconnaissant ainsi aux entités locales des compétences dans certains domaines spécifiques. Même si certains domaines qui s'apparentent naturellement appartenir à la sphère locale, comme la

[36]Mathieu Doat, Recherche sur la notion de collectivité locale en droit administratif français, Paris, LGDJ, p. 15

voirie, l'assainissement urbain... Les impératifs de sécurité, d'hygiène et de la santé n'ont jamais permis d'en être des affaires exclusivement locales. Le pouvoir central est intervenu et intervient encore dans ces domaines. Simplement en analysant cela, la notion d'affaire locale paraît être insaisissable, surtout juridiquement. Mais, il y a beaucoup d'auteurs qui n'hésitent pas à défendre la thèse selon laquelle il existe bel et bien des affaires locales sans pour autant les définir sans ambiguïté. Nombreux s'accordent à voir dans la détermination d'une sphère des compétences propres sous forme *d'"affaires locales"* comme une condition nécessaire au développement d'une authentique décentralisation[37]. Ce qui est d'ailleurs logique et acceptable. Le Professeur Rivero accorde dès 1971 à la notion d'affaires locales une importance particulière en disant ceci : "la reconnaissance d'une catégorie des affaires locales, distincte des affaires nationales, est la première de toute décentralisation". Ainsi pour le Professeur Rivero, la décentralisation est principalement fondée sur la reconnaissance d'une catégorie minimale des affaires locales qui sont distinctes des affaires nationales. Sans remettre en cause cette conception du Professeur Rivero, de nombreux auteurs pensent que les difficultés se trouvent sur comment définir les affaires locales. Ainsi, Jacques Baguenard disait ceci : *" indispensable, il est vrai, à la décentralisation, cette reconnaissance réclame une démarche volontariste, car la notion d'"affaires locales", reposant sur des choix politiques, se révèle éminemment subjective et difficilement maîtrisable. L'existence d'un domaine d'intervention spécifique qualifié d'"affaires locales" ne peut résulter que d'une imparfaite et fluctuante répartition*

[37]Jacques Baguenard, L'existence d'affaires locales; Dans La décentralisation (2004), pages 27 à 28.

dérivant des rôles respectifs que l'on entend réserver à l'État et aux collectivités territoriales...". Il n'existe aucune contestation sur l'idée qu'il y ait des affaires locales mais, les interrogations sur les caractéristiques de ces affaires dites locales affichent la difficulté de recadrer cette notion. Selon Jacques Baguenard, en France, il est impossible de définir clairement la notion d'affaires locales. C'est une évidence absolue selon lui ; car, la notion d'affaires locales est en France *juridiquement imprécise, historiquement dénaturée et politique ambiguë.* En effet, dans certains pays d'Europe, la même difficulté de précision de la notion d'affaires locales s'est exprimée. Par exemple dans les trois (3) États du Benelux, la détermination des matières d'intérêt national, provincial, ou local résulte de *transactions conjoncturelles.* Donc, il est difficile de mentionner et de définir de façon claire et précise la notion d'affaires locales. Dans les jurisprudences administratives helléniques il y a eu des tentatives de définition mais, elle repose beaucoup sur l'interprétation des clauses générales des compétences reconnues aux collectivités territoriales pour interpréter la notion. Monsieur KONTOGIORGA-THEOCHAROPOULOU Professeur de droit administratif à la Faculté de droit et des sciences économiques de l'Université Aristote de Thessalonique reconnaît que le problème de la détermination des affaires locales est attaché à celui de l'organisation administrative de l'État avant de souligner que ces affaires constituent en effet un élément essentiel de la décentralisation locale de premier degré prévu par l'article 102 de la Constitution hellénique en vigueur depuis 1975, comme système d'organisation de l'administration territoriale de l'État ; sans vraiment définir les contenues exacte de la notion. Tous les auteurs sont convaincus de l'existence des affaires locales mais, ces affaires dans le cadre de la décentralisation dépendent de la volonté du législateur. C'est au législateur de déterminer par la loi les domaines d'intervention des collectivités territoriales. Les clauses générales des compétences s'exercent sur la base de ce qui est déjà délimité par la Constitution et les lois de la décentralisation. Par conséquent, il n'existe pas des affaires locales par nature. Donc, la notion d'affaires locales est une notion très vaste et juridiquement imprécise. Elles peuvent être influencées par la politique qui est capable de donner une vision sur ce qui pourrait faire l'objet d'affaires locales. L'imprécision de cette notion d'affaires locales et le fait qu'elles ne soient pas limitées, pourraient expliquer la reconnaissance aux collectivités territoriales des principes qui garantissent leur autonomie juridique et financière, mais également leur libre administration.

II- Principes et limites de la décentralisation administrative

La décentralisation administrative est caractérisée par un ensemble des principes qui guident ses actions. Ces principes sont indispensables au fonctionnement des collectivités territoriales. Ils leur assurent l'autonomie financière, administrative et juridique. Ces principes, dont la plupart sont érigés par la constitution, fondent la reconnaissance aux collectivités territoriales la personnalité morale avec tous leurs attributs et leurs libertés. Ce sont ces principes qui constituent la colonne vertébrale de la décentralisation. Sans ces principes, on assiste à un effondrement certain de la notion même de décentralisation (A). Si la décentralisation est appréhendée principalement dans son aspect autonomique et par la liberté d'administration, néanmoins, elle n'est pas sans limites. En effet, la décentralisation administrative est caractérisée également par des limites plus ou moins importantes qui lui sont imposées par les textes (B).

A- Les principes de la décentralisation administrative

La décentralisation administrative est fondée sur des principes essentiels. Ces derniers guident et servent des bases sur lesquelles elle s'affirme. En effet, la décentralisation administrative a logiquement à travers ses principes elle a des fondements constitutionnels. Ce qui est au moins le cas des majorités des pays décentralisés. Ainsi, les principes de la décentralisation sont dans la plupart des cas annoncés par la Constitution et parfois par la jurisprudence qui découlent de l'interprétation faite à certaines dispositions de la Constitution. Comme par exemple le cas de l'interprétation faite en 1979 par le Conseil constitutionnel français de l'article 72-2 de la Constitution de 1958 pour dégager la valeur constitutionnelle du principe de libre administration des collectivités territoriales. Les grands principes de la décentralisation découlent généralement de la Constitution. C'est la Constitution qui jette les bases. Dans le cadre actuel de la décentralisation, on peut retenir principalement quelques grands principes qui guident l'action des collectivités territoriales. Nous pouvons citer entre autres le principe de la libre administration des collectivités territoriales ; le principe de subsidiarité ; le principe de l'autonomie financière et juridique… Ces différents principes comportent des traductions opérationnelles très importantes dans les faits. Par exemple, le principe de libre administration se concrétise sur le plan structurel par la reconnaissance de la personnalité morale des collectivités territoriales avec une grande liberté qui est reconnue par la loi dans la gestion de leurs affaires[38].

En ce qui concerne la décentralisation française, la libre administration des collectivités territoriales est un principe consacré à *l'article 72 alinéas 3 de la Constitution.* Cette notion, consubstantielle à celle de décentralisation, vise à garantir un espace de liberté dans lequel les collectivités territoriales peuvent agir sans subir de contraintes excessives, notamment de la part de l'État. Le principe de libre administration est composé des éléments essentiels qui garantissent la liberté aux collectivités territoriales de gérer leurs affaires. Pour ce faire, il exige un conseil élu qui aura la charge de délibérer sur les affaires de la collectivité. Pour caractériser la libre administration, la Constitution française 1958 après la révision de 2003 exprime de la façon suivante : *"les collectivités territoriales s'administrent librement à travers un conseil élu"*. Ainsi, il y a donc une exigence constitutionnelle d'un conseil élu pour qu'il y ait la libre administration. Par ailleurs, la présence d'un exécutif à la tête de la collectivité n'est pas une condition de la libre administration des collectivités territoriales. Par exemple, l'exécutif peut d'ailleurs être révoqué sans que la libre administration des collectivités territoriales n'y fasse obstacle[39]. En outre, il relève de la compétence exclusive du législateur pour arrêter les contours de libre administration et dans le cas échéant poser les limites. C'est le législateur qui détermine le pouvoir réglementaire. Toutefois, ce pouvoir reste quand même résiduel[40]. La liberté d'organisation des collectivités territoriales implique notamment que la loi ne peut contraindre les commissions permanentes à tenir des réunions

[38]Fathi Zara.

[39]CC, 2012, Ahmed S.

[40]CE, avis, 1992, Préfet du Calvados.

publiques[41]. La libre administration implique également que les moyens mis à disposition des collectivités territoriales, notamment en termes de personnel, leurs gestions relèvent de la compétence exclusive de ces dernières[42]. Dans la même logique, il implique que pour assurer la libre administration, il est exigé qu'il soit assuré des compétences effectives au profit des collectivités territoriales. Cela n'implique pas qu'elles aient une compétence générale[43]. Les collectivités territoriales doivent bénéficier des compétences effectives transférées par l'État central. La liberté contractuelle des collectivités territoriales est aussi une exigence de libre administration[44]. Cela s'explique que les collectivités territoriales peuvent conclure des contrats avec des tiers ou entre elles. Les règles et principes des marchés publics ou généralement ceux de la commande publique depuis la directive de l'Union européenne s'imposent également à elles. La Constitution de 1958 pose le principe de l'autonomie financière des collectivités territoriales[45]. Cette autonomie financière contribue à ce que la libre administration soit effective. Car, les difficultés budgétaires peuvent être une entrave à la libre administration. Une collectivité territoriale dont les ressources financières sont limitées, pourrait constater également les limites de ses actions. Bien avant qu'elle soit réaffirmée par la Constitution en 2003, la libre administration des collectivités est défendue par le Conseil constitutionnel et qui l'a érigé en principe à valeur constitutionnelle depuis 1979. Le Conseil constitutionnel a reconnu la valeur constitutionnelle du principe de libre

[41]CC, 1999, Fonctionnement des conseils régionaux.
[42]CC°, 1984, Fonction publique territoriale.
[43]CC°, QPC, 2016, Assemblée des départements de France0
[44]CC°, 1993, Loi anti-corruption (Sapin I).
[45]Article 72-2 de la Constitution française de 1958.

administration des collectivités territoriales dans sa décision *CC, 1979, Territoire de Nouvelle-Calédonie*. Depuis lors, les collectivités territoriales disposent de plusieurs moyens pour défendre leur libre administration et la faire respecter. Elles peuvent saisir le juge administratif en cas de non-respect du principe de libre administration. La voie de recours devant le juge administratif dans le cas de libre administration est illustrée par l'arrêt du Conseil d'État de 1996, Commune de Bourg-Charenton. Dans cette affaire, le Conseil d'État affirme qu'une commune intégrée de force dans un EPCI ne peut invoquer devant le juge administratif le principe de libre administration, car la loi forme un écran législatif. Ainsi, la théorie de la loi-écran fait obstacle à sa défense. Ainsi, cette théorie restreint la voie de recours des collectivités territoriales devant le juge administratif dans le cadre du respect de la libre administration. Cette position du Conseil d'État est renversée par les jurisprudences postérieures après que le Conseil d'État ait reconnu le principe de libre administration comme une liberté fondamentale. Dans sa décision Commune de Venelles, le Conseil d'État, après une interprétation de l'article L.521-2 du code de la justice administrative, reconnaît le principe de libre administration des collectivités territoriales comme étant une libertés fondamentale et par conséquent la voie de recours devant le juge administratif pour le respect de la libre administration est possible même en cas de regroupement forcé dans un établissement public de coopération intercommunale (EPCI). Les collectivités territoriales disposent également des voies de recours devant le Conseil constitutionnel pour faire respecter leur libre administration. Cette opportunité est la conséquence des réformes constitutionnelles de 2010 introduisant dans la constitution la « question prioritaire de constitutionnalité »(QPC). Le mécanisme de la question prioritaire de constitutionnalité (QPC) est venu changer la donne en permettant à une collectivité territoriale en litige avec l'État de soulever la violation du principe de libre administration par la loi applicable au litige. En effet, le Conseil constitutionnel classe la libre administration des collectivités au titre des droits et libertés invocables dans le cadre d'une QPC[46]. Le principe de libre administration permet aux collectivités territoriales de gérer en toute liberté les affaires qui relèvent de leurs compétences. Cependant, si ce principe reconnaît la liberté administrative aux collectivités territoriales, les conditions de son exercice doivent être fixées par la loi. Ainsi, le Conseil constitutionnel français nous dit que : "si la loi peut fixer les conditions de la libre administration, c'est sous la réserve qu'elle respecte les prérogatives de l'État"[47]. Cette décision du Conseil constitutionnel précise la portée du principe de libre administration des collectivités territoriales qui ne doit pas se confondre avec les prérogatives reconnues à l'État. Le Conseil constitutionnel interdit au législateur d'empiéter sur les prérogatives de l'État au nom du principe de libre administration des collectivités territoriales. La loi ne pourrait fixer les conditions d'exercice de ce principe que pour les affaires qui relèveraient en principe des collectivités territoriales. Ce principe de libre administration permet aux collectivités territoriales d'être des véritables acteurs dans la gestion de leurs affaires. Le principe de libre administration est un principe essentiel pour rendre effective la décentralisation. Ce principe a plusieurs composantes dont la plus importante est celui d'autonomie financière.

---

[46]CC, QPC, 2010, Commune de Dunkerque.

[47] Lire la décision du Conseil constitutionnel français du 25 février 1982, décision n°82-137 DC du 25 février 1982.

Le Principe de l'autonomie financière : la décentralisation est aussi marquée par un principe d'autonomie qui comportent lui aussi plusieurs aspects, mais l'aspect le plus important est celui de l'autonomie financière. Le principe d'autonomie des collectivités territoriales peut-être appréhendé comme celui qui accorde une reconnaissance aux collectivités territoriales une certaine indépendance vis-à-vis de l'État sur plusieurs aspects. Dans certaines Constitutions africaines l'autonomie financière et patrimoniale sont formellement inscrites. Cette forme d'autonomie permet aux collectivités territoriales de disposer des ressources propres suffisantes et diversifiées qui leur permettent de répondre à leurs besoins. La Constitution tchadienne de 1996 fait également de l'autonomie financière un principe. En se basant sur les points de vue des différents auteurs relatifs au principe de l'autonomie, on y remarque quatre (4) caractéristiques ou significations au terme "autonomie : 1-Un droit d'agir selon sa propre discrétion dans certains domaines, que ce soit sur une base individuelle ou par un organisme officiel[48]. C'est l'affirmation d'une certaine liberté dans la gestion de ses affaires ; ce qui renvoie au principe de libre administration des collectivités territoriales. 2- Le terme "autonomie" est synonyme de l'indépendance[49]. Cette conception est très large et renvoie au principe de l'autonomie dans les États fédérés qui sont marqués par une certaine indépendance même si la souveraineté internationale est incarnée par l'État fédéral. 3- L'autonomie est aussi un synonyme de décentralisation[50]. Dans ce cadre, les collectivités

---

[48] Le terme "autonomie" selon Hauriou, Bernhardt, Oberreuter

[49]Selon Jellinek le terme "autonomie" est synonyme de l'indépendance.

[50]Barthélemy, Steiner quant à eux, l'autonomie est synonyme à la décentralisation.

territoriales disposent d'autonomie financière et de gestion de leurs affaires. 4- Elle est une référence à une entité qui a des pouvoirs exclusifs de législation, d'administration et d'arbitrage dans des domaines spécifiques[51]. Dans le quatrième aspect on peut distinguer plusieurs formes d'autonomie ; l'autonomie politique et l'autonomie administrative qui se limite aux seuls pouvoirs à caractère administratif. On distingue également l'autonomie normative, particulièrement législative et une autonomie en termes d'exécution des actes. Au vu de tout ce qui précède, la notion d'autonomie est très large. En ce qui concerne la décentralisation, la Charte européenne sur l'autonomie locale est un document très important. Ainsi, en Europe, on tend depuis plusieurs années à reconnaître une uniformisation du principe d'autonomie locale qui serait acceptable pour tous. En effet, la charte de l'autonomie locale est un instrument juridique fédérateur qui fait de l'autonomie locale un principe commun et européen. La France a ratifié cette charte. Cette charte européenne de l'autonomie locale est un instrument juridique très favorable à la décentralisation. Elle défend une large autonomie en faveur des collectivités territoriales. L'article 3 de la charte définit le concept et le fondement de l'autonomie locale. D'après l'interprétation de cet article faite par Patrice Williams-Riquier, l'autonomie locale est *"le droit et la capacité effective pour les collectivités de régler et de gérer, dans le cadre de la loi, sous leur propre responsabilité et au profit de leur population, une part importante des affaires publiques. L'autonomie locale est un droit dont sont titulaires les collectivités démocratiquement élues. Elle est aussi une capacité effective, soit un ensemble de moyens*

[51]Laband, Carré de Malberg, Duguit, Dörge, Robinson, Sohn, Crawford, Hannum et Lillich, ces auteurs reconnaissent une large signification au terme de "l'autonomie".

juridiques, humains et financiers. Le droit et la capacité de régler une part importante des affaires publiques renvoient au pouvoir réglementaire des collectivités territoriales"[52]. En effet, l'autonomie locale défendue par la Charte européenne garantit plus de liberté et offre assez de moyens juridiques et financiers aux collectivités territoriales. Elle défend la liberté d'exercice des compétences qui sont transférées aux collectivités territoriales. L'article 2 dispose que le principe de l'autonomie locale doit bénéficier d'une protection constitutionnelle ou législative.

Le principe d'autonomie dont sont bénéficiaires les collectivités territoriales dans un cadre de décentralisation repose essentiellement sur l'autonomie financière et juridique. L'autonomie juridique est le pouvoir qui est reconnu aux collectivités territoriales d'édicter leurs propres normes administratives. À ce titre, un pouvoir réglementaire leur est reconnu par la Constitution. Par ailleurs, l'autonomie financière est le fait que les collectivités territoriales puissent disposer des ressources financières suffisantes qui leur permettront de faire des actions. Selon un avis à la commission des finances du Sénat présenté par le Sénateur Michel Mercier, l'autonomie financière est *"une notion complexe qui ne peut se définir en fonction du seul volume de ressources financières dont les collectivités territoriales bénéficient"*[53]. Le Sénateur Michel Mercier envisage

---

[52]Patrice Williams-Riquier, La charte européenne de l'autonomie locale : un instrument juridique international pour la décentralisation. P. 193; Dans Revue française d'administration publique2007/1-2 (n° 121-122).

[53]AVIS au nom de la commission des Finances, du contrôle budgétaire et des comptes économiques de la Nation (1) sur le projet de loi organique, ADOPTÉ PAR L'ASSEMBLÉE NATIONALE, pris en application de l'article 72-2 de la Constitution relatif à l'autonomie

l'autonomie financière des collectivités territoriales de la façon suivante : "*On peut considérer que l'autonomie financière des collectivités territoriales implique notamment qu'elles disposent de ressources suffisantes pour exercer leurs compétences, mais aussi de la liberté de choisir leurs modes de gestion, de choisir et d'exécuter leurs dépenses, de déterminer le niveau et les types d'endettement, et d'agir sur le niveau de leurs recettes*"[54].Par conséquent, elle reposerait principalement sur trois piliers suivants : 1-autonomie de gestion ; 2- autonomie budgétaire ; 3- l'autonomie fiscale. Ces trois piliers donnent une liberté aux collectivités territoriales de gérer leurs ressources en toute autonomie. En outre, elle leur permet également d'avoir leur propre budget ; un budget autonome qui ne se lie pas avec celui des autres structures de l'État. Et enfin, les collectivités territoriales peuvent avoir leurs propres fiscalités sur lesquelles elles peuvent générer des ressources. *L'autonomie de gestion correspond aux marges de manœuvre dont jouissent les collectivités territoriales pour définir les modalités d'exercice de leurs compétences, par exemple, la possibilité d'externaliser certaines activités, de gérer librement leur patrimoine, de déterminer les tarifs de leurs services. D'un point de vue financier, on peut considérer qu'elle s'apprécie notamment à travers la capacité des collectivités territoriales de placer librement leur trésorerie ou de participer au capital de sociétés privées. Cette autonomie de gestion est un élément essentiel de la*

---

financière des collectivités territoriales, Par M. Michel MERCIER, Sénateur.

[54]AVIS au nom de la commission des Finances, du contrôle budgétaire et des comptes économiques de la Nation (1) sur le projet de loi organique, ADOPTÉ PAR L'ASSEMBLÉE NATIONALE, pris en application de l'article 72-2 de la Constitution relatif à l'autonomie financière des collectivités territoriales, Par M. Michel MERCIER, Sénateur.

décentralisation. Trop souvent, l'État a transféré des compétences aux collectivités territoriales de manière tellement réglementée et encadrée qu'il s'agissait davantage pour lui de « sous-traiter » des compétences coûteuses que de faire confiance aux élus locaux, mettant ainsi pleinement en application le principe de subsidiarité.

L'autonomie financière comporte également un minimum d'autonomie fiscale. *S'il n'est guère contestable que l'autonomie financière ne peut exister sans un certain pouvoir budgétaire, cela est moins évident en ce qui concerne le pouvoir fiscal local*[55]. *Celui-ci ne paraît pas bénéficier d'une protection constitutionnelle dans la mesure où la fiscalité relève, en principe, de la seule appréciation du législateur. En effet, l'article 34 de la Constitution dispose que la loi fixe les règles concernant l'assiette, le taux et les modalités des impositions de toutes natures, ce qui inclut les impôts locaux. En outre, la reconnaissance d'un pouvoir fiscal local de rang constitutionnel se heurte à deux grands principes garantis par la Constitution : la légalité fiscale et l'égalité devant l'impôt, lesquels sont difficilement conciliables avec la reconnaissance d'une trop large autonomie fiscale locale*[56].

Principe de subsidiarité : pour ce qui est du principe de la subsidiarité, c'est un principe qui est à la base de la décentralisation. Certains auteurs le qualifient comme un principe qui se trouve aux origines de la décentralisation. Le principe de subsidiarité est un concept très ancien. Il remonte de l'époque d'Aristote qui défend lui aussi une

---

[55]https://www.conseil-constitutionnel.fr/nouveaux-cahiers-du-conseil-constitutionnel/l-autonomie-financiere-des-collectivites-territoriales#ref-note-12

[56] Loïc PHILIP - Professeur émérite à l'Université d'Aix-Marseille III, l'autonomie financière des collectivités territoriales ; nouveaux cahiers du conseil constitutionnel

idée de subsidiarité. Pour lui, le "bon gouvernement" suppose le respect des autonomies locales. À partir de là, il faut reconnaître une vision qui permet à la décision d'être prise à l'échelle la plus adaptée. Le principe de la subsidiarité est un concept d'origine théologique qui était longtemps étudié par Saint Thomas d'Aquin. Il assignait au pouvoir politique la mission de *"corriger, s'il se trouve quelque chose en désordre ; suppléer si quelque chose manque ; parfaire si quelque chose de meilleure peut-être fait"*[57]. La subsidiarité est analysée comme un principe qui s'adapte parfaitement à l'idée de la décentralisation. De manière un peu large, Chicot Pierre-Yves l'analyse de la façon suivante : *"La subsidiarité entraîne donc un mouvement dynamique d'organisation des affaires publiques tenant compte de changements de circonstances. Il est donc question d'une nécessaire adaptation du droit dans sa mission fondamentale de régulation interne et externe de la société"*[58]. Ainsi, selon la pensée de Chicot, la subsidiarité est un mécanisme juridique qui s'adapte efficacement à tous les niveaux et à tous les lieux ; c'est un instrument juridique régulateur. Dans la théorie juridique de la décentralisation, la subsidiarité trouve une place qui est la science et qui répond parfaitement à l'esprit même du principe de la décentralisation. Elle est un principe qui « conduit à rechercher toujours le niveau adéquat d'exercice des compétences, un niveau supérieur n'étant appelé que dans les cas où les niveaux inférieurs ne peuvent exercer eux-mêmes les compétences correspondantes. L'État doit ainsi déléguer aux collectivités territoriales tous les pouvoirs

---

[57]De Regno I. Chapitre XV

[58]Chicot Pierre-Yves. XI. Le renouvellement de l'État territorial : le prisme de la décentralisation autonomique. In: Droit et gestion des collectivités territoriales. Tome 37, 2017. Les territoires de l'État, P. 188.

qu'elles sont en mesure d'exercer »[59]. Ainsi, le principe de subsidiarité permet une certaine autonomie aux collectivités territoriales. Il leur permet de rechercher les voies et moyens pour gérer les affaires à leurs niveaux avant de recourir au niveau supérieur de l'État.

B- Les limites de la décentralisation administrative

La décentralisation administrative est un système qui implique, par sa définition même, un processus de délimitation. Il est ainsi question d'un mode d'aménagement des structures de l'administration qui, *« fondé sur la notion d'intérêt local, donne naissance à des collectivités publiques distinctes de l'État »*. Ainsi, la limite à la décentralisation peut-être appréhendée dans un premier temps par le cantonnement qui lui est fait aux affaires qui ne relèvent pas de l'État. Les compétences des collectivités territoriales sont limitées à la gestion de leurs affaires locales. Cela leur pose la limite d'êtres compétents pour les affaires qui relevaient en principe de l'État. Si la décentralisation est fondée sur une certaine idée de liberté et d'autonomie cependant, cette liberté et cette autonomie ne sont toutefois pas sans limites. En effet, il y a plusieurs limites à la décentralisation. L'autonomie qu'elle consacre ne doit absolument pas remettre en cause l'unicité de l'État. Généralement, cette autonomie n'est affirmée qu'en matière financière. De même, les libertés accordées aux collectivités pour la gestion de leurs affaires sont aussi des libertés susceptibles d'être limitées par le législateur même si le Conseil d'État les qualifie comme des libertés

---

[59] O. Guichard (dir.), Vivre ensemble - Rapport de la Mission de développement des responsabilités locales, Paris, La Documentation française, 1976, 1, p. 97. Cité par Chicot Pierre-Yves dans :"Le renouvellement de l'État territorial : le prisme de la décentralisation autonomique. In: Droit et gestion des collectivités territoriales. Tome 37, 2017. Les territoires de l'État. P.188".

fondamentales. Les limites de la décentralisation procèdent de la volonté du pouvoir central, mais aussi de la nature même des collectivités territoriales qui ne sont pas des États, donc elles n'ont pas la compétence de leur compétence. Ainsi, le constituant ou législateur pour des soucis d'efficacité et de bonne administration peut prévoir des limites à la décentralisation. En effet, le Professeur Christophe GUETTIER nous le confirme par les propos suivants : *« les collectivités locales ne sont pas souveraines. Elles ne peuvent donc pas choisir leur organisation administrative, leur domaine de compétences, leurs ressources ou leur régime électoral parce qu'elles ne possèdent pas de pouvoir normatif autonome et encore moins de constituant. Ces responsabilités-là appartiennent au seul législateur national, sous le contrôle du Conseil constitutionnel. Celui-ci, lorsqu'il est saisi, apprécie la qualité de l'équilibre réalisé entre les prérogatives de l'État et la libre administration locale ».* Ainsi, la décentralisation ne donne pas aux collectivités territoriales le pouvoir de s'auto-organiser pour s'attribuer des compétences ou régir leur régime électoral… Cela leur pose des limites et par conséquent il est plausible de dire que la décentralisation a des limites ; car les collectivités territoriales n'ont pas la prérogative d'un État (Kompetenz, Kompéténz). Carré de Malberg reconnaît que le pouvoir normatif des collectivités territoriales ne peut-être initial en vertu de l'unicité et de l'indivisibilité de l'État. Le principe de l'indivisibilité impose que seules les autorités de l'État disposent du pouvoir normatif initial, entendu comme le pouvoir général, tenu de la Constitution, de faire la loi. Pour lui, l'État est le seul détenteur du pouvoir normatif initial. Dès lors, le pouvoir normatif des collectivités territoriales ne peut-être envisagé que sous “l’empire” du droit étatique[60]. C’est le pouvoir normatif de l’État qui détermine le cadre dans lequel s’exerce le pouvoir des collectivités territoriales. Contrairement à l’État dont il s'autolimite, les limites des collectivités territoriales sont soient prévues par le constituant ou soient par le législateur. Dès lors, la liberté et l’autonomie des collectivités territoriales n’existent que par la volonté de l’État. Cependant, dans une forme de l’État régional, il y a possibilité sous certaines conditions et dans certains domaines de reconnaître aux institutions régionales d’adopter des véritables lois régionales mais dans un cadre aussi limité qui respecte la Constitution de l’État[61]. Dès lors, la décentralisation administrative est limitée aux seuls actes de natures administratives que les collectivités territoriales ont le pouvoir et la capacité d’adopter. Le degré de cette limitation dépend du degré de la décentralisation que le pouvoir central souhaite opérer. Elle pourrait être grande si la décentralisation n’est pas importante et elle pourrait être minime si le degré de la décentralisation est important.

De même, le principe de libre administration des collectivités territoriales reconnu comme un principe constitutionnel dans plusieurs pays connaissant une forme de décentralisation, peut également faire l’objet des limites. Par exemple dans le cas de la France, le Conseil constitutionnel a affirmé par une décision de 1985 que le principe de libre administration *“ne saurait conduire à ce que les conditions essentielles d’application d’une loi organisant l'exercice d'une liberté publique dépendent de décisions des collectivités territoriales et, ainsi, puissent*

[60]CC, décision n°84- 185 DC du 18 janv. 1985, Loi Chevènement, Rec., p.36

[61]L’exemple de la Région en Espagne et en Italie qui bénéficient des facultés législatives dans certains domaines.

ne pas être le même sur l'ensemble du territoire"[62].De même il y a dans les jurisprudences antérieures du Conseil d'État des positions peu favorables à l'exercice du principe de libre administration par les collectivités territoriales. En effet, le Conseil d'État avait reconnu qu'une commune pouvait être intégrée de force dans une coopération intercommunale, même si par la suite il y a de revirement. Cette action limite la liberté d'administration des communes. De même, nous pouvons également noter que l'atteinte à l'autonomie financière des collectivités territoriales constitue également une limite à leur liberté d'administration. Les difficultés financières que rencontrent les collectivités territoriales de certains pays constituent véritablement une limitation à la décentralisation.

La décentralisation administrative est un concept fondé sur la liberté des collectivités territoriales c'est incontestable mais, cette liberté n'est pas absolue comme nous l'avions dit auparavant. Aussi, cette liberté des collectivités territoriales est extrêmement contrôlée par divers mécanismes juridiques. D'abord, on ne peut pas envisager une décentralisation sans un contrôle minimum de l'État. Le fonctionnement de la décentralisation est caractérisé par un contrôle étatique sur les actes des collectivités territoriales. Ce contrôle peut revêtir plusieurs formes. Parfois le contrôle étatique pourrait être exigeant du début des prises des actes par les collectivités territoriales jusqu'à la fin. Mais, parfois on pourrait admettre un simple contrôle de légalité. En France par exemple avant la loi de décentralisation de 1982, le contrôle des collectivités par l'État s'exerce par la tutelle ; c'est à dire que le représentant de l'État auprès de la collectivité territoriale dispose le pouvoir de contrôler les

[62]Carrés de Malberg, Théorie général de l'État.

actes de cette collectivité. Ce contrôle s'exerce sur l'opportunité de l'acte comme sur sa légalité. Ainsi, le contrôle se fait a priori, c'est-à-dire avant l'adoption de l'acte, soit à postériori par voie judiciaire. Le représentant de l'État en général le Préfet dispose le pouvoir d'annuler les actes de la collectivité lorsqu'il estime non fondé dans le premier cas et dans le second cas, il pourra demander au juge administratif l'annulation de l'acte. Cette tutelle pesait trop sur les collectivités territoriales et limite considérablement leurs libertés d'action. C'est ainsi que la loi de 1982 l'a supprimée. Désormais, il n'existe que de contrôle de légalité que le représentant de l'État auprès de la collectivité a la faculté de l'exercer. C'est-à-dire un pouvoir de contrôle de conformité à la loi des actes des collectivités territoriales. Lorsque le Préfet estime que l'acte de la collectivité viole une loi ou les principes constitutionnels, il dispose la faculté de demander au juge administratif de l'annuler. Par conséquent, les collectivités territoriales sont tenues de transférer au représentant de l'État pour contrôle de légalité tout acte avant son entrée en vigueur. Certains pays qui connaissent des retards pour la décentralisation, la tutelle est forte. Comme par exemple au Tchad, la tutelle de l'État sur les actes des collectivités territoriales entrave sérieusement la décentralisation. Ainsi, la décentralisation connaît un processus de limitation par le mécanisme du contrôle étatique sur les actes des collectivités territoriales.

Section 2 : La consécration de la décentralisation au Tchad

Après moult péripéties, l'organisation territoriale de la République du Tchad est toujours confrontée à de multiples difficultés. On n'arrive pas toujours à se fixer sur la décentralisation. Le choix sur la forme de l'État est constamment inscrit à toutes les occasions des réformes institutionnelles. Le choix d'un système décentralisé remporte toujours malgré un penchant vers le fédéralisme manifesté par certains groupes. Il faut aujourd'hui reconnaître que la décentralisation est devenue le système qui remporte une adhésion large des tchadiens mais, elle connaît des difficultés pratiques, ce qui attire des critiques sérieuses pour son maintien. Malgré tout, la décentralisation administrative au Tchad a aujourd'hui un fondement constitutionnel solide depuis la Constitution de 1996 qui a résisté à toutes les réformes institutionnelles postérieures. Dès la Constitution de 1959 qui l'a réaffirmée pour la première fois, la décentralisation se rattache à la forme unitaire de l'État semble être la forme souhaitée par beaucoup des tchadiens. Depuis la dynamique de 1996, de nombreuses lois organiques et ordinaires ont été adoptées et d'autres textes subséquents ont été élaborés pour renforcer cette décentralisation (I). Dans toutes ces démarches législatives et dans l'esprit de la Constitution, il y a également des volontés apparentes de rationaliser l'administration territoriale de la République dans un but d'équilibrer l'administration territoriale de l'État avec celle qui est décentralisée et en même temps accorder une place importante aux chefferies traditionnelles dans l'architecture institutionnelle locale (II).

I- Les fondements juridiques de la décentralisation au Tchad

L'idée de la décentralisation au Tchad est très ancienne. Elle remonte bien avant la fondation du Tchad comme État indépendant. Elle est désormais affirmée et consacrée par la Constitution qui lui sert d'une base juridique fondamentale sur laquelle se reposent les autres normes (A). Dans la même dynamique, de nombreuses autres lois sont également adoptées pour renforcer la décentralisation, lui accordant ainsi des fondements juridiques diversifiés et opérant en même temps le transfert des nombreuses compétences aux profits collectivités territoriales (B).

A- Les fondements constitutionnels et législatifs

Dans le cadre du constitutionnalisme tchadien, l'idée de décentralisation remonte à une période ancienne, remontant à la première République. Le 28 novembre 1958, le Tchad est proclamé République avant d'obtenir son indépendance. À cette époque, il était détaché de l'Afrique équatoriale française, où il formait une entité territoriale juridique avec la France. Il faisait partie du territoire français d'outre-mer. Avant l'indépendance du Tchad en 1960, le territoire était régi par l'article 73 de la Constitution française relatif à l'Outre-mer. Bien que ces territoires africains fussent des colonies françaises, ils étaient juridiquement incorporés au territoire administratif français et administrés selon les lois et les principes français en matière d'organisation territoriale, avec quelques spécificités. Par conséquent, ils étaient considérés comme des territoires français d'outre-mer, et les dispositions constitutionnelles relatives à l'Outre-mer leur étaient applicables. Ainsi, en 1958, le Tchad proclame sa République et se détache du territoire d'outre-mer français, à savoir l'Afrique équatoriale française. Le 31 mars 1959, une toute première Constitution, qui organise les pouvoirs publics et affirme le choix de la forme de l'État est adoptée. Cette Constitution, influencée par le système français, établit une forme d'État unitaire décentralisée. Son titre V consacre une organisation territoriale de la République basée sur les principes de la décentralisation et de la déconcentration. Les dirigeants politiques de l'époque avaient déjà une idée de la forme unitaire de l'État tchadien à venir. Le principe de décentralisation était déjà ancré dans l'esprit des élites indépendantistes de l'époque. En fait, il était peut-être la forme d'État la plus connue, étant donné que le Tchad était une colonie française, et le modèle français d'organisation administrative était dominant à cette époque dans de nombreux pays colonisés par la France. Il convient également de mentionner qu'à l'époque de la colonisation, les territoires sous administration civile bénéficiaient du même modèle de gestion administrative que les collectivités territoriales françaises, bien qu'avec un statut particulier. De plus, une partie des agents étaient formés en France. En conséquence, de nombreux cadres administratifs tchadiens ou africains ont été formés dans des écoles d'administration françaises, principalement à l'institut d'outre-mer d'administration publique, qui n'existe plus aujourd'hui. De nombreux cadres d'attaché territorial ont également été formés en France à l'époque. Ces cadres sont familiarisés avec les notions de décentralisation, de centralisation et de déconcentration. Ils sont bien au fait de la forme d'État unitaire avec toutes ses ramifications institutionnelles. En effet, les dirigeants politiques tchadiens de l'époque sont également familiers avec la forme d'État unitaire et ses différents aménagements de centralisation, de déconcentration et de décentralisation, contrairement à d'autres formes d'État qui pourraient leur être étrangères. Il est fort probable que cette compréhension ait guidé le choix d'un État unitaire décentralisé en 1959.

La Constitution du 31 mars 1959, dans son titre cinq (V) intitulé "des collectivités territoriales et des circonscriptions administratives", pose les premières bases constitutionnelles d'une organisation territoriale décentralisée, bien que la Constitution ne fasse pas explicitement référence à la décentralisation. La Constitution de 1959 se contente simplement d'affirmer l'organisation territoriale de la République, divisée entre des collectivités territoriales et des unités administratives, ce qui renvoie implicitement à la décentralisation et à la déconcentration. En effet, l'article 46 de cette Constitution stipule que "les collectivités territoriales décentralisées de la République sont créées par la loi. Elles ont la personnalité morale et jouissent de l'autonomie financière. Leurs règles d'organisation et de fonctionnement sont fixées par la loi". Cette forme classique de la décentralisation adoptée par la première Constitution tchadienne de 1959 présente des similitudes juridiques avec la Constitution française de 1958. Cependant, contrairement à la Constitution de 1996, la Constitution de 1959 ne définit pas la nature des collectivités territoriales, laissant cette tâche à une loi organique. Ce qui est important à souligner, c'est que la Constitution établit l'autonomie financière des collectivités territoriales et reconnaît leur personnalité morale distincte de l'État. En ce qui concerne la forme, la nature et les structures des collectivités territoriales, la Constitution de 1959 renvoie à une loi organique pour les définir. Cette loi organique devait créer les collectivités territoriales conformément à la formule adoptée par la Constitution. Cependant, cette constitution, adoptée avant même l'indépendance du

Tchad proclamée le 11 août 1960, avait peu de chances de résister aux changements politiques de l'époque.

Les batailles politiques pour le pouvoir entre différents leaders politiques de l'époque ont entraîné une instabilité institutionnelle, et en 1961, la Constitution de 1959 a été abrogée. La Constitution suivante a choisi une forme d'État très centralisée. L'établissement du parti unique par Ngarta Tombalbaye après le congrès de Doyaba reflète une conception monarchique du pouvoir. Historiquement, les monarchies ont montré une préférence marquée pour la centralisation, cherchant à tout contrôler. Ainsi, le régime du parti unique instauré par le premier Président tchadien, Tombalbaye, a opté pour une forme d'État unitaire très centralisée. Des unités administratives telles que les postes administratifs, les sous-préfectures et les préfectures ont été créées pour administrer le territoire.

Les raisons exactes qui ont guidé ce choix d'organisation administrative peuvent être difficiles à déterminer, mais on peut formuler les hypothèses suivantes : le Président Tombalbaye cherchait probablement à consolider l'unité nationale et territoriale par le biais de la centralisation administrative. Il est également possible, comme mentionné précédemment, que le choix d'une forme d'État unitaire très centralisée visait à contrôler la population et le territoire afin d'assurer une domination politique plus efficace. Une autre hypothèse pourrait être d'ordre politique et budgétaire, où les contraintes budgétaires liées au début de l'indépendance auraient pu favoriser l'adoption d'un État unitaire centralisé pour une meilleure maîtrise des ressources. Toutes ces hypothèses ont leur pertinence, mais à des degrés différents. La forme d'État unitaire très centralisé a marqué toutes les périodes dictatoriales du pays.

Cependant, depuis la Constitution de 1996, la première Constitution de l'ère démocratique, la décentralisation est devenue un principe fondamental de l'organisation territoriale de la République du Tchad. Depuis lors, la décentralisation est constamment présente dans toutes les réformes constitutionnelles. La Constitution du 31 mars 1996 établit la décentralisation et la déconcentration comme principes d'organisation administrative au Tchad. Elle est le résultat de la dynamique qui a émergé à partir de 1990 dans plusieurs pays africains. À partir de cette année, la décentralisation est devenue populaire dans de nombreux États africains ayant une tradition juridique française. Elle était parfois exigée par les bailleurs internationaux, parfois influencée par le mouvement démocratique de l'époque, et a séduit la plupart des États africains à partir de cette période. La décentralisation occupe une place centrale dans les réformes institutionnelles de ces États.

Pour analyser ce mouvement Fathi Azhri disait ceci :

"*Imprégnées en grande partie de la tradition française, les Constitutions africaines des années 90 ont consacré l'autonomie locale, mais avec une teneur qui se décline généralement en autonomie administrative et/ou financière sans portée politique, hormis la Constitution sud-africaine, qui adopte une approche différente par rapport à la décentralisation locale. Celle-ci est prise dans le contexte général de l'organisation du gouvernement constitué sous forme de sphères (nationales, provinciales et locales) qui sont à la fois distinctes, interdépendantes et intimement liées*"[63].

Dans son analyse, Fathi Azhri reconnaît à la décentralisation des États africains une sorte de décentralisation fondée sur l'autonomie financière et administrative, mais non sur une autonomie politique. Il est certainement vrai que jusque-là la décentralisation dans beaucoup des pays d'Afrique de tradition juridique française n'offre pas une autonomie politique aux entités locales. En effet, la Constitution tchadienne issue des recommandations de la conférence nationale souveraine de 1993 dispose que les collectivités territoriales sont les régions, les départements, les communes et les communautés rurales[64]. Aucune collectivité territoriale à statut particulier n'a été créée par cette Constitution. Bien que le territoire tchadien soit vaste et géographiquement complexe, on n'a pas pensé à reconnaître l'altérité de certaines régions. Cela a continué dans les réformes postérieures qui ont continué sans que l'altérité de certains territoires ne soit reconnue.

La Constitution de 1996 reconnaît aux collectivités territoriales la personnalité morale distincte de l'État ; condition indispensable pour toute décentralisation. Ensuite, cette Constitution affirme l'autonomie administrative, financière, économique et patrimoniale de ces collectivités territoriales. Elle affirme que cette autonomie est garantie par la Constitution (art. 204). En plus, la Constitution de 1996 consacre formellement la libre administration des collectivités territoriales. Elle

[63]Fathi Zerari, « L'évaluation de l'autonomie des collectivités territoriales dans les systèmes juridiques d'inspiration française », P 216, Les Annales de droit [En ligne], 12 | 2018, mis en ligne le 05 février 2019. URL : http://journals.openedition.org/add/1306 ; DOI : https://doi.org/ 10.4000/add.1306.

[64]Article 203 de la Constitution du Tchad de 1996.

dispose que ces collectivités territoriales s'administrent librement par des assemblées élues (art. 205). Dans cette disposition, la Constitution définit le mode de désignation des organes dirigeants de ces collectivités territoriales. À l'instar des autres pays, la décentralisation tchadienne fait des élections aux suffrages universels des assemblées des collectivités territoriales un principe constitutionnel. À travers la Constitution de 1996, on constate des fondements juridiques solides qui affirment formellement la décentralisation au Tchad. Dès 1996, le principe de libre administration des collectivités territoriales est affirmé par la Constitution (article 205 alinéa 1). C'est une disposition très remarquable. Contrairement en France, en 1958, la Constitution n'a pas affirmé formellement la libre administration des collectivités territoriales, cependant, la Constitution tchadienne de 1996 l'a formellement affirmée. En France, le principe de libre administration des collectivités territoriales est d'abord reconnu comme valeur constitutionnelle par le Conseil constitutionnel en interprétant l'article 72 de la Constitution française de 1958. Cependant, la Constitution du Tchad de 1996 dispose clairement que les collectivités territoriales s'administrent librement ; par conséquent, il fait sans ambiguïté de libre administration des collectivités territoriales une norme constitutionnelle. En France, le principe de libre administration des collectivités territoriales n'est inscrit dans la Constitution qu'après la réforme constitutionnelle de 2003. La Constitution de 1996 a donné un fondement juridique solide à la décentralisation territoriale au Tchad. Dans son titre XI devenu plus tard titre XII après la révision de 2005, la Constitution de 1996 consacre un chapitre entier aux collectivités territoriales décentralisées. Ce qui est un peu bizarre, l'organisation décentralisée de la République n'est annoncée et mentionnée nulle part dans la Constitution avant ce titre 11. Même le préambule n'a pas fait référence à la décentralisation. *Le Titre XII annonce directement les collectivités territoriales sans que la décentralisation soit annoncée auparavant ; il est ainsi intitulé : « Des collectivités territoriales décentralisées ». Il est composé de plusieurs articles. Le premier article de ce titre est l'article 202 qui dispose ainsi :* Les collectivités territoriales décentralisées de la République du Tchad sont :*les communautés rurales ; les communes ;les départements ; les régions*. Cet article annonce quatre collectivités territoriales décentralisées. Contrairement à la France qui a commencé par deux niveaux de décentralisation, et également à certains États africains, cet article consacre quatre niveaux de décentralisation. Ce qui entraîne une très forte décentralisation. Une décentralisation à tous les niveaux ; du rural jusqu'à la région. L'article *203* quant à lui dispose que : " *les collectivités territoriales décentralisées sont dotées de la personnalité morale. Leur autonomie administrative, financière, patrimoniale, économique, culturelle et sociale est garantie par la Constitution"*. Cet article consacre la reconnaissance de la personnalité morale de droit public des collectivités territoriales qui est une condition fondamentale pour toute décentralisation. En outre, elle affirme l'autonomie des collectivités territoriales dans plusieurs aspects : administratifs, financiers, patrimoniaux, économiques, culturels et sociaux. L'autonomie ici accordée et garantie par la Constitution est trop large, elle pourrait dépasser celle d'une simple décentralisation. La Constitution accorde ici aux collectivités territoriales une autonomie qui sur le plan pratique risque de poser des problèmes. L'article *204* de la constitution quant à lui pose le principe de libre administration des collectivités territoriales. Il l'affirme de la façon suivante : *"Les collectivités territoriales décentralisées s'administrent librement par des assemblées élues qui règlent par leurs délibérations les affaires qui leur sont dévolues par la Constitution et par la loi. Les délibérations des assemblées locales sont exécutoires de plein droit dès leur publication. Toutefois, elles ne peuvent être contraires aux dispositions constitutionnelles, législatives et réglementaires".* Cet article exige un conseil élu pour que la libre administration joue. C'est une formule classique dans presque toutes les Constitutions des États décentralisés. Le mode de désignation des conseils des collectivités territoriales s'avère ainsi nécessaire pour sa définition. Cet article annonce aussi que les délibérations des assemblées locales sont exécutoires de plein droit dès leur publication, sauf si elles ne respectent pas la Constitution ou la loi. Cela pose des questions sur la nature du contrôle de tutelle. Car la tutelle contrôle également actuellement sur le plan pratique l'opportunité des actes des collectivités territoriales. Ce qui est d'ailleurs contraire à l'esprit de cet article qui ne reconnaît qu'un contrôle de légalité. Dans son Article *207*, la Constitution soumet les collectivités territoriales décentralisées à la tutelle de l'État à travers des chefs d'unités administratives. Il l'exprime de la façon suivante : *"L'État assure la tutelle des collectivités territoriales décentralisées. L'État est représenté auprès des collectivités territoriales décentralisées par les chefs des unités administratives déconcentrées chargées de défendre les intérêts nationaux et de faire respecter les lois et règlements".* Le contrôle de l'État sur les actes des collectivités territoriales est aussi une condition minimale de la décentralisation. La révision constitutionnelle de 2005 a rajouté d'autres articles qui ont élargi les compétences des collectivités territoriales dans d'autres domaines. En ajoutant Article *209*, la Constitution donne des compétences aux collectivités dans les domaines suivants : la sécurité publique ; l'aménagement du territoire ; le développement économique, social, sanitaire, culturel et scientifique ; la protection de l'environnement. Ce qu'on peut retenir le plus important, ce sont les compétences en matière de l'environnement, en aménagement du territoire et en santé. Ce sont des domaines très techniques qui nécessitent assez de ressources financières et techniques. La Constitution mentionne dans cet article que ces compétences sont assurées avec le concours de l'État et c'est à la loi de déterminer la répartition des compétences en considération des intérêts locaux et nationaux. L'article 210 dispose que : *« les collectivités territoriales décentralisées votent et gèrent leur budget »* cet article est un pléonasme. Car, il est déjà annoncé à l'article 203 que les collectivités territoriales disposent d'autonomie financière ; alors qui dit autonomie financière, dit forcément pouvoir d'adopter le budget et de le gérer en toute autonomie. Enfin, article *212* dispose que les règles relatives aux statuts juridiques, à l'organisation, au fonctionnement et aux attributions des collectivités territoriales décentralisées ainsi que leurs rapports avec le pouvoir central sont fixées par une loi organique. Cet article nous renvoie aux lois organiques pour compléter le cadre juridique de cette décentralisation.

Dans la foulée et selon l'esprit de la Constitution, une loi organique et d'autres textes législatifs subséquents sont intervenus pour approfondir les réformes de cette décentralisation. En effet, la loi organique de 2000 portant statut des collectivités territoriales est fondamentale. Elle a défini les statuts des différentes catégories des collectivités territoriales. Elle a définit également leurs fonctionnements, leurs attributions et la composition de leurs conseils élus. Par ailleurs, elle a défini les ressources que composent les finances des collectivités territoriales. La loi organique de 2000 dispose également que la région *constitue l'échelon de conception et de planification régionale de l'action économique et sociale de l'État. Elle assure la coordination, le soutien et le contrôle de l'ensemble des services du Conseil régional ainsi que la réalisation des tâches d'intérêt régional*[65]. La région comprend plusieurs départements constituant un même espace économique, social et culturel, et un cadre adéquat d'aménagement du territoire. Et dans l'article 4 de cette loi organique, le législateur confirme la personnalité morale et l'autonomie financière de la région qui sont déjà reconnues par la Constitution. Concernant le Département, l'article 28 nous dit ceci : *« Le Département est une collectivité décentralisée qui constitue l'échelon de relais entre les Communes et les Communautés Rurales qui le composent d'une part et la Région d'autre part. Les fonctions de coordination, de soutien, de contrôle ainsi que celles de gestion qui requièrent d'être accomplies au bénéfice des Communes sont dévolues au Département »*[66]. Pareillement pour la commune, cette loi confirme que la commune *"est une collectivité territoriale dotée de la personnalité morale et de l'autonomie financière". Pour ce qui est de sa nature, la loi nous dit qu'elle peut-être divisée en arrondissements, quartiers et carrés. Les arrondissements urbains de certaines villes peuvent être érigés en communes d'arrondissement*[67]. C'est le cas de certaines grandes villes. C'est ainsi que la ville de N'djamena, capitale du Tchad est subdivisée en 10 arrondissements qu'on leur reconnaît la qualité des communes, mais sans une véritable autonomie financière

---

[65]Article 3 de loi organique de 2000 portant statuts des collectivités territoriales décentralisées au Tchad.

[66] Article 20 de la loi organique de 2000 portant statuts des collectivités territoriales décentralisée au Tchad.

[67] Article 34 de la loi organique de 2000 portant statuts des collectivités territorialisées au Tchad.

sur le plan pratique. Cependant, selon la loi, elles sont financièrement et administrativement autonomes de la commune centrale[68]. La loi organique de 2000 nous dit également que sont communes : "*Les chefs lieux des régions, des départements et des sous préfectures*". S'agissant de la communauté rurale, cette loi organique de 2000 nous renvoie à une autre loi organique pour définir son statut. La loi organique de 2000 portant statut des collectivités territoriales décentralisées au Tchad dispose ainsi : « *Les Communautés rurales sont des collectivités territoriales, personne morale de droit public, dotée de l'autonomie financière, organisant démocratiquement des ensembles d'une zone géographiquement déterminée. Leurs statuts sont déterminés par une Loi organique* ». Ce qui explique que la communauté rurale n'a jamais été définie dans le statut, car aucune loi n'est venue le faire. Le territoire du Tchad est réparti aujourd'hui, du moins sur les papiers, en 23 Régions, 67 Départements et 270 sous-préfectures soit un nombre total de 23 Conseils régionaux, 67 Conseils départementaux et 370 Conseils Municipaux[69].

Avant la révision constitutionnelle de 2018, on considère souvent la décentralisation tchadienne comme un système à quatre (4) échelons, mais en réalité il y a seulement 3 échelons. La communauté rurale devrait être regardée comme une échelle faisant bloc avec l'échelon communal. Sa seule distinction sera vue par son aspect rural qui le distingue des communes urbaines. Sinon, elles sont le prolongement des communes dans les territoires

[68] Loi n°005/PR/2011 du 10 février 2011 portant création des communes d'arrondissement de la ville de N'Djaména.

[69] Association nationale des communes du Tchad, le processus de la décentralisation au Tchad : https://doczz.fr/doc/4742842/le-processus-de-la-decentralisation-autchad#:~:text=La%20loi%20fondamentale%20en%20)

ruraux. Cependant, selon la conception de Patrick Djimassal, la Constitution du 31 mai 1996 ainsi que les différents textes législatifs et réglementaires subséquents ont institué une décentralisation à quatre niveaux[70]. Il considère ainsi la communauté rurale comme un échelon territorial à part entière.

La Constitution du 16 mai 1996 a été très favorable à la décentralisation. Par conséquent, elle a institué une décentralisation à tous les niveaux. L'expression *"État fortement décentralisé"* que les juristes et les politiques tchadiens aiment tant employer, trouve pleinement sa raison d'être. La Constitution de 1996 a véritablement consacré un État unitaire fortement décentralisé même si sur le plan pratique cela n'est pas le cas. De la communauté rurale à la région, tous les niveaux du territoire administratif ont été décentralisés du point de vue constitutionnel. Ainsi, elle a dégagé l'image d'une organisation territoriale qui sera largement décentralisée. Cette décentralisation à outrance a posé des difficultés dans sa première expérience de mise en œuvre. Sur le plan pratique, beaucoup de difficultés se sont fait sentir. Les questions de création des collectivités territoriales et celles de leur autonomisation étaient cruciales. C'était pourquoi, la commission chargée des réformes institutionnelles de 2018 avait préconisé de revoir la forme de cette décentralisation. Par conséquent, la Constitution du 04 mai 2018 et ses textes subséquents, dont particulièrement l'ordonnance n°038/PR/2018 du 10 aout 2018 et l'ordonnance n°036/PR/2018 du 06 août 2018 ont institué une décentralisation à deux (2) niveaux, à savoir la Province et la Commune. L'idée était de réduire le niveau de décentralisation. Dans cette réforme, l'échelon départemental et la communauté rurale ont été supprimés.

[70]Patrick Djimassal; administration publique au Tchad à l'ère de la décentralisation; Harmattan 2019; p.167

La région change également de nom et dévient province. Mais, ses attributions, son fonctionnement, sa composition territoriale, et les dispositions concernant les finances sont restés les mêmes que celles de la loi organique de 2000 et les autres lois subséquentes. Dans la Constitution du 04 mai 2018 on constate également un changement de terminologie ; à la place de collectivité territoriale, on constate collectivité autonome. Ce sont de simples changements de paradigme sans incidence juridique. Selon Patrick Djimassal ce changement de dénomination est *purement formel, fantaisiste, il n'innove rien de particulier en ce qui concerne l'autonomie locale.* Il constate également que ce changement n'emporte aucune conséquence juridique particulière non plus. La seule *innovation, la seule modification porte seulement sur la suppression des deux collectivités territoriales : la communauté rurale et le département*[71]. En effet, les organes de la décentralisation ont des appellations diverses selon le pays (collectivités territoriales, collectivités locales, collectivités autonomes…). Et cela n'a pas d'incidence sur la nature de la décentralisation. Même en France, on est passé des collectivités locales aux collectivités territoriales, mais l'idée de la décentralisation reste la même.

L'ordonnance n° 038/PR/2018 du 10 aout 2018 portant création des Unités administratives et des Collectivités autonomes fixe le nombre des Provinces à vingt-trois (23), et celui des Communes à trois cent soixante-dix-sept (377). En outre, une ordonnance n°036/PR/2018 du 06 août 2018 portant statut des Collectivités autonomes a été ratifiée par l'Assemblée nationale le 21 juin 2019. C'est désormais cette ordonnance qui régit les collectivités locales au Tchad.

[71] Patrick Djimassal, administration publique au Tchad à l'ère de la décentralisation; Harmattan 2019; P. 168

Depuis 1996, la dynamique des réformes favorables à la décentralisation au Tchad reste constante dans les débats, même si la révision constitutionnelle de 2018 a réduit les niveaux de la décentralisation pour la rendre effective. En effet, la Constitution de 1996, plusieurs fois révisée, précisément en 2005 et 2013 dispose que : *« les collectivités territoriales décentralisées s'administrent librement par des Assemblées élues qui règlent par leurs délibérations les affaires qui leur sont dévolues par la Constitution et par la loi »*. Cette disposition fondamentale qui fonde la reconnaissance constitutionnelle du principe de libre administration des collectivités territoriales n'a pas été remise en cause par la réforme constitutionnelle de 2018. Elle l'a réaffirmé et elle ajoute une disposition supplémentaire pour recadrer ce principe avec d'autres : *« la création et l'organisation des Collectivités autonomes ne doivent porter atteinte, ni à l'unité de la nation, ni à la laïcité de l'État, ni à l'intégrité du territoire »*[72]. Au niveau constitutionnel et législatif, la décentralisation tchadienne est très avancée. La dynamique normative entretenue depuis 1996 illustre parfaitement une volonté politique de décentralisation. Mais, cette dynamique normative n'est pas accompagnée de la même façon sur le plan de la mise en œuvre pratique de ces réformes. Ce qui rend crucial la problématique de la forme de l'État au Tchad.

B- Les compétences des collectivités territoriales

La décentralisation administrative suppose nécessairement des transferts des compétences de l'administration centrale aux entités décentralisées. C'est l'une de conditions essentielles pour la qualification de la

[72]Article 201 de la Constitution du 04 mai 2018.

décentralisation. Par conséquent, les collectivités territoriales du Tchad ont bénéficié des transferts de compétences qui leurs ont été opérées principalement par la Constitution et ensuite par les lois subséquentes. Sur le plan théorique, au niveau constitutionnel et législatif, les collectivités territoriales décentralisées du Tchad, désormais collectivités autonomes à partir de 2018 ont bénéficié d'un transfert extrêmement important des compétences qui touchent presque tous les domaines. La Constitution du 31 mai 1996 énumère un ensemble des compétences dans un vaste domaine en faveur des collectivités territoriales. Ces compétences transférées initialement en 1996 ont été élargies pendant la révision constitutionnelle de 2005 et qui sont restées comme telles après les différentes réformes constitutionnelles qui sont intervenues postérieurement. En 2005 un article 210 a été ajouté dans la Constitution qui dispose de la façon suivante : *« les collectivités territoriales décentralisées assurent dans les limites de leur ressort territorial et avec le concours de l'État les compétences suivantes : la sécurité publique ; l'aménagement du territoire ; le développement économique, social, sanitaire, culturel et scientifique ; la protection de l'Environnement »*. Ces domaines de compétences sont extrêmement importants ; surtout l'aménagement du territoire, la protection de l'environnement et la santé qui sont des domaines que dans d'autres États décentralisés on se méfiait de transférer rapidement aux collectivités territoriales du fait de leurs sensibilités. Ces domaines sont très sensibles, très techniques et nécessitent assez de moyens financiers et humains pour mieux les gérer. Ces quatre ensembles des compétences que la Constitution impose à l'État de partager avec les collectivités autonomes entrent pour quelques unes dans des domaines qui dans d'autres pays sont longtemps restées en faveur de l'État. Par exemple en

France, l'aménagement du territoire a été depuis longtemps comme étant une politique publique relevant exclusivement de la compétence de l'État ; ce n'est que récemment qu'on a procédé à une légère décentralisation. La décentralisation tchadienne est très généreuse en termes de transfert des compétences. Mais, la Constitution précise aussi qu'une loi déterminera la répartition des compétences en fonction des intérêts locaux ou nationaux. Par conséquent, en fonction des intérêts en jeu, le législateur peut opérer des choix sur la répartition des compétences entre le pouvoir central et les entités décentralisées. Il est de nature à comprendre que le domaine de la sécurité publique est trop sensible pour être totalement transféré aux collectivités autonomes. C'est un domaine qui relève dans sa grande partie du pouvoir régalien de l'État ; même si les communes peuvent concourir au maintien de l'ordre public et à la sécurité des biens et des personnes.

Conformément à la volonté de la Constitution, les compétences des collectivités territoriales sont définies par la loi n°033/PR/2006 du 11 décembre 2006 portant répartition des compétences entre l'État et les collectivités territoriales décentralisées. Cette loi a transféré un ensemble des compétences non négligeables aux collectivités territoriales instituée par la Constitution de 1996 à savoir les Régions, les Départements, les Communes et les Communautés rurales. En analysant profondément le degré de transfert des compétences opéré par la Constitution et la loi organique de 2006, l'expression “État unitaire fortement décentralisé” trouve tout son sens ; du moins théoriquement au niveau normatif. Cependant, ayant constaté l'inadaptation des réformes précédentes et la difficulté de les traduire sur le terrain pratique, la Constitution de 2018 avait supprimé les Départements et les Communautés rurales pour mieux assurer une décentralisation opérante et fonctionnelle.

Mais, par l'ordonnance n°0036/PR/2018 du 06 août 2018 portant statut des Collectivités autonomes on confirme les mêmes compétences des Régions devenue Provinces et celles des Communes définies par la loi n° 033/PR/2006 du 11 Décembre 2006 portant répartition des compétences entre l'État et les collectivités territoriales. En effet, il est transféré à la Région (qui est désormais la Province après la Constitution de 2018) les compétences dans les domaines suivants :

En matière d'éducation : la participation à l'établissement de la tranche régionale de la carte scolaire nationale ; la participation à l'équipement, à l'entretien et à la maintenance des lycées publics ; le recrutement et la prise en charge du personnel d'appui des lycées ; la participation à l'acquisition des manuels et des fournitures scolaires ; la participation à la gestion et à l'administration des lycées publics avec le concours des structures de dialogue et de concertation ; la conception et l'organisation matérielle des examens et concours, conformément aux textes en vigueur. En matière d'alphabétisation : l'élaboration et la coordination du schéma régional et des cartes d'alphabétisation ; le recrutement d'alphabétiseurs ; la formation des formateurs et alphabétiseurs ; la conception et la production de matériel didactique ; l'autorisation d'exercer comme opérateur ; la construction d'infrastructures et d'équipements éducatifs ; le suivi et l'évaluation des plans d'alphabétisation ; la mobilisation des ressources ; l'équipement et l'entretien des structures éducatives. En matière de promotion des langues nationales : l'identification des besoins en matière de promotion des langues nationales ; la promotion, la diffusion des langues nationales et l'élaboration de la carte linguistique ; la participation à la collecte et à la traduction des éléments de la tradition orale en vue de faciliter la publication ; la participation à la promotion d'un environnement lettré par le développement de l'édition en langues nationales ; la participation à la mise à jour d'un catalogue des éditeurs, auteurs et œuvres en langues nationales ; l'organisation des concours en langues nationales ; la participation aux infrastructures et équipements ; la mobilisation des ressources.

En matière de formation professionnelle et technique : le recensement exhaustif des métiers régionaux et l'élaboration d'un répertoire des formations professionnelles existantes avec l'indication des aptitudes requises, des curricula et des cursus de formation ; l'élaboration d'un schéma régional d'insertion professionnelle des jeunes en concertation avec les départements, les communes et les communautés rurales ; l'identification et l'exécution des contrats d'entreprenariat école/entreprise pour une réelle formation en alternance en concertation avec les départements, les communes et les communautés rurales.

En matière de santé : la participation à la gestion et à l'entretien des hôpitaux régionaux ; le recrutement et la gestion du personnel d'appui ; l'application de la réglementation en matière d'hygiène publique ; la participation à l'élaboration de la carte régionale de santé.

En matière d'action sociale : la participation à l'entretien et à la gestion des structures de promotion et de réinsertion sociale ; la prise en charge de l'ensemble des prestations légales d'aide sociale ; le recrutement et la gestion du personnel d'appui.

En matière de la culture, de la jeunesse, des sports et loisirs : l'identification des besoins en matière culturelle, sportive et de loisir ; la promotion, l'organisation et l'animation des manifestations culturelles et sportives régionales ; la construction, l'équipement et la gestion des infrastructures culturelles et sportives ; la création, l'organisation et le fonctionnement des musées nationaux ; la création, la gestion et l'entretien des centres d'activités artistiques ; l'octroi des subventions aux associations culturelles et sportives ; la protection du patrimoine culturel régional ; la gestion du personnel mis à sa disposition.

En matière d'agriculture et d'élevage : la définition et la localisation des couloirs de transhumance en concertation avec les départements et les communautés rurales ; la reconnaissance des groupements villageois pré-coopératifs à caractère sylvio-agro-pastoral en concertation avec les départements, communes et communautés rurales ; l'approbation des projets de développement rural ; l'encadrement des activités de développement rural.

En matière d'environnement et des ressources naturelles : la création, la gestion, la protection et l'entretien des forêts, des parcs et autres aires protégées ainsi que des sites naturels d'intérêt régional ; la participation à la mise en défens et autres mesures locales de protection de la nature ; la participation à la protection de la faune et de la flore ; la participation à la protection et à la gestion des ressources en eaux souterraine et de superficielle ; l'élaboration des plans de lutte contre les feux de brousse et leur contrôle en concertation avec les départements, les communes et les communautés rurales ; la répartition des quotas régionaux d'exploitation forestière entre les départements ; l'élaboration, le suivi et l'évaluation du schéma régional d'action pour l'environnement.

En matière d'urbanisme et d'habitat : l'avis sur les Plans urbains de référence (PUR) et des Schémas directeurs d'aménagements et d'urbanisme (SDAU) ; l'établissement des priorités de la région en matière d'urbanisme et d'habitat en concertation avec les départements, les communes et les communautés rurales ; l'acquisition et l'aliénation des biens immobiliers et fonciers.

En matière de planification, de développement économique et d'aménagement du territoire : l'élaboration en cohérence avec les politiques sectorielles, le suivi et l'évaluation du schéma régional d'aménagement du territoire en concertation avec les départements, les communes et les communautés rurales ; la participation à l'élaboration du schéma national du développement socioéconomique ; la constitution des banques des données nécessaires à toute planification en concertation avec les départements, les communes et les communautés rurales ; la conception et l'exécution d'un programme régional de développement économique, social, sanitaire, culturel et scientifique.

En matière de commerce, d'industrie, d'artisanat et de tourisme : la participation à l'élaboration des politiques sectorielles en concertation avec les départements, les communes et les communautés rurales ; l'élaboration, le suivi et l'évaluation du schéma régional en concertation avec les départements, les communes et les communautés rurales ; la création et l'organisation des établissements publics à caractère industriel, commercial et touristique ; la promotion des activités commerciales, industrielles, artisanales et touristiques ;

En matière des transports : l'élaboration et le suivi du schéma régional des transports en concertation avec les départements, les communes et les communautés rurales ; la participation à l'élaboration du schéma national des transports.

En matière de protection civile, d'assistance et de secours : la coordination et la mise en œuvre des opérations de secours élaborées au niveau national ; En matière d'électricité, d'eau et d'assainissement : la réalisation et l'entretien des bassins de rétention d'eau ; - la participation à l'élaboration des schémas directeurs d'eau et d'électricité en collaboration avec les départements, les communes et les communautés rurales.

Les compétences transférées à la Région sont très nombreuses. La décentralisation tchadienne est exceptionnelle en termes de transfert des compétences. En effet, les compétences de la Région touchent dans des domaines exceptionnellement complexes. De même, cette loi de 2006 reprise par l'ordonnance de 2018 portant statut des collectivités autonomes, elle transfère à la commune des compétences aussi variées et complexes que celle transférées à la Région. Les compétences transférées aux communes de plein exercice sont les suivantes :

En matière d'éducation : la participation à l'entretien et à la maintenance des écoles élémentaires et des établissements préscolaires publics ; le recrutement et la prise en charge du personnel d'appui des écoles et établissements préscolaires publics ; la participation à l'acquisition des manuels et des fournitures scolaires ; la participation à la gestion et à l'administration des écoles et établissements préscolaires publics avec le concours des structures et de dialogue et de concertation ;

En matière d'alphabétisation : l'élaboration et l'exécution du plan communal d'alphabétisation ; le recrutement d'alphabétiseurs ; la construction d'infrastructures et d'équipements éducatifs ; la mobilisation des ressources ; l'entretien des infrastructures et d'équipements éducatifs.

En matière de promotion des langues nationales : la participation à la collecte et à la traduction des éléments de tradition orale en vue d'en faciliter la publication ; la participation à la promotion d'un environnement lettré par le développement de l'édition des langues nationales ; la participation à la mise en place d'infrastructures et d'équipements ; la mobilisation des ressources.

En matière de formation professionnelle et technique : l'élaboration d'un plan prévisionnel de formation visant des secteurs de métiers adaptés à la commune ; l'entretien et la maintenance des structures de formation professionnelle et technique ; la participation au recrutement et à la prise en charge du personnel d'appui des structures de formation professionnelle et technique ; la participation à l'acquisition du matériel nécessaire à la formation professionnelle et technique ; la participation à la gestion et à l'administration des structures de formation avec le concours des structures de dialogue et de concertation ; l'appui à des microprojets visant à créer des petites unités d'ateliers professionnels et techniques ; l'élaboration d'un plan communal d'insertion professionnelle des jeunes ; l'aide à l'identification et l'établissement des contrats de partenariat école/entreprise par une meilleure formation en alternance.

En matière de santé : la construction, l'équipement, la gestion et l'entretien des dispensaires ; le recrutement et la gestion du personnel d'appui ; l'application de la réglementation en matière d'hygiène et d'assainissement ; la participation aux actions nationales et à la mise en œuvre d'initiatives locales de protection maternelle et infantile ; la participation à l'élaboration de la carte de santé.

En matière d'action sociale : la participation à l'entretien et à la gestion des structures de promotion et de réinsertion sociale ; l'organisation et la gestion des secours au profit des personnes démunies ; l'identification, le suivi et l'évaluation des microprojets productifs au profit des personnes démunies.

En matière de culture, de la jeunesse, des sports et des loisirs : l'identification des besoins en matière culturelle, sportive et de loisir ; la promotion, l'organisation et l'animation des manifestations culturelles sportives communales ; la construction, l'équipement et la gestion des infrastructures culturelles sportives ; la création, l'organisation, le fonctionnement des musées communaux ; l'octroi des subventions aux associations culturelles et sportives ; la participation à l'équipement des associations culturelles et sportives.

En matière d'agriculture et d'élevage : l'approbation des projets de développement urbain ; l'encadrement des projets de développement urbain. En matière d'environnement et de ressources naturelles : la création, la gestion, la protection et l'entretien des forêts, des parcs et autres aires protégées ainsi que des sites naturels d'intérêt communal ; la participation à la protection de la faune et de la flore ; la participation à la protection et à la gestion des ressources en eaux souterraines et de surface ; l'élaboration et l'exécution du plan communal pour l'environnement ; la délivrance d'autorisation préalable de toute coupe à l'intérieur du périmètre communal ; la lutte contre la divagation des animaux domestiques ; la compétence consultative sur l'installation des industries ; la gestion des déchets, la lutte contre l'insalubrité, les pollutions et les nuisances.

En matière d'urbanisme et d'habitat : l'élaboration des Plans urbains de référence (PUR), des Schémas directeurs d'aménagement et d'urbanisme (SDAU) et des Plans d'urbanisme de détail (PUD) ; - la délivrance des permis de construire ; l'attribution des parcelles ; la délivrance des autorisations d'occupation du domaine public ; l'application de la réglementation en vigueur pour des installations produisant des nuisances ; l'acquisition et l'aliénation des biens immobiliers et fonciers ; l'acquisition et la dénomination des rues.

En matière de planification, du développement économique et d'aménagement du territoire : l'élaboration et l'exécution des plans d'investissement communaux (PIC) ; l'élaboration et l'exécution des chartes intercommunales de développement ; la conception et l'exécution d'un programme communal de développement économique, social, sanitaire, culturel et scientifique.

En matière de commerce, d'industrie, d'artisanat et de tourisme : l'exécution du schéma régional ; la création et l'organisation des établissements publics à caractère industriel, commercial et touristique ; la création de tout équipement urbain marchand ; - la promotion des activités commerciales, industrielles, artisanales et touristiques.

En matière des transports : l'élaboration et l'exécution du plan communal des transports ; la construction des voiries urbaines ; la construction et l'entretien des gares routières ; la réglementation des transports urbains ; en matière de protection civile, d'assistance et de secours : l'élaboration de la réglementation en matière d'assistance et de secours ; l'assistance aux personnes démunies.

En matière de pompes funèbres et de cimetières : le pouvoir réglementaire ; la gestion des cimetières ; le contrôle du respect des textes en vigueur.

En matière d'électricité, d'eau et d'assainissement : la réalisation et l'entretien des bornes fontaines, forages et puits ; la réalisation de réseaux d'eau et d'électricité ; la définition du régime et des modalités d'accès et d'utilisation des points d'eau de toute nature ; en matière de police et d'état civil : la participation au maintien de l'ordre et de la sécurité des biens et des personnes ; la police administrative ; l'élaboration et l'application de la réglementation particulière ; la délivrance des actes d'état civil et la célébration des cérémonies officielles ; la publication et l'exécution des lois et règlements.

Ce qui est surprenant, l'ordonnance n°0036/PR/2018 du 06 août 2018 portant statut des Collectivités autonomes confirme les mêmes compétences des Régions devenues Provinces et celles des Communes. Pourtant le comité technique chargé des réformes institutionnelles de 2018 a bien mentionné les difficultés pour l'État d'assumer les transferts des compétences aux collectivités territoriales. Ces transferts des compétences aux collectivités autonomes sont plus que ridicules sachant bien que l'État est dans des difficultés financières et techniques lui empêchant d'assumer les charges de ces transferts. Nous avons fait ici l'économie de rapporter les compétences accordées aux départements et aux communautés rurales pour des raisons que ces échelons ont été supprimés. Si non, imaginons les charges qui incombent à l'État pour les transferts des ressources compensant ces transferts des compétences. Dès lors, il est ainsi légitime de soutenir que les différentes réformes engagées en faveur de la décentralisation au Tchad manquent de logique. L'exemple de ces degrés de transferts des compétences est illustratif. Cette absence de logique s'expliquerait par la volonté d'opérer une forte décentralisation sans tenir compte des exigences qui lui sont intrinsèques. Ce sont des réformes qui seraient plutôt guidées par la passion et non par la raison.

Par ailleurs, ces premières réformes de la décentralisation ont entraîné en même temps les réformes de l'administration territoriale de l'État. L'objectif recherché par les réformes de cette dernière est d'opérer un dynamisme pouvant la conduire à évoluer dans la même direction que la décentralisation. C'est ainsi que la première volonté affichée est celle de vouloir rationaliser l'administration territoriale de l'État par le biais de la déconcentration et en même temps d'accorder une place juridiquement confortable aux chefferies traditionnelles.

II- La volonté de rationaliser l'administration territoriale de l'État

La réforme de la décentralisation territoriale au Tchad a entraîné également une réforme de l'administration territoriale de l'État. L'administration classique du territoire avec des circonscriptions administratives classiques est renforcée par des services qui relevaient autrefois des services centraux des ministères. C'était dans l'objectif de rationaliser l'administration territoriale de l'État pour le rendre à la hauteur de la décentralisation (A). Dans le même esprit, la décentralisation entraîne un changement de conception vis-à-vis des chefferies traditionnelles. Il y a raison de les adapter à cette nouvelle organisation des territoires. L'objectif recherché était de les intégrer dans cette nouvelle architecture territoriale afin de jouer un rôle plus important que celui d'avant(B). C'est une volonté de rationaliser l'administration du territoire de la République.

A- La déconcentration administrative

Dans une organisation administrative territoriale de droit français, la déconcentration est une technique ancienne qui précède la décentralisation. Cependant, avec le mouvement de la décentralisation, la déconcentration prend une nouvelle vigueur. En effet, la réforme de la décentralisation au Tchad a entraîné également des réformes de l'administration territoriale. L'organisation territoriale de la République du Tchad a connu une nouvelle configuration avec la décentralisation. En effet, pour mieux accompagner cette décentralisation, l'administration territoriale qui était autrefois très centralisée a connu des aménagements favorisant une déconcentration administrative de plus en plus renforcée.

Les circonscriptions administratives et les services de l'État sur les territoires ont connu de remodelage pour mieux organiser l'administration territoriale de l'État. Ces démarches sont corrélées par des découpages administratifs qui prennent en compte les récentes évolutions. La suppression des postes administratifs (PA) comme circonscription administrative de base est un exemple illustratif.

Nous ne pouvons pas évoquer la décentralisation sans entrer un peu dans l'histoire de l'administration tchadienne. En effet, l'administration territoriale du Tchad est le fruit des mouvements importés par la colonisation qui a réduit l'administration inspirée et mise en place par les royautés. Le territoire tchadien avant la colonisation fut administré par plusieurs royaumes dont chacun exerçait ses prérogatives dans les limites géographiques de son territoire. Cependant, la colonisation a désagrégé cette administration basée sur la royauté traditionnelle et elle a créé une administration calquée sur le modèle occidental, particulièrement français. Le territoire colonial du Tchad devient ainsi comme les autres territoires d'Afrique équatoriale française (AEF), un territoire d'Outre-mer faisant partie intégrante de la République française. Par conséquent, il est soumis à la seule compétence normative de la France qui devient la seule compétente à déterminer les règles qui doivent lui être appliquées. C'est ainsi que sont nées "des structures administratives avec des dénominations variées en fonction de leurs dimensions : les villages, les cantons, les postes administratifs, les arrondissements, etc.[73]. Au-delà de l'organisation administrative territoriale, l'institutionnalisation même de l'État moderne en Afrique, est un héritage de la

[73]Patrick Djimassal, l'administration publique au Tchad à l'ère de la décentralisation, l'Harmattan2019, op. cit P. 66

colonisation[74]. Le 11 août 1960, le Tchad accède à l'indépendance et devient une République. Le premier régime n'a pas rompu avec l'héritage colonial. Le territoire reste divisé administrativement selon le même modèle institué par l'administration coloniale. En 1972, un décret détermine l'organisation administrative du Tchad en préfectures, sous-préfectures et postes administratifs[75]. Les préfectures sont les unités administratives supérieures, mais, elles sont faiblement déconcentrées. Les sous-préfectures sont des circonscriptions administratives intermédiaires et les postes administratifs sont quant à eux des circonscriptions administratives de base.

La décentralisation favorisée par les recommandations de la conférence nationale souveraine (CNS) en 1993 qui était de faire du Tchad un État fortement décentralisé a fait que ce mouvement soit accompagné par une réforme de l'administration territoriale de l'État tendant à la déconcentration. À cet effet, le Professeur Marie-Christine ROUAULT disait ceci : *"la décentralisation répond à des raisons pratiques. Elle permet de tenir compte de la variété des besoins locaux tout en maintenant une suffisante unité de vues dans la gestion administrative par un certain contrôle du pouvoir central, de décongestionner l'administration centrale et de fournir à l'administration une meilleure connaissance des problèmes locaux. Mais ces raisons ne suffisent pas à écarter la centralisation, qui peut être tempérée par la déconcentration".* Ainsi, il reconnaît l'importance de la décentralisation, mais il serait nécessaire pour son

---

[74]John Richard KEUDJEU DE KEUDJEU, « La gestion des grandes cités en Afrique subsaharienne francophone : le cas des agglomérations urbaines à statut particulier du Burkina-Faso, du Cameroun, du Congo, du Mali et du Sénégal », (document électronique), p.1.

[75]Le décret n°267/PR/INT du 02/11/1972

évolution de l'accompagner de pair avec la déconcentration[76]. *La déconcentration consiste donc en une redistribution des compétences et pouvoirs au sein même de l'État unitaire.* Cette dualité dans l'organisation administrative territoriale est un principe français qui s'est exporté dans plusieurs pays. Le Tchad rejoint encore une fois de plus la France dans son modèle d'organisation territoriale. En France, la loi du 6 février 1992 relative à l'administration territoriale de la République pose le principe de subsidiarité. Elle dispose que : *« Sont confiées aux administrations centrales les seules missions qui présentent un caractère national ou dont l'exécution, en vertu de la loi, ne peut être déléguée à un échelon territorial. Les autres missions, et notamment celles qui intéressent les relations entre l'État et les collectivités territoriales, sont confiées aux services déconcentrés dans les conditions fixées par les articles 34 et 79 de la loi n° 82-213 du 2 mars 1982 relative aux droits et libertés des communes, des départements et des régions »*[77]. Le décret du 1er juillet portant Charte de la déconcentration met en œuvre les principes de la loi du 6 février 1992 sur l'administration territoriale de la République. Comme dit la loi, seules les missions à caractère national doivent revenir aux administrations centrales, le reste est pris en charge par les services déconcentrés, organisés dans le cadre des circonscriptions régionales, départementales et des arrondissements. Aussi, toutes les autorités administratives, à l'exception des plus hautes, qui sont à la fois des autorités politiques et des autorités administratives, sont soit déconcentrées, soit

---

[76] Le Professeur Marie-Christine ROUAULT cité par Patrick Djimassal, l'administration publique au Tchad à l'ère de la décentralisation, l'Harmattan 2019, P. 169

[77] Lire l'article 2 alinéas 2 et 3 de la loi n° 92-125 du 6 février 1992 relative à l'administration territoriale de la République

décentralisées"[78]. Il faut souligner que la décision est toujours prise par l'État mais par l'intermédiaire d'une autorité déconcentrée qui demeure soumise au contrôle du pouvoir central[79]. Dans la déconcentration, les autorités administratives locales sont soumises au pouvoir hiérarchique qui consiste à l'annulation, la suspension et l'approbation de leurs décisions par les supérieurs hiérarchiques. Le supérieur hiérarchique peut même réformer l'acte des autorités déconcentrées pour tout motif, " c'est-à-dire pour simple opportunité "[80]. À cet effet, selon NAHOUNNGAR BELEMGOTO BEKOUTOU, *« la hiérarchie administrative est constituée des structures pyramidales liées les unes aux autres par le sentiment d'appartenir au même corps : les agents sont reliés les uns aux autres par des hiérarchies stratifiées comme décrites ci-après :- au sommet, le pouvoir central : Président de la République, gouvernement, secrétariat général, directions techniques et services ; aux échelons intermédiaires : gouverneurs, préfets et sous-préfets ».* La logique de la hiérarchie dans l'administration tchadienne correspond exactement à ce schéma décrit par Nahounngar Belemgoto. Dans la même logique, Gerard Marcou disait : *« la déconcentration est liée à la centralisation, et elle constitue simplement une modalité d'organisation de l'administration de l'État, qui permet d'alléger les charges de l'administration centrale »*[81]. Cette modalité d'organisation de l'administration de l'État s'effectue par un contrôle

[78]ROUAULT (M-C), l'essentiel de l'organisation administrative, p.31 – 32.

[79]GRANDGUILLOT (D), les collectivités territoriales en France, Paris, Gualino lextensoédition, 2013/2014, p.5.

[80]TROTABAS (L) et ISOART (P), Droit public, LGDJ 1998 p. 127.

[81]Gerard Marcou : annal des collectivités territoriales ; bilan et avenir de la déconcentration. 2002. Page 25

hiérarchique des autorités centrales sur les autorités déconcentrées. Les autorités hiérarchiques procèdent à la nomination et à la révocation des agents placés sous leurs ordres. En effet, l'administration territoriale tchadienne est marquée par un dualisme faisant subsister à la fois la déconcentration et la décentralisation. Ces deux principes sont guidés chacun par des règles qui lui sont propres. La décentralisation est caractérisée par un contrôle de tutelle de l'État et la déconcentration est caractérisée par un contrôle hiérarchique de celui-ci. Ce dualisme est le fruit de l'introduction de la décentralisation dans un système marqué par une forte centralisation. Ce système dualiste tchadien est une reproduction du modèle français. L'administration française était également très centralisée et le mouvement de la décentralisation à favorisé l'organisation et l'aménagement d'une administration déconcentrée préexistante d'où fut l'origine du dualisme[82]. Au Tchad, depuis les premières lois de la décentralisation à l'ère démocratique issues de la Constitution de 1996 révisée, les structures déconcentrées sont composées d'une part par les circonscriptions administratives composées de la Région avec à sa tête un Gouverneur de la Région, le Département avec à sa tête un Préfet du Département et la Sous-préfecture avec à sa tête un Sous-préfet. Ils sont qualifiés des circonscriptions administratives par la loi[83]. Avec l'avènement des réformes institutionnelles de 2018, les structures déconcentrées sont désormais la Province (ancienne Région), avec à sa tête un Gouverneur de Province et le Département avec à sa tête un Préfet de Département. D'autre part, dans ces circonscriptions

---

[82]*Gerar Marcou annal des collectivités territoriales; bilan et avenir de la déconcentration P.25*

[83]*Titre III, article 6 de la loi organique n°019/PR/2010 du 13 octobre 2010 déterminant les principes fondamentaux de l'organisation administrative du territoire de la République du Tchad.*

administratives sont également implantés des services déconcentrés des ministères qui sont placés sous l'autorité et la coordination des gouverneurs pour ceux qui sont dans les Provinces (Régions) et de même ceux qui sont dans les départements sont coordonnés par les Préfets. La majorité des ministères disposent d'une délégation régionale qui est une sorte de direction régionale des services[84]. Ces services déconcentrés sont dotés des moyens humains et financiers qui leur permettent d'exécuter au niveau territorial les politiques publiques de l'État. Ce sont les politiques publiques territoriales de l'État déclinées au niveau de chaque territoire dont ces services déconcentrés sont investis pour les rendre opérationnelles. Par conséquent, dans une décentralisation qui entraîne la création des personnes morales distinctes de l'État, il est certain qu'il peut y avoir des politiques publiques territorialisées relevant de ces dernières. En effet, la légitimité territoriale s'adapte bien avec les actions des collectivités territoriales. De ce fait, pour rendre ces actions beaucoup plus rationnelles, l'administration centrale devra également reconnaître une marge des décisions, une certaine relative autonomie à ses agents au niveau des territoires. C'est pourquoi la consécration de la déconcentration s'inscrit dans cette logique de rationalisation des actions de l'administration de l'État au niveau des territoires. Le principe de la déconcentration suit celui de la décentralisation dans un mouvement parallèle. Ainsi donc, les réformes de l'organisation territoriale de la République du Tchad opérées par la Constitution de 1996 s'inscrit bien dans une logique de rationalisation de l'action publique locale. Cela s'illustre

[84]Le décret n°609/PR/PM/SGG/2016 du 31 août 2016, portant création et organisation des délégations régionales des départements ministériels.

davantage par le maintien des chefferies traditionnelles dans les structures administratives locales.

B- Volonté de maintenir les chefferies traditionnelles

L'existence des chefferies traditionnelles est très ancienne au Tchad. Elle remonte à plusieurs siècles avant la colonisation. Le terme même de "chefferie traditionnelle" est bien réducteur ; si non, elles étaient bien avant des États. Elles fonctionnaient comme tels sur leurs différents territoires avant que la colonisation ne soit imposée. L'institutionnalisation de l'État moderne au Tchad, que bien même dans toute l'Afrique, est le fruit de la colonisation occidentale[85]. Cette dernière a réduit les pouvoirs des entités préexistantes et les a classées au rang des administrées dans des nouvelles configurations territoriales soumises par des conquêtes. Dans le fonctionnement ancien de ces chefferies traditionnelles, la dimension ethnique est très prépondérante pour beaucoup d'entre elles et elle constitue le premier facteur d'identification. Même si certaines ont évolué en dépassant le cadre éthique pour regrouper sur leur territoire et sous leur administration plusieurs ethnies, cependant, pour beaucoup la référence ethnique constitue le cadre institutionnel de la chefferie. Le territoire du Tchad précolonial fut un grand et immense territoire composé des multitudes des groupes ethniques indépendamment installés sur des différentes portions du territoire et entretenaient des relations parfois commerciales, parfois de voisinage et parfois

---

[85]John Richard KEUDJEU DE KEUDJEU, « La gestion des grandes cités en Afrique subsaharienne francophone: le cas des agglomérations urbaines à statut particulier du Burkina-Faso, du Cameroun, du Congo, du Mali et du Sénégal », (document électronique), OP; Cit p.1.

conflictuelles. Au cours de l'évolution de l'histoire, trois (3) grands Royaumes ont pu s'imposer ; à savoir celui du Kanem, celui du Ouaddaï et celui du Baguirmi. Ces trois royaumes ont connu des évolutions politiques et institutionnelles comparables aux empires de leur époque. Ce sont de véritables États du point de vue juridique et politique. À côté de ces trois empires, il existe une myriade des regroupements indépendamment constitués et fonctionnent de façon minimaliste.

Le Royaume du Kanem est établi sur la partie Ouest et Nord-Ouest du territoire actuel du Tchad. Il est un ancien État africain qui a prospéré à partir du 9e siècle[86]. Il est devenu Kanem-Bornou en s'agrandissant jusqu'au territoire du Bornou actuel du Nigeria et sur une partie du territoire du Niger actuel. Puis redevient Royaume du Kanem pour avoir perdu le territoire du Bornou. Il fut un important État qui entretenait des relations avec l'Égypte, la Libye et la Tunisie. Il avait des fortes relations avec les pays du Proche et Moyen Orient avant d'être malmené par des incursions et attaques d'autres entités internes et externes. Il a été affaibli à l'arrivée des colons. Ce qui lui n'a pas permis de résister comme il fallait. Dans le territoire du Kanem, la grande résistance fut menée par le mouvement islamiste Senoussia qui était bien présent sur le territoire jusqu'à Aïn Galaka dans le Borkou actuel. La base du mouvement Senoussia au Tchad était établie à Gouro dans la province actuelle de l'Ennedi. Le Royaume du Kanem a effectué des résistances farouches contre la pénétration coloniale à partir de l'Ouest dans laquelle il a perdu des milliers des hommes mais, il a été très vite vaincu. Certains groupes ethniques locaux ont fait défection à l'armée coloniale et se sont constitués des

[86]https://www.worldhistory.org/trans/fr/1-18122/royaume-du-kanem

supplétifs aux forces coloniales. Les combats se sont poursuivis dans des Zaouia dirigés par les Senoussistes. Mais, ces derniers ont aussi capitulé. Ainsi, le territoire du Kanem fut conquis dès le début des années 1900. Cette défaite du Royaume du Kanem a favorisé la pénétration des forces coloniales françaises dans le territoire de l'actuel État tchadien à partir de l'Ouest, frontalier avec le Niger et le Nigeria.

Le Royaume de Ouaddaï est l'un des grands et anciens royaumes du Tchad. Il contrôlait une partie du centre et la grande partie de l'Est du Tchad jusqu'à la frontière avec le Darfour soudanais. C'est un royaume qui avait entretenu des relations diplomatiques avec la Turquie avec laquelle il a signé des traités de coopération militaires. Ce Royaume du Ouaddaï a connu une administration centralisée dirigée par des Chefs qui se démarquent par un certain charisme. Mais, au début de la colonisation, ce royaume a connu des dissensions internes qui l'ont fragilisé. Quand l'armée coloniale est arrivée à la frontière du Royaume du Kanem et de celui du Baguirmi, il y a déjà une guerre de pouvoir menée par l'armée du Roi Doud Mourra contre l'armée du Prince Acyl constituée en rébellion dans le but de renverser le premier. C'était dans ce contexte que l'armée coloniale française est entrée dans le territoire du Tchad. Les dissensions internes sont grandes et ont divisé le peuple du Ouaddaï. Profitant de l'occasion, les forces coloniales françaises se sont rangées du côté du Prince Acyl pour combattre le Roi de Ouaddaï Doud Mourra. Ce dernier a effectué une résistance solide avant de capituler en 1913. Le Roi Doud Mourra fut un grand résistant contre la pénétration coloniale mais, il fut vaincu par l'armée coloniale et celle du Prince Acyl réunies. Le Royaume de Ouaddaï après la chute de Doud Mourra est tombé sous l'administration indirecte de l'administration coloniale.

Le Royaume du Baguirmi administrait le territoire du Centre-Sud et une partie du sud du Tchad actuel. À l'arrivée de l'armée coloniale, le Royaume était déjà fragilisé par la présence de l'armée de Rabat sur son territoire. Il est le premier royaume du Tchad à se mettre sous le protectorat français en 1900. Car, c'est une façon de se protéger contre les autres agresseurs. Il ouvre ainsi les portes à la colonisation française au Tchad.

À côté de ces trois (03) grands royaumes, il y a des petits sultanats à l'exemple de Mbang du Bedaya dans le Sud du pays, du Derdé des Toubou dans le Tibesti à l'Extrême nord du Tchad et d'autres micro-entités qui n'étaient soumises au contrôle d'aucun autre pouvoir. C'était dans cette réalité des territoires tchadiens que la France a imposé sa colonisation. Elle a conquis le territoire tchadien dans son ensemble à partir de 1913 et elle a imposé par la suite son modèle d'organisation administrative du territoire. Les trois royaumes ont par conséquent perdu leur souveraineté, ils ont été incorporés dans l'empire colonial français et ils sont devenus de facto et de jure partie intégrante du territoire français d'Outre-mer. Par conséquent, la loi de 1921 relative à la mise en valeur de l'Outre-mer les a réduits comme des simples auxiliaires administratifs[87].

Dans le paysage institutionnel local tchadien et africain pendant la colonisation, les chefferies traditionnelles ont occupé une place privilégiée dès le début de la colonisation. L'administration coloniale avait créé des unités administratives qui relevaient directement de l'administration centrale et les chefferies traditionnelles étaient conçues comme des instances qui devaient servir de relais entre l'administration territoriale et les

[87]Loi de 1921 relative à la mise en valeur de l'Outre-mer

populations locales. C'était dans cette optique que le gouvernement français avait fixé des rémunérations mensuelles pour les Chefs traditionnels. Par exemple dans le décret de 1951 fixant le montant de rémunération des Chefs traditionnels dans la zone du Borkou-Ennedi-Tibesti au nord du Tchad, les salaires mensuels du Chef traditionnels sont réparties entre 7000 à 20000 Francs [88]. Certains Chefs gagnent 7000 frs, d'autres 12000 frs et le plus grand salaire est 20000. L'administration coloniale avait façonné cette institution qui est devenue très efficace dans le paysage administratif territorial et qui devient par la suite la première interlocutrice de l'administration auprès des populations locales. C'est ainsi que pour interpréter la loi de 1921 relative à la mise en valeur de l'Outre-mer, le Gouverneur colonial du Sénégal Fedherbe dit ceci : " *à mesure de leur capacité la France dans ses efforts civilisateurs veut les appeler progressivement à la gestion de leur pays, les habiliter par éducation cette collaboration et partageant avec eux la responsabilité comme les bénéfices, hausser leur conscience peu éveillée*"[89]. C'est ainsi que dans les territoires colonisés par la France en Afrique, les pouvoirs des anciens Rois, Sultans et autres chefs des communautés sont réduits au simple rôle des auxiliaires administratifs[90]. Ceux du Tchad, à l'instar de ceux des autres colonies françaises d'Afrique, sont réduits aux auxiliaires administratifs qui

---

[88]Journal officiel du Tchad 1952 ; décret de 1951 fixant le montant de rémunération des chefs traditionnel du BET

[89]Circulaire du gouverneur Fedherbe circulaire du 27 septembre 1953 JO Sénégal 1932-76 interprétant la loi de 1921 relative à la mise en valeur de l'Outre-mer.

[90]Dr. Christian TRIMUA Professeur à la Faculté de Droit et des Sciences politiques, Université de Kara : Atelier sur « LA PLACE DU CHEF TRADITIONNEL DANS LE CONTEXTE DE LA DECENTRALISATION » 02-03 Mars 2007, le statut juridique de la chefferie traditionnelle au Togo : incertitudes et ambiguïtés.

ont la charge d'encadrer les populations et de participer aux collectes des impôts.

Ces institutions léguées par la colonisation ont survécu à l'indépendance et sont même bien entretenues[91]. Cependant, dans certains pays, par exemple au Bénin, Burkina Faso, Mali… Dès l'indépendance les chefferies traditionnelles sont dessaisies de rôle administratif. Aucun rôle administratif ne leur a été reconnu. Mais, sur le plan politique, elles continuent d'avoir des influences considérables[92]. Pareil pour le cas de la Guinée Conakry, les chefferies traditionnelles sont supprimées par un arrêté du ministre de l'intérieur en 1957 dès la création de la République de Guinée[93]. Par contre, dans d'autres pays, elles ont été renforcées et réformées dans certains cas pour leur donner un rôle administratif. Par exemple au Cameroun, une loi de 1960 votée juste après l'indépendance reconnaît les chefferies traditionnelles comme faisant partie de l'organisation administrative du pays[94]. Dans la même logique, un décret est pris en 1977 par le Président de la République pour les organiser[95]. Le

---

[91] Dr. Christian TRIMUA Professeur à la Faculté de Droit et des Sciences politiques, Université de Kara: Atelier sur « LA PLACE DU CHEF TRADITIONNEL DANS LE CONTEXTE DE LA DECENTRALISATION » 02-03 Mars 2007, Le statut jurdique de la chéfferie traditionnelle au Togo: incertitudes et ambiguïtés

[92]Dr. Christian TRIMUA Professeur à la Faculté de Droit et des Sciences politiques, Université de Kara: Atelier sur « LA PLACE DU CHEF TRADITIONNEL DANS LE CONTEXTE DE LA DECENTRALISATION » 02-03 Mars 2007, Le statut jurdique de la chéfferie traditionnelle au Togo: incertitudes et ambiguïté

[93]Arrêté du Ministre de l'intérieur monsieur Keïta Fodéba, du 31 décembre 1957 portant suppression de la Chefferie traditionnelle sur le territoire de la Guinée

[94]Loi n°7/sc du 10 décembre 1960 sur la reconnaissance des chefs traditionnels au Cameroun

[95]Décret n°77/245 du 15 juillet 1977 portant organisation des Chefferies traditionnelles au Cameroun

Niger était aussi dans la même dynamique ; il a reconnu l'existence des chefferies traditionnelles en améliorant leur cadre juridique. Par contre d'autres pays, comme la Côte d'Ivoire, ils n'ont pas supprimé les chefferies à l'indépendance, ils les ont laissé régir par les mêmes textes en vigueurs pendant la colonisation. Il fallait attendre 2011 en Côte d'Ivoire pour améliorer le cadre juridique de ces institutions. Elles bénéficient aujourd'hui d'une reconnaissance constitutionnelle solide. Dans tous ces pays qui n'ont pas remis en cause la nature de ces institutions, elles continuent de jouer des rôles administratifs non négligeables en collaboration avec l'administration locale ou directement avec l'administration centrale.

Les réformes de l'organisation territoriale de la République du Tchad et la consécration de la décentralisation n'ont pas voulu supprimer les chefferies traditionnelles. La suppression a été envisagée par Tombalbaye en créant les communautés rurales en 1961 dans l'objectif de remplacer progressivement les chefferies traditionnelles mais, le régime du Conseil supérieur militaire a annulé cela. L'idée retenue pour la suppression progressive des chefferies traditionnelles était de remplacer la communauté rurale à la place du Chef qui serait décédé. Mais, l'influence des chefs traditionnels était forte. Ils ont réussi à faire foirer cette réforme. Par la suite, la chefferie traditionnelle est envisagée comme indispensable dans l'administration territoriale. C'était pourquoi on a voulu réaménagé leur statut pour les concilier avec la décentralisation. Aujourd'hui, elles sont régies par la loi organique de 2010. Cette loi dispose que les chefferies traditionnelles sont les Sultans, les Chefs de cantons, les Chefs de tribus, les Chefs de groupements, les Chefs de villages et les Chefs de Fericks. Cette loi fixe également leurs modes de désignation et leur organisation.

Leurs attributions et compétences sont définies aux articles 4 à 11 de cette loi organique de 2010[96]. Les chefferies traditionnelles sont façonnées de telle sorte qu'elles s'adaptent à toutes les administrations. Elles sont placées sous l'autorité directe du ministre de l'administration du territoire. Ce qui les exclut en effet de la catégorie des collectivités territoriales[97].Elles sont reconnues comme des auxiliaires de l'administration ; à cet effet, elles sont chargées de concourir, sous la direction des autorités administratives compétentes, au maintien de l'ordre public et au développement économique, social et culturel de leurs unités de commandement"[98].

Dans les réformes institutionnelles de 2018 instituant la quatrième République, les chefferies traditionnelles et coutumières sont réaffirmées. Leurs fondements juridiques constitutifs n'ont pas été remis en cause[99]. Le projet des réformes institutionnelles de 2018 avait fait ressortir les difficultés liées à la concrétisation des réformes précédentes en faveur de la décentralisation et de même une volonté de rationaliser les actions des chefferies traditionnelles pour rendre la décentralisation encore plus efficace ont été soulevées[100]. Ainsi, la Constitution de 2018 créée une institution qui permet aux chefferies traditionnelles et les collectivités territoriales de mutualiser leurs visions de développement des territoires.

---

[96]Loi organique n°013/PR/2010 du 25 août 2010 portant statuts et attributions des autorités traditionnelles et coutumières

[97]Article 19 de la loi de 2010 portant statut des chefferies traditionnelles.

[98]Article 20 de la loi de 2010 portant statut des chefferies traditionnelle.

[99]Sous la IVème République, les autorités traditionnelles et coutumières trouvent leur fondement juridique aux articles 214 à 2017 de la Constitution du 04 mai 2018.

[100]Rapport final du Comité technique d'appui au Haut comité chargé des réformes institutionnelles, p.20.

La création du Haut conseil des collectivités territoriales et des chefferies traditionnelles donne un cadre de participation dans la redéfinition des politiques publiques en matière économique ; en matière de l'aménagement et de la planification des territoires ; en matière de l'environnement… Cette institution composée des chefs traditionnels et des élus des collectivités territoriales est un organe consultatif. Elle est conçue dans le but d'opérer une conciliation entre les rôles des chefferies traditionnelles avec les actions des collectivités territoriales. Ainsi, le statut actuel des chefferies traditionnelles à l'ère de la décentralisation dépasse le cadre fixé par le décret de 1957 portant statut des chefferies traditionnelles. Donc, elles ne sont pas perçues comme étant des simples auxiliaires de l'administration comme elles étaient conçues auparavant, mais en vertu de ces réformes, elles peuvent participer à la conception des politiques publiques avec les collectivités territoriales. Disposant de leur propre statut, les chefferies traditionnelles ne sont ni des entités déconcentrées, ni encore des collectivités territoriales ; ce sont des institutions locales *sui generis*. Elles sont les vestiges des pouvoirs préexistants à l'État colonial. Dans le souci de contrôler les populations, ces institutions ont survécu mais continuent à s'adapter difficilement avec l'administration moderne.

CHAPITRE 2

UNE DYNAMIQUE NORMATIVE SANS RÉELLE CONCRÉTISATION PRATIQUE

Depuis la consécration de la décentralisation au Tchad par la Constitution de 1996, un mouvement législatif dynamique est opéré. La Constitution avait prévu la création d'un Sénat qui va défendre les intérêts des collectivités territoriales prévues par cette Constitution et dont le contour de leurs statuts ont été définis par la loi organique. Cependant, il y a un amer constat que cette décentralisation ne se traduit pas de la même façon sur le plan pratique. En effet, toutes les institutions de la décentralisation créées par la Constitution n'ont pas été mises en pratique. Dès lors, on constate une mise en pratique partielle de ces institutions (Section 1). Par ailleurs, il y a également des paradoxes dans le fonctionnement de cette décentralisation qui est cristallisée par les interférences d'autres entités administratives (Section 2).

Section 1 : Une mise en œuvre partielle des institutions de la décentralisation

Si on constate une dynamique des réformes de la décentralisation sur le plan législatif, cependant, la réalité sur le terrain laisse comprendre qu'il y a une réalisation très lente. Il y a des difficultés de mise en œuvre complète des organes prévus par la Constitution et les lois. Plus de vingt (20) ans après les grandes réformes, on y constate une mise en œuvre partielle des institutions et organes de la décentralisation (I). Cette difficulté ou ce retard de mise en œuvre concrète de la décentralisation pourrait s'expliquer par les difficultés financières et techniques que rencontrent les collectivités territoriales (II).

I- Retard de mise en œuvre effective de la décentralisation

Malgré les avancées sur le plan normatif, le processus de la décentralisation au Tchad connaît un vrai retard pour se concrétiser de façon pratique. En effet, les organes créés par la Constitution et les lois ne sont pas jusque-là tous mis en œuvre (A). De même, toutes les lois qui ont été adoptées dans le cadre de la décentralisation ne sont pas appliquées (B).

A - Absence de mise œuvre complète des organes de la décentralisation

Depuis 2018, la décentralisation tchadienne est sur le plan constitutionnel et législatif une organisation à deux niveaux. Un système à deux échelons des collectivités territoriales ; la Commune et la Province[101]. Avant 2018, la Constitution de 1996 plusieurs fois révisée, reconnaissait comme collectivités territoriales : les communautés rurales, les communes, les départements et les régions. Selon certains juristes, ce système de décentralisation serait une décentralisation à quatre (4) niveaux[102]. Cependant, selon certaines analyses juridiques également, la communauté rurale devait être considérée de la même façon que la commune[103]. Mais, tous ces niveaux de décentralisation n'ont pas été mis en pratique. L'une des difficultés de mise en œuvre de la décentralisation tchadienne s'explique par le fait que les institutions de la décentralisation prévues par la Constitution de 1996 et par la Constitution de 2018 ainsi que par les autres textes

[101]Constitution passant à la IVème République de 2018.
[102]Patrik Djimassal
[103] Analyse de Monsieur C. Chabrot

subséquents, en particulier la loi organique de 2000 et les ordonnances de 2018 tardent à être mises en pratique de façon effective. Parmi les trois (3) ou quatre (4) niveaux de décentralisation prévus par la précédente Constitution, seule la commune est décentralisée. Là aussi il faudrait nuancer, ce ne sont pas toutes les communes qui ont été décentralisées. Seules celles qui sont considérées comme des *communes de plein exercice*. Ce sont au *total 42 communes* qui ont été décentralisées. Seulement 42 communes qui sont réellement dotées des assemblées délibérantes élues ; des organes décentralisés élus et qui s'administrent plus ou moins librement. Les restes des collectivités territoriales, c'est-à-dire la communauté rurale, la commune de moyen exercice, le département et les régions avant 2018, ou la Province après la réforme 2018, elles n'ont pas été mises en pratique. Leur existence n'est qu'une réalité sur le plan théorique. Patrik Djimassal analyse par conséquent de la façon suivante : *« De toutes ces gymnastiques normatives, ni les 23 régions, ni les 66 départements n'ont matériellement la qualité de Collectivité territoriale décentralisée au sens de la décentralisation. Pour ce qui est des communes, seules quarante-deux (42) d'entre elles (dont la commune de la Ville de N'Djaména et ses dix communes d'arrondissements) sont des collectivités territoriales décentralisées, car dotées d'organes élus assurant la gestion des affaires communales*[104] *»*. Cela illustre parfaitement les difficultés de la décentralisation tchadienne. Comment peut-on comprendre qu'en trois décennies de décentralisation, un seul échelon territorial ne soit mis en pratique de façon optimale ? Par ailleurs, pourquoi même opérer une distinction entre les communes de plein exercice et celle de moyen exercice ? Existe-t-elle

---

[104]Patrick Djimassal, l'administration publique au Tchad à l'ère de la décentralisation, 1ere édition l'Harmattan 2019, P. 89.

réellement une volonté politique à vouloir opérer une réelle décentralisation ? Toutes ces questions sont légitimes. Après plus de deux décennies d'importants mouvements législatifs, on se retrouve avec une décentralisation très en retard sur le plan pratique. Un seul niveau des échelons qui devaient normalement être mis en place est concrétisé, mais, ce n'est pas le cas.

Comme nous l'avons dit ci-haut, pour mettre en place les communes comme collectivité territoriale, la décentralisation tchadienne opère une distinction entre les communes de plein exercice et celles de moyen exercice. En ce qui concerne les communes de plein exercice, c'est une création ancienne, elle remonte du début de la première République. Elle a été créée par la loi n° 15 du 22 mai 1961 portant organisation municipale. Cette loi organise les fonctionnements des communes et elle marque une reconnaissance à certaines d'entre elles la qualité de "plein exercice". Mais, le régime militaire du Conseil supérieur militaire issu du coup d'État du 13 Avril 1975 avait abrogé cette loi. Après la décentralisation initiée par la Constitution de 1996 et la création des collectivités territoriales qu'elle a opérée, la qualification des certaines communes comme étant des *"communes de plein exercice"* revient encore. Dans la traduction des faits, celles qui sont considérées comme de plein exercice sont celles qui sont dotées d'un organe élu qui prend en charge la gestion des affaires de la commune. À contrario, les communes de moyen exercice sont celles qui ne sont pas dotées d'organes élus ; pour ces communes, il n'existe pas un conseil municipal élu qui gère les affaires de la commune. L'exécutif municipal est nommé par l'État. Le Maire d'une commune de moyen exercice est donc de facto et de jure un agent de l'État mais non une autorité décentralisée. Les communes de moyen exercice sont aussi anciennes. Leur création précède la décentralisation de 1996. Elles sont définies comme telles pour la première fois par l'ordonnance n°17/PR/1985 portant organisation des communes de moyen exercice[105]. L'existence des communes de moyen exercice qui déroge aux règles d'élection qui caractérise ces dernières années la décentralisation illustre bien que l'élection des conseillers municipaux est un critère absolument fondamental pour la décentralisation. En effet, la Constitution a clairement dit que les collectivités territoriales sont les communautés rurales, les communes, les départements et les régions et qui s'administrent librement par un conseil élu. Cependant, la Constitution n'a pas opéré une distinction entre les communes (plein exercice / moyen exercice). Les raisons qui ont amené le législateur à faire cette distinction réside peut être sur l'incapacité pour l'État de décentraliser toutes les communes d'un seul coup. Mais aucune explication objective n'est à notre disposition pour expliquer ce choix du législateur. La décentralisation instituée par la Constitution du 31 mars 1959 a aussi produit des effets institutionnels pendant la première République. En effet, avant la création des communes de plein exercice en 1961, l'ordonnance n°04 du 13 février 1960 a créé les communautés rurales en les définissant comme : *"une collectivité territoriale organisant démocratiquement un ensemble des villages d'une zone géographiquement déterminée"*. Le village étant la localité de base pour les tchadiens à l'époque, car le Tchad est constitué de plus de 80% des populations rurales, alors les communautés rurales sont d'office la collectivité territoriale de base. Mais, cette expérience est de courte durée. Ni les communes de plein exercice, ni les communautés rurales

[105] L'ordonnance n° 17/PR/1985 est un texte adopté dans une période où l'État n'est pas encore décentralisé. Mais, comme il y a eu déjà dans le passé des communes qui ont des organes élus, cette notion est faite pour opérer une distinction.

n'ont produit des effets pratiques pendant la première République. La Constitution de 1996 a derechef créé les communautés rurales comme collectivité territoriale mais, elles n'ont jamais été également mises en pratique jusqu'à leur suppression par la Constitution de 2018 instituant la quatrième République. Comme nous l'avons exposé ci-haut, la décentralisation instituée par la Constitution de 1996 a été une expérience amère. Aucune des institutions prévues pour rendre la décentralisation une réalité n'a été mise en pratique de façon concrète. Un seul niveau d'échelon territorial a été mis en pratique de façon partielle à partir de 2012 et jusqu'à là, leur fonctionnements sont d'autant critiquables.

En effet, nous reconnaissons que l'une des tares des réformes de 1996 est d'avoir voulu opérer une décentralisation à tous les niveaux territoriaux. Une décentralisation touchant plusieurs niveaux, sans prendre en compte notamment les aspects financiers, techniques, administratifs, juridiques, économiques et politiques qui pourront être des véritables écueils pour la mise œuvre effective d'une décentralisation. Si nous faisons une étude comparative, presque tous les pays qui connaissent actuellement une décentralisation réussie, n'ont pas commencé dès le début par une décentralisation extrême touchant tous les niveaux. Ils ont procédé étape par étape en s'inscrivant dans une démarche dynamique et constante pour évoluer dans leurs réformes de la décentralisation. La réforme de la décentralisation s'inscrit dans une logique incrémentale des politiques publiques. Chaque réforme pourra montrer des failles dont il faut les corriger pour le perfectionner. Ainsi, la décentralisation tchadienne qui est opérée de la plus basse sphère territoriale qui est la communauté rurale jusqu'au plus haut niveau territorial qui est la Région est très lourde à réaliser d'un seul coup. Elle est de même très lourde à supporter par l'État. Notons que toute décentralisation est le fruit de la volonté du pouvoir central d'un État. C'est pourquoi toute réforme de décentralisation doit impérativement prendre en compte les réalités politiques et économiques du pays et la capacité de pouvoir central à supporter les partages de pouvoir avec d'autres entités ; et le degré de cette décentralisation dépendra des réalités du pays. En effet, dans les réformes de la décentralisation au Tchad, les erreurs d'ignorer les réalités du pays sont remarquables. Mais, on l'avait remarqué tardivement. C'était pourquoi on a voulu la corriger pendant les réformes institutionnelles de 2018. En effet, la Constitution de 2018 a supprimé la communauté rurale et le Département pour alléger les institutions de la décentralisation. Ainsi, la décentralisation tchadienne est désormais un système à deux niveaux. Le niveau de base est la commune et le niveau supérieur est la Province. Il n'existe à partir de 2018 un niveau intermédiaire. Là encore, il faut signaler que depuis 2018, les organes de la région n'ont pas été mis en œuvre. Ce qui illustre que la décentralisation tchadienne est un processus partiellement mis en œuvre et qui n'évolue pas. L'analyse du retard de la décentralisation dans le contexte des pays africains faite par Bernard Housson illustre et résume parfaitement les difficultés que rencontrent les collectivités territoriales tchadiennes à se mettre en place. Il décrit en ces termes :

« Les collectivités territoriales nées de la décentralisation sont des espaces politiques, administratifs et territoriaux inachevés : tous les niveaux de décentralisation prévus sont rarement instaurés, la place des collectivités territoriales dans le paysage institutionnel des pays n'est pas stabilisée, leurs résidents s'approprient lentement ces nouvelles institutions. Tout dispositif d'accompagnement des collectivités territoriales doit en conséquence pouvoir évoluer avec les phases de

renforcement de la décentralisation et avec l'évolution des capacités stratégiques, techniques et financières des collectivités locales »[106].

Ce constat du Bernard Housson sur la décentralisation en Afrique est malheureusement une réalité au Tchad. Il y a réellement des difficultés dans la mise en pratique des collectivités territoriales qui sont créées. Ce qui explique le retard de la décentralisation.

Par ailleurs, la Constitution de 1996 prévoit un parlement bicaméral. À côté de la représentation nationale qui est l'Assemblée nationale composée des députés qui ont un mandat national pour défendre des intérêts nationaux, il est institué un Sénat qui devait représenter les collectivités territoriales et défendre leurs intérêts. Contrairement à l'Assemblée nationale, le Sénat défend des intérêts locaux. En effet, l'article 106 de ladite Constitution dispose que : *« le pouvoir législatif est exercé par un parlement composé de : l'Assemblée nationale et du Sénat ».* De même, l'article 110 de la même constitution dispose que : *« le Sénat représente les collectivités territoriales décentralisées ».* Ainsi, dans le paysage institutionnel prévu par la constitution de 1996, il est envisagé que la décentralisation sera appuyée par une institution législative qui va veiller à son évolution. C'est le Sénat qui était chargé de veiller aux intérêts des collectivités territoriales qui assurerait que les promesses constitutionnelles se traduisent concrètement. Mais, ce Sénat n'a jamais été installé. Les raisons invoquées sont les difficultés budgétaires d'assumer les charges de fonctionnement d'un Sénat qui serait trop coûteux. Le comité technique en charge des réformes institutionnelles de 2018 avait préconisé la création d'une institution qui

---

[106]Bernard Husson; Un dispositif de crédibilisation des collectivités décentralisées: les fonds d'appuis aux collectivités territoriales dans techniques financières et développement 2013. P. 63

aurait un rôle consultatif, avec une composition légère qui ne nécessiterait pas pour son fonctionnement un budget comme celui d'un Sénat. C'est ainsi que la Constitution de 2018 instituant la quatrième République avait créé le Haut conseil des collectivités autonomes et des chefferies traditionnelles (HCCACT). Contrairement au Sénat, cette institution a un rôle consultatif. Il n'est pas un organe législatif. L'ordonnance n°14/PR/2018 portant organisation et fonctionnement du Haut conseil des collectivités autonomes et des chefferies traditionnelles définit cette institution comme un organe consultatif avec pour mission d'étudier et de donner des avis motivés sur les politiques de la décentralisation, celles d'aménagement et du développement du territoire, celle d'environnement… Cet organe a des pouvoirs très réduits par rapport à ceux du Sénat. Cependant, contrairement au Sénat qui a eu des difficultés pour sa mise en place, le Haut conseil des collectivités autonomes a été expérimenté pendant une année et demie. Il a montré une certaine efficacité, mais le même problème financier revient encore. Les difficultés financières pour l'État d'assumer les charges de fonctionnement de cet organe consultatif ont été un handicap pour son maintien. Pendant les discussions sur les réformes de la décentralisation au forum national inclusif de 2020, le Président de cette institution à fait un témoignage sur les difficultés financières qu'a connues son institution pour remplir efficacement ses missions. Les résolutions du Forum national inclusif de 2020 étaient en faveur de l'institution d'un Sénat à la place du Haut conseil pour les collectivités autonomes et les chefferies traditionnelles. Dès lors, la révision constitutionnelle de 2020 à ramener le Sénat dans son statut initial de 1996. Mais là encore, le Sénat institué par la Constitution de 2020 n'a pas été mise en œuvre jusqu'à la date de l'abrogation de ladite Constitution par le

Conseil militaire de transition en Avril 2021. Aujourd'hui, dans le nouveau projet constitutionnel, il a été recommandé le maintien du Sénat. Les institutions au soutien de la décentralisation sont à l'exemple du Sénat, elles sont créées par les textes sans qu'elles ne soient mises en pratique. Les lois prises dans le cadre de la décentralisation sont également dans leur grande majorité restées inappliquées. Ainsi, la décentralisation tchadienne dans son fonctionnement n'a pas connu une institution dynamique pour veiller à la bonne application des lois de la décentralisation. Même dans des pays qui ont connu une décentralisation avancée, il y a toujours des mouvements de la part de l'administration centrale qui tendent à entraver la libre administration des collectivités territoriales. Le Sénat français à travers des commissions permanentes veille assidûment sur la libre administration des collectivités territoriales et sur l'ensemble des principes de la décentralisation. Ce qui n'est pas le cas au Tchad. Il est nécessaire de mettre en place un organe, une institution au pouvoir conséquent pour veiller à la bonne application des principes de la décentralisation et des lois en faveur des collectivités territoriales.

B- Difficultés d'application des lois de la décentralisation

Depuis la consécration constitutionnelle de la décentralisation au Tchad à partir de 1996, une floraison législative est venue compléter les dispositions constitutionnelles faisant de la décentralisation l'un des principes d'organisation administrative de la République du Tchad. La mutation de l'État unitaire centralisé vers une forme d'État décentralisé est opérée par la Constitution et des nombreuses autres lois subséquentes. Au vu de ce mouvement normatif très favorable à la décentralisation, tout laisse croire que cette dernière est une réalité effective au Tchad. Mais, en réalité, cette gymnastique législative n'est pas traduite de la même façon pour son application pratique. Les différentes lois adoptées pour rendre la décentralisation opérationnelle et effective ne sont pas appliquées. Elles ne sont qu'une réalité théorique sans produire des effets sur le plan pratique. Cette difficulté d'application des lois sur la décentralisation empêche, elle entrave la réalisation concrète des réformes voulues pour faire de la République du Tchad un État réellement décentralisé. Depuis la loi organique 002/PR/2000 portant statuts des collectivités territoriales décentralisées du 16 février 2000 qui est partiellement appliquée au niveau des certaines communes, toutes les autres lois ne sont pas appliquées concrètement. De même, la loi n°003/PR/2000 du 16 février 2000 portant régime électoral a été appliquée pour la première et la dernière fois en 2012 dans le cadre des élections communales. Depuis 2012, les conseillers communaux dont les mandats expirent en 2017 n'ont pas été renouvelés alors que la loi exige que les activités des conseils municipaux soient limitées par mandat et que ces derniers soient renouvelés par des élections régulières. Cependant, les dispositions de cette loi ne font pas l'objet d'application depuis 2012. Ce qui explique que cette loi de 2000 sur le régime électoral est inappliquée. Cette loi organique portant régime électoral prévoit l'ensemble du mode électoral pour les quatre différentes collectivités territoriales. Elle définit également les conditions d'éligibilité de leurs conseillers. Mais, le fait que les Régions, les départements et les communautés rurales n'ont pas été mis en pratique, cette loi reste aussi inappliquée en ce qui concerne les trois autres niveaux des collectivités. De même, pour traduire en acte l'autonomie financière des collectivités territoriales qui est affirmée par la Constitution, la loi n° 11 du 07 juillet 2004 fixe le régime financier et fiscal des collectivités territoriales.

Cette loi a créé de nombreuses taxes et des nombreux impôts en faveur des collectivités territoriales mais, elle ne trouve pas de traduction réelle dans les faits. Ces taxes et impôts sont dans leurs majorités sans produits réels. Ce qui rend fictives les ressources d'origine fiscale des collectivités territoriales. Les communes actuellement décentralisées sont dans leurs majorités financièrement dépendantes du pouvoir central. Les taxes et les autres ressources fiscales consistant une grande partie des recettes prévues par cette loi ne sont pas opérationnelles. Cette loi connaît des difficultés sérieuses pour son application. Il est aussi à relever la question pour la loi n° 12/PR/2004 du 07 juillet 2004 fixant régime comptable des collectivités territoriales décentralisation qui connaît une application partielle dans des grandes communes comme par exemple celle de N'djamena ou de Moundou. Cependant, seule la loi n° 09/PR/2005 du 15 juillet 2005 portant statut particulier de la ville de N'djamena est appliquée de façon plus ou moins satisfaisante ; puisque presque toutes les dispositions qui comportent cette loi sont relativement appliquées. Mais là aussi il faut préciser l'insatisfaction permanente des élus municipaux des différents arrondissements de N'djaména dans leurs rapports avec la mairie centrale. Ils dénoncent un manque d'autonomie administrative et financière contrairement à ce qui est préconisé par la loi. En ce qui concerne la loi n°33/PR/2006 portant transfert des compétences aux collectivités territoriales décentralisées, celle-ci connaît des sérieuses difficultés d'application. Les communes actuellement décentralisées dénoncent sans cesse l'inapplication de cette loi. Elles exigent la plénitude de leurs compétences. Cette loi est très importante, car elle permet une véritable jouissance du principe de la libre administration des collectivités territoriales dans les domaines des compétences transférées. En l'absence d'une véritable application de cette loi, la décentralisation se trouve malmenée ; car toute forme de décentralisation suppose un transfert minimum des compétences aux collectivités territoriales décentralisées. Ainsi, les difficultés d'application réelle de cette loi de 2006 sur le transfert des compétences posent une difficulté de mise en œuvre effective de la décentralisation au Tchad. Même dans les communes que l'on considère vraiment décentralisées, la problématique de transfert effectif des compétences est cruciale.

Le système constitutionnel d'inspiration française connaît une différence entre ce qui relève du domaine législatif et ce qui relève du domaine réglementaire. Généralement, le législateur fixe les grandes lignes dans la loi et à l'exécutif le soin de la compléter par un acte réglementaire. Ainsi, à chaque loi, l'exécutif prend un acte pour procéder à l'application de la loi. Cet acte appelé décret d'application est très important pour que la loi produise ses effets. Mais, il est parfois constaté que ce décret d'application ne vient pas. L'exécutif ne prend pas un acte pour l'application d'une loi. Cela devient crucial. Car, la loi est votée pour produire des effets ; elle est adoptée pour être exécutée. Par conséquent, tout système constitutionnel doit prévoir un mécanisme pour prévenir l'inapplication des lois. En principe, les parlements doivent avoir des commissions permanentes qui vont veiller au contrôle d'application des lois. Les commissions permanentes des parlements peuvent produire des rapports annuels pour évaluer l'application des lois. Ce mécanisme est ordinaire. Mais, le législateur tchadien a prévu des mécanismes spécifiques pour l'application des lois pour la décentralisation. En effet, le législateur tchadien avait prévu des mécanismes institutionnels de pilotage qui veilleront à l'effectivité des réformes relatives à la décentralisation. Ces mécanismes institutionnels sont des organes de pilotage qui vont veiller à la bonne application des lois relatives aux réformes de la décentralisation au Tchad. Ces institutions sont entre autres : le Haut comité chargé de la décentralisation, le Comité technique d'analyse et d'élaboration des instruments de la décentralisation, l'Unité de coordination. En outre, le législateur tchadien a impliqué la société civile et les chefferies traditionnelles dans le contrôle d'application des lois de la décentralisation. Cette implication se fait à travers le Cadre consultatif de la société civile et l'association des autorités traditionnelles et coutumières. Ces organes sont un ensemble des institutions complexes qui ont des compétences uniquement consultatives pour les uns et pour les autres on leur reconnaît des compétences à la fois consultatives et techniques. Dans l'esprit du législateur, ces organes devraient en principe participer à la réalisation concrète de la décentralisation. Cependant, ces organes du fait de leurs complexités et de leurs intérêts complexes et parfois divergents n'ont pas pu remplir leurs rôles comme il se doit. Ils ont failli dans leur rôle de veiller à la bonne application des lois de la décentralisation. Depuis les réformes de la décentralisation, ces mécanismes institutionnels que la loi les reconnaît comme organes de pilotage n'ont rien fait pour défendre les acquis de la décentralisation en exigeant les bonnes applications des lois qui ont déjà été adoptées. En analysant la décentralisation tchadienne, Patrick Djimassal trouve curieux que malgré cette floraison normative, il n'y ait pas une traduction de la décentralisation dans les faits. Ainsi, il exprime son étonnement de cette façon :

« *Mais la curiosité nous conduit à nous interroger sur l'importance de cette floraison normative qui manque de traduction dans la pratique. A la vérité, la décentralisation est un exercice et se pratique, se vit.*

Créer, modifier, restructurer les collectivités territoriales qui n'existent que sur papier ne sert à rien quant à l'apprentissage de la démocratie à la base, un des objectifs recherchés par la décentralisation. Il ne faut pas perdre de vue que la décentralisation est en effet ce système qui permet de libérer les énergies locales afin de participer activement au développement de la collectivité nationale. Dès lors qu'elle n'est pas vécue, on peut dire qu'il n y a jamais eu de décentralisation effective ».

Ce constat de Patrick Djimassal est réel. La décentralisation tchadienne n'existe que sur les papiers. Cette dynamique normative n'est que théorique. Sur le plan pratique, la réalité est trop décevante. Les lois qui sont adoptées dans le cadre de la décentralisation sont dans la grande majorité inappliquée. Ces retards ou cette absence d'application des lois de la décentralisation n'est pas typiquement tchadienne. Beaucoup de pays africains connaissent cette réalité. L'écart entre les normes adoptées en faveur de la décentralisation et la réalité sur le terrain est abyssal. Dans une démarche comparative avec le cas du Cameroun, le Tchad partage les mêmes réalités. La décentralisation camerounaise est consacrée dans la Constitution de 1996, la même année que le Tchad. Ainsi, jusqu'à maintenant, elle connaît des difficultés à s'affirmer sur le plan pratique. Beaucoup des lois adoptées ne sont pas traduites en pratique. Il y a un grand écart entre les lois adoptées et l'avancement de la décentralisation sur le plan pratique. Selon Ouadraogo :

« L'adoption de lois sur la décentralisation ne fait pas de la décentralisation une réalité et les bénéfices attendus ne se concrétisent pas automatiquement. Le processus de conception et de mise en œuvre de la décentralisation est complexe et long. Étant donné le caractère récent des expériences sur le continent africain, notamment en Afrique de l'Ouest francophone, il y a un déficit de

connaissances concernant la manière d'approcher cette réforme complexe dans des environnements différents. Des questions se posent : Quelles institutions faut-il créer ? Pour atteindre quels objectifs ? Quelles compétences faut-il transférer ? Quand ? Comment peut-on réussir graduellement la décentralisation »[107] ? En suivant la logique de cette pensée, la réforme de la décentralisation est complexe et elle répond à des différentes logiques qu'il faudrait nécessairement prendre en compte dans les réformes. En effet, le mimétisme juridique qui caractérise le mouvement législatif en faveur de la décentralisation en Afrique et particulièrement au Tchad illustre parfaitement que des études profondes sur la compatibilité de ces lois avec les réalités socioéconomiques et politiques du pays n'est pas évaluées. D'où il est difficile aujourd'hui de les appliquer concrètement.

Les difficultés d'application des lois de la décentralisation au Tchad pourraient s'expliquer en grande partie du fait que ces lois ne répondent pas aux réalités du Tchad. Comme le dit Ouedraogo, ces lois adoptées au Tchad sont inspirées généralement des législations françaises dont les réalités sociales, économiques, politiques, administratives, juridiques et institutionnelles sont très différentes de celles du Tchad. En outre, la décentralisation française faite étape par étape connaît aujourd'hui une avancée importante. Par conséquent, ce mimétisme juridique trouve de la peine à se concrétiser sur le terrain parce qu'il est mal adapté aux réalités locales. Toute réforme de la décentralisation au Tchad devrait nécessairement prendre en compte les réalités sociales, sociologiques, politiques et financières de l'État. Elle doit évaluer les capacités de l'État à pouvoir doter les

[107]Télescope, vol. 11, n° 3, juin 2004, page 206.

collectivités territoriales des moyens techniques, financiers et administratifs pour s'auto-administrer.

II- Les difficultés techniques et financières

La décentralisation opère un transfert des compétences du pouvoir central aux collectivités territoriales. Chaque transfert des compétences est accompagné des transferts des ressources financières adéquates. La décentralisation exige également d'opérer un transfert des ressources techniques, humaines et matérielles nécessaires à la compensation des transferts des compétences. Par conséquent, la viabilité des collectivités territoriales dépend en grande partie des capacités d'avoir autant des ressources (financières, humaines, techniques…) qui leur permettront de concevoir et mettre en place des politiques publiques. En effet, les manques des ressources dont font face les collectivités territoriales tchadiennes font qu'aujourd'hui que la décentralisation tchadienne est en crise. Les principales difficultés sont financières (A) et techniques (B).

A- Les difficultés financières pour les collectivités territoriales tchadiennes

La Constitution du 14 avril 1996 a clarifié les ressources que compose le financement des collectivités territoriales. Elle affirme dans son article 210 que les collectivités territoriales ont une autonomie budgétaire. Les assemblées élues votent le budget des collectivités territoriales que ces dernières l'exécutent en toute liberté. En effet, l'article 211 de la dite Constitution nous informe de la composition de ce budget des collectivités territoriales. Il est affirmé que les ressources des collectivités territoriales décentralisées sont constituées notamment par les produits des impôts et taxes votés par les assemblées des collectivités territoriales décentralisées et perçus directement par elles ; la part qui leur revient de droit sur les produits des impôts et taxes perçus au profit du budget de l'État ; les produits des dotations et les subventions attribués par l'État ; le produit des emprunts contractés par les collectivités territoriales, soit sur le marché intérieur, soit sur le marché extérieur après accord des autorités monétaires nationales, avec ou sans garantie de l'État ; les dons et legs ; les revenus de leur patrimoine ; le pourcentage sur le produit des ressources du sol et du sous-sol exploitées sur leur territoire. Cette disposition constitutionnelle est complétée par la loi n° 011/PR/2004 du 7 juin 2004 portant régime financier et fiscal des collectivités territoriales décentralisées. Cette loi a détaillé le cadre d'exercice qui caractérise l'autonomie financière et fiscale des collectivités territoriales. Concomitamment, au même moment une autre loi est adoptée pour encadrer la gestion financière des collectivités. En effet, c'est la loi n° 04-012 du 07 juin 2004 portant régime comptables des collectivités territoriales. Cette loi précise le régime d'exécution budgétaire applicable aux collectivités territoriales. La Constitution est les textes législatifs subséquents semblent bien assurés un fondement juridique solide à l'autonomie financière des collectivités territoriales mais malheureusement, cette dynamique normative n'est qu'une réalité théorique. Cependant, sur le plan pratique les réalités sont trop décevantes. L'autonomie financière affirmée et défendue par toutes ces dispositions constitutionnelles et législatives devient difficile à concrétiser.

Pour assurer la libre administration des collectivités territoriales, le principe de la décentralisation suppose qu'il soit assuré une autonomie financière à celles-ci. Par conséquent, il est reconnu aux collectivités territoriales un transfert effectif de pouvoirs fiscal qui leur permet de bénéficier des produits de certaines taxes et impôts. En plus, l'État devra compléter les ressources des collectivités territoriales par des dotations et des subventions nécessaires. Le mécanisme de péréquation permet également de corriger les inégalités entre les différentes collectivités territoriales. La question de l'autonomie financière des collectivités territoriales est une problématique centrale dans la majorité des États décentralisés. Tous ces mécanismes financiers visent à assurer une autonomie financière aux collectivités territoriales qui leur permettent de bien gérer leurs affaires. Mais, la réalité pratique pour que cette autonomie soit assurée est une question cruciale dans beaucoup des pays. Même en France, un pays économiquement confortable par rapport aux États africains et qui connaît une avancée importante en matière de la décentralisation, la question de l'autonomie financière des collectivités territoriales est une problématique centrale. Il a été question qu'à chaque occasion, le Conseil d'État affirme son importance et la lie au principe de libre administration des collectivités. C'était par rapport à son importance et à sa sensibilité que la Constitution française est venue par la suite l'ériger en norme constitutionnelle. Il est aujourd'hui à reconnaître que l'État français assure un transfert financier satisfaisant mais qui ne manque pas de critiques. Les collectivités territoriales françaises pour compenser le transfert des compétences, elles reçoivent la quasi-totalité des financements prévus par la Constitution et les lois. *Les concours financiers de l'État aux collectivités s'élèvent à 51,9 milliards d'euros en 2021. Ils rassemblent les transferts financiers spécifiquement destinés aux collectivités et à leurs groupements : prélèvements sur recettes (PSR) de l'État au profit des collectivités territoriales 43,2 milliards d'euros, crédits de la mission « Relations avec les collectivités territoriales » 4,1 milliards d'euros, et TVA affectée aux régions en substitution de la dotation globale de fonctionnement (DGF) depuis 2018 d'un montant de 4,3 milliards d'euros, et aux départements à compter de 2021, 250 milliards d'euros. Les transferts divers de l'État, hors fiscalité transférée et hors apprentissage atteignent 14,3 milliards d'euros en 2021. Ils comprennent les subventions aux collectivités territoriales des ministères autres que le ministère de la cohésion des territoires et des relations avec les collectivités territoriales 4,7 milliards d'euros, les contreparties de dégrèvements d'impositions locales décidés par voie législative 9,0 milliards d'euros et le produit des amendes de police de la circulation et des radars 0,6 milliards d'euros. Ces transferts ont été divisés par deux par rapport à 2020, compte-tenu de la suppression des dégrèvements de la taxe d'habitation. La fiscalité transférée et le financement de la formation professionnelle visent à compenser les mesures de décentralisation et les transferts de compétences vers les collectivités territoriales, et s'élèvent quant à eux à 38,2 milliards d'euros en 2021. Contrairement aux années précédentes, la comparaison des montants de la loi des finances initiale 2020 et du prélèvement libératoire forfaitaire pour 2021 ne fait pas apparaître de dynamique. Cela s'explique par le fait que les montants estimés de fiscalité transférée en loi des finances initiale 2020 ne tenaient pas compte, par définition, de l'impact de la crise économique*[108]. Malgré ce transfert important des compensations des charges et des dotations que l'État français donne aux collectivités territoriales, ces dernières sont toujours insatisfaites et réclament encore plus des ressources. En France, le principe de compensation financière est d'abord posé par l'article 102 de la loi du 2

[108] *3 collectivites-locales.gouv.fr*

mars 1982. Puis il a été érigé en principe constitutionnel à l'occasion de la révision constitutionnelle du 28 mars 2003, au sein de l'article 72-2 de la Constitution lequel dispose que *: « tout transfert de compétences entre l'État et les collectivités territoriales s'accompagne de l'attribution de ressources équivalentes à celles qui étaient consacrées à leur exercice »*[109]. Cette question d'autonomie financière est au cœur de tous les débats soulevant la question de la décentralisation. Ce qui illustre son importance pour le fonctionnement des collectivités territoriales et l'affirmation de la décentralisation.

Dans l'étude de compensation financière des transferts de compétence, le Sénat français rapporte une clarification du ministère de l'intérieur qui reconnaît *le principe d'une compensation intégrale, concomitante, contrôlée et conforme à l'objectif constitutionnel d'autonomie financière des collectivités territoriales*[110]. Nous vous exposerons ci-dessous les détails de ce principe rapporté par le Sénat et dont la source remonte au ministère de l'intérieur. En effet, selon le ministère de l'intérieur français, la compensation financière doit être intégrale, concomitante, contrôlée et conforme à l'objectif d'autonomie financière inscrit dans la Constitution.

Compensation intégrale : les ressources transférées seront équivalentes aux dépenses effectuées par l'État au titre des compétences transférées. Toutes les dépenses, directes et indirectes, liées à l'exercice des compétences transférées seront prises en compte. Les charges de fonctionnement seront évaluées à partir de la moyenne actualisée des dépenses consacrées par l'État au cours des trois années précédant le transfert. S'agissant des charges d'investissement, le niveau de dépenses variant d'un

[109]Article 72-2 de la Constitution française de 1958.

[110] Formation professionnelle et apprentissage : la décentralisation à l'âge de la maturité - Sénat (senat.fr).

exercice à l'autre, l'évaluation des charges transférées sera établie sur la base de la moyenne actualisée des crédits précédemment ouverts au budget de l'État au titre des investissements exécutés ou subventionnés au cours des 5 années, au moins, précédant le transfert. Un décret en Conseil d'État précisera les modalités de l'actualisation et les périodes de dépenses à prendre en considération.

Compensation concomitante : les transferts de ressources s'effectueront sur plusieurs années, au rythme des transferts de compétences. Tout accroissement de charges résultant de ces transferts sera, en effet, accompagné du transfert concomitant des ressources nécessaires à l'exercice de ces compétences. Concrètement, l'année précédant le transfert de compétences, les ministères décentralisateurs procéderont à l'évaluation provisoire des dépenses qu'ils consacraient jusqu'alors à l'exercice des compétences transférées. Le montant correspondant permettra de prendre, en loi de finances, les dispositions nécessaires à la compensation provisoire des charges nouvelles. Bien entendu, dès que les données définitives seront connues, il sera procédé aux régularisations qui s'imposent.

Compensation contrôlée : le montant des accroissements de charges résultant des transferts de compétences sera constaté par arrêté interministériel, après avis de la commission consultative sur l'évaluation des charges (CCEC). Il faut, à cet égard, souligner que l'article 118 de la loi du 13 août 2004 modifie la composition et le rôle de la CCEC, afin de renforcer la légitimité de la commission et de l'associer plus en amont à la définition des modalités d'évaluation des transferts de compétences. Ainsi, cette commission deviendra une formation restreinte du comité des finances locales (CFL). Son président ne sera plus un magistrat de la Cour des Comptes mais un élu.

Compensation conforme à l'objectif d'autonomie financière inscrit dans la Constitution : les transferts de compétences seront ainsi, dans leur quasi-totalité, financés par des transferts de fiscalité, dont les collectivités pourront, à terme, fixer elles-mêmes, dans des limites définies par le législateur, l'assiette et le taux. Les prochaines lois de finances transfèrent ainsi une partie de la taxe intérieure sur les produits pétroliers, et aux départements, une partie du produit des conventions d'assurance.

Dans le cadre de la décentralisation au Tchad, la Constitution de 1996 comme celle de 2018 garantissent toutes l'autonomie financière des collectivités territoriales[111]. En effet, la loi du 7 juin 2004 portant régime financier et fiscal des collectivités territoriales décentralisées fixe le cadre des dépenses et des recettes des collectivités territoriales. Plusieurs impôts et taxes sont reconnus en faveur des collectivités territoriales[112]. Cependant, la traduction dans les faits de ces dispositions constitutionnelles et législatives pose beaucoup des difficultés. Les difficultés financières posent de véritables entraves à la décentralisation. Ce sont les ressources financières qui permettent aux collectivités territoriales de fonctionner et de pouvoir réaliser leurs objectifs. Ainsi, Jacques Baguenard expose que les ressources financières sont l'une des trois conditions à la réalisation de la décentralisation. Il dit que la réalisation de la décentralisation est subordonnée au respect de trois (03) conditions. Elle implique dans un premier temps que soit fixée une *sphère de compétences spécifiques* au bénéfice des collectivités territoriales. Elle suppose également en second lieu que ces activités propres soient *prises en charge par des autorités locales indépendantes du pouvoir*

---

[111]La Constitution du Tchad de 2018; titre XIII, article 203

[112]Loi n°011/PR/2004 du 7 juin 2004

central, tant pour leur nomination que pour leur révocation. Enfin, selon Jacques Baguenard, la décentralisation exige, en troisième lieu, que *la gestion des autorités locales relative à leurs affaires propres soit autonome*. Celle-ci implique absolument une *autonomie financière*[113]. Dès lors, même si sur le plan théorique la décentralisation tchadienne remplit toutes ces conditions, en réalité sur le plan pratique beaucoup des difficultés sont à relever. Notamment, les difficultés financières sont indéniables. Elles sont dues aux difficultés de perception des taxes, des impôts et d'autres redevances institués par la loi. Cela s'explique par le fait que la majorité des communes actuellement décentralisées connaissent un retard du niveau du développement économique. Alors que la grande partie des taxes, impôts et redevance institués par la loi ne reflètent pas les réalités économiques de ces collectivités territoriales. Il n'existe pas réellement sur le terrain pratique tous les produits imposables prévus par la loi de 2004 portant régime financier et fiscal des collectivités territoriales. Ainsi, il y a des difficultés à faire des recettes, ce qui impacte considérablement les budgets des différentes collectivités territoriales. Il y a toutefois deux (2) ou trois (3) communes qui s'en sortent mieux à cause de leurs poids économiques considérables dû à l'industrialisation des territoires et aux commerces implantés dans ces territoires. Celles-ci sont par exemple la ville de N'djamena ; la commune de Moundou dans le sud, elle est considérée comme la capitale économique du Tchad à cause du nombre important des usines qui sont implantées là-bas ; et la commune d'Abéché dans l'Est du pays qui est réputée pour ses commerces. Ces trois (3) communes sont cependant mieux que les autres et qui peuvent parvenir à faire des recettes fiscales importantes.

---

[113]Jacques Baguenard, la décentralisation; Que sais-je? Presses Universitaires de France 2004, P.128

Ces communes disposent des moyens financiers qui leur permettraient de réaliser quelques projets, même si ces ressources sont dérisoires en comparaison des attentes. Là aussi des questions de bonne gestion se posent.

En outre, la Constitution prévoit des mécanismes de péréquation en faveur des communes déshéritées. Mais, ce mécanisme trouve des difficultés pour se concrétiser dans les faits. Ces difficultés s'expliquent par le fait que tous les territoires du Tchad se trouvent aux mêmes niveaux des contraintes financières qui ne permettent pas à l'État d'assurer une péréquation effective pour corriger d'éventuelles inégalités. Dans le fonctionnement actuel de la décentralisation tchadienne, il est difficile d'assurer le principe de péréquation pour financer les collectivités territoriales. Il y a en effet une incapacité de la part de l'État et de la part des collectivités territoriales elles-mêmes. La péréquation est un principe qui vise à réduire les inégalités entre les collectivités en assurant un financement aux collectivités les plus défavorisées. La péréquation peut se faire de deux manières. D'abord elle se fait de manière horizontale, c'est-à-dire que les collectivités territoriales qui s'en sortent mieux économiquement peuvent soutenir financièrement les autres collectivités défavorisées. En effet, c'est une sorte de partage de richesse entre les collectivités. Cela ne pourrait pas être possible dans le contexte tchadien. Il est dû au fait que presque la quasi-totalité des collectivités territoriales tchadiennes sont défavorisées ; elles ont de sérieux problèmes de financement. Donc, aucune collectivité territoriale n'a la faculté de partager ses ressources avec ses homologues. Elles sont toutes dans des besoins de financement. En outre, la péréquation se fait également de manière verticale ; c'est-à-dire l'État assure par des dotations aux collectivités territoriales défavorisées des financements pour corriger les inégalités avec celles qui sont favorisées. Là aussi des difficultés se posent, car les montants des dotations risquent d'être insupportables pour l'État. Les inégalités entre les collectivités territoriales sont fortes même si celles qui sont favorisées sont elles-mêmes dépourvues des ressources. Des communes rurales sont très défavorisées par rapport aux communes urbaines sans que ces dernières aient les moyens d'assurer une péréquation horizontale. Ce qui explique que l'État tchadien dans ses difficultés économiques actuelles, il est incapable d'assurer une péréquation verticale. L'État tchadien se trouve aujourd'hui largement dépendant des aides internationales. Les projets territoriaux sont en grande partie financés par l'aide publique au développement (APD) portée par des bailleurs bilatéraux et certains bailleurs multilatéraux comme l'Union européenne. Les communes sont dépourvues des ressources financières pour faire face à leurs dépenses. Même pour se doter des documents stratégiques de planification, elles sont obligées de recourir au financement des bailleurs internationaux. Les investissements directs étrangers au Tchad sont très faibles. On en aperçoit seulement quelques-uns dans le domaine du pétrole. En favorisant l'implantation des entreprises étrangères dans les territoires à défaut des entreprises nationales, l'État permettrait aussi aux collectivités territoriales de générer des ressources. Elles peuvent avoir des produits leur permettant de bénéficier des taxes et impôts pour financer leurs actions.

Comme nous l'avons déjà affirmé, il y a lieu de reconnaître que le Tchad a des difficultés financières sérieuses qui ne lui permettent pas d'assumer les financements pour compenser le transfert des différentes compétences opérées au profit des collectivités territoriales. Il rencontre des difficultés budgétaires dont lui-même est largement dépendant des aides internationales. Après des analyses, nous constatons que la plus grande difficulté liée à l'aboutissement des réformes relatives à la décentralisation dans des pays d'Afrique de tradition juridique française est celle qui relève des ressources financières que rencontrent ces États. Les budgets de ces États sont en grande partie dépendants des aides publiques internationales et des emprunts qui ne leur donnent pas des marges de manœuvre supplémentaires. Par contre, il y a aussi lieu de reconnaître que certains bailleurs sont favorables à la politique de la décentralisation qu'ils n'hésitent pas par conséquent à financer des mutations dans ce domaine. Les partenaires les plus généreux sont la France à travers les aides publiques au développement pilotées par l'Agence française de développement (AFD) ; l'Union européenne est aussi présente à travers les Fonds européens de développement (FED) qui financent de nombreux projets de développement et de gouvernance locale. Le fond monétaire international et la banque mondiale qui interviennent dans les mécanismes de facilitation des crédits. La Banque africaine de développement (BAD) ainsi que des nombreuses autres institutions bancaires du Moyen Orient et d'autres partenaires européens interviennent dans la facilitation des collectes des ressources pour le développement territorial et la gouvernance locale d'où la décentralisation sera forcément touchée. Malgré cette myriade des partenaires financiers, les budgets de ces États demeurent faibles. En moyenne ils tournent autour de cinq (05) milliards de Dollars[114]. Par ailleurs, ces États sont endettés et la soutenabilité de ces dettes pose sérieusement des problèmes et impacte sérieusement leurs budgets. Ces insuffisances des

[114]Nous avons effectué une étude comparative en se basant sur les informations fournies sur les sites internet des ministères de finances des plusieurs pays africains francophones.

ressources que rencontrent les États répercutent sur la possibilité de mettre en pratique de façon optimale la décentralisation. Comme nous l'avons dit précédemment, la décentralisation suppose le transfert des compétences aux collectivités territoriales et ces compétences pour être opérationnelles, elles nécessitent absolument un transfert des ressources adéquates. Malheureusement, ces difficultés de transferts des ressources financières aux collectivités territoriales tchadiennes, empêchent ces dernières de remplir les missions qui les incombent. C'est une véritable entrave au processus de la décentralisation dans de nombreux États d'Afrique francophone. Le Tchad est aussi l'un de ces pays dépourvu des ressources budgétaires suffisantes et aussi endetté et les frais liés aux services de la dette pèsent sur son budget. Son budget qui englobe les dépenses et les recettes tourne en dessous de quatre (4) milliards de Dollars. La forte décentralisation opérée en 1996 nécessite des ressources financières conséquentes y compris en dotations qu'en financement des transferts des compétences. En effet, ces difficultés financières seraient la cause du retard de mise en œuvre complète des différentes institutions et organes de la décentralisation qui sont créés par les différentes normes juridiques. La mise en place des organes de quatre échelons de décentralisation est difficile à soutenir financièrement par le Tchad.

Les problèmes des difficultés financières sont surmontables en planifiant des actions stratégiques susceptibles de générer des fonds. Ainsi, certains États d'Afrique de l'Ouest en coopération avec des partenaires et bailleurs internationaux ont mis en place un mécanisme très important pour répondre aux difficultés financières dans le cadre de la réalisation des objectifs de la décentralisation ; c'est l'institutionnalisation des fonds d'appuis aux collectivités territoriales. Ces fonds sont un dispositif pérenne créé par des États ou des Régions (dans le cadre de la coopération décentralisée) qui permettent aux collectivités territoriales d'accéder à des subventions. C'est un moyen pour consolider la décentralisation et d'accompagner les collectivités territoriales d'exercer leurs compétences. Au Mali, ces fonds sont portés par l'Agence nationale d'investissement des collectivités territoriales (ANICT) et par le Programmes d'appui au développement local (PADL) de la région Tombouctou qui est créé avec le soutien de la région Auvergne Rhône-Alpes[115]. Au Burkina Faso, le Fonds de développement local (FDL) de la région des Hauts Bassins ce sont aussi des fonds d'appuis à des collectivités territoriales pour les aider financièrement afin d'assurer l'effectivité de certaines compétences. De même au Niger, on a mis à destination des communes, des départements de Konni et Madaoua des fonds spécifiques portés par des institutions particulières locales. Il existe également au Niger un dispositif national d'appui aux collectivités territoriales[116]. En effet, ces genres des fonds ont suscité d'intérêts pour beaucoup (Comores, Congo, Madagascar, Maroc, Sénégal) des pays qui n'ont pas hésité de s'informer sur ce mécanisme de financement. Le Tchad peut également s'inspirer de ce mécanisme pour mettre en place des fonds en faveur des collectivités territoriales. Ces fonds permettent le financement de leurs différents projets de développement. La loi organique de 2000 permet aux collectivités territoriales tchadiennes de s'endetter auprès des structures financières locales, nationales ou internationales pour financer leurs projets ; mais le problème réside sur la solvabilité de ces collectivités

[115]Bernard Husson ; Un dispositif de crédibilisation des collectivités décentralisées : les fonds d'appuis aux collectivités territoriales. P. 62

[116]Idem.

territoriales qui pourraient rendre hésitantes les structures bancaires traditionnelles à leur accorder des crédits. D'où la nécessité de créer une structure *sui generis* qui s'adapte aux exigences de nos collectivités territoriales mais aussi aux difficultés économiques de l'État. Cette structure pourrait également coordonner, orienter et rationaliser l'aide publique au développement des bailleurs pour favoriser le renforcement des capacités des collectivités territoriales décentralisées.

Les difficultés financières qui empêchent la décentralisation tchadienne à s'affirmer constituent un vrai handicap et met en mal toute cette dynamique normative entretenue depuis 1996. Il serait plausible que l'échec de la mise en place de quatre (4) échelons territoriaux s'expliquerait en grande partie par les difficultés financières que rencontre l'État à honorer les promesses constitutionnelles. Il faut aussi reconnaître que l'État a été incapable de mettre à la disposition des collectivités des ressources humaines qualifiées, techniquement et administrativement compétentes pour prendre en charges la gestion des affaires des collectivités territoriales. En effet, la décentralisation tchadienne s'est aussi heurtée par des difficultés liées aux compétences administratives et techniques.

B- Les difficultés liées aux compétences administratives et techniques

En reconnaissant des personnes morales distinctes de l'État qui sont chargées de gérer leurs propres affaires, la décentralisation a induit l'émergence d'une nouvelle catégorie des fonctionnaires qui auront la charge de la gestion de l'administration des collectivités territoriales. Ces fonctionnaires devraient être formés aux réalités politiques, administratives, économiques, institutionnelles, financières, sociologiques et sociales des territoires pour les rendre adaptés afin d'avoir une vision globale de leur environnement et pouvoir par conséquent apporter des réponses adéquates aux exigences des élus locaux. Le principe de libre administration qui est reconnu aux collectivités territoriales est de leur permettre d'initier et de mettre en œuvre des actions publiques locales, Il leur permet également de gérer leurs affaires dans une grande liberté et de pouvoir également concevoir et mettre en œuvre des politiques publiques qui relèvent de leurs compétences. En effet, la Constitution tchadienne affirme que les *"collectivités territoriales s'administrent librement par leurs organes élus"*. Cette liberté d'administration leur offre la possibilité d'organiser leurs propres services internes avec des missions et attributions propres. Elle leur permet également de créer des services publics, qu'ils soient purement administratifs ou à caractères industriels et commerciaux, dans leurs ressorts territoriaux pour fournir des prestations inhérentes à la satisfaction des besoins des communautés locales concernées[117]. Elles peuvent de même s'engager dans des formes de coopérations au niveau interne et au niveau international. Tout cela ne pourrait pas se faire sans un minimum de compétences administratives et techniques. En principe, c'est l'État qui doit s'assurer que les collectivités territoriales soient dotées des personnels administratifs adéquats. En se basant sur cette logique, nous constatons que les collectivités territoriales peuvent créer des services publics et elles sont également capables de créer et gérer des établissements publics, y compris ceux qui ont un caractère industriel et commercial. Par conséquent, pour jouer ce rôle pleinement, il est absolument nécessaire qu'elles soient dotées des personnels administratifs qualifiés et une ressource humaine suffisante qui leur

---

[117]Patrick Djimassal, l'administration publique au Tchad à l'ère de la décentralisation, l'Harmattan 2019 P. 1965.

permet de garantir leur autonomie et leur liberté administrative. Des compétences administratives et techniques sont indispensables également pour assister les élus à bien gérer les affaires locales. Ainsi, au-delà des ressources financières, les collectivités territoriales ont nécessairement besoin des ressources humaines techniquement qualifiées et administrativement compétentes pour mieux s'auto-gérer et pour cela, il incombe à l'État d'assumer la responsabilité de doter les collectivités territoriales en personnels techniques. Cela relève de son obligation de compensation des charges liées au transfert des compétences.

Parmi les difficultés que connaît aujourd'hui la décentralisation tchadienne, nous notons également l'absence de transfert en ressources humaines compétentes. L'administration centrale est en difficulté d'accompagner les collectivités autonomes de se doter des compétences techniques dans plusieurs domaines. En effet, les collectivités territoriales (communes qui sont décentralisées) n'ont pas elles aussi les moyens pour se doter des compétences techniques par voie contractuelle. Cette carence des ressources techniques serait en partie l'une des grandes causes du retard de la décentralisation au Tchad. L'incapacité du pouvoir central d'accompagner les collectivités autonomes dans ce sens pourrait s'expliquer par des raisons tautologiques. Nous avons évoqué les difficultés budgétaires dans la partie précédente. Ainsi, c'est cette même difficulté financière qui serait aussi la cause qui empêche l'État de faire doter les collectivités territoriales des compétences techniques. Selon Jean-Marie ROUSSINGOL : « *un élu local est d'abord un politique ; mais on attend d'un élu local qu'il soit un gestionnaire capable de concevoir un programme d'action réaliste, de diriger une équipe administrative ou technique et de gérer un budget dans le respect de la loi* ». Selon cette conception, un élu local devrait être avant tout un entrepreneur politique et un bon gestionnaire qui sera capable de mobiliser des ressources techniques et financières pour pouvoir concevoir un programme réaliste avec l'aide d'une équipe administrative et technique. En suivant cette logique, on constate malheureusement que les élus locaux tchadiens (les maires et les membres des conseils municipaux) ne disposent pas assez des personnels administratifs et techniques sur lesquels ils se basent pour avoir une vision entrepreneuriale de leur territoire. Ils n'ont pas la capacité de réunir une équipe administrative et technique ; car, le transfert financier de l'État fait défaut et de même l'État n'a pas mis à leur disposition les fonctionnaires nécessaires au bon fonctionnement de ces communes actuellement décentralisées. Oui, l'État n'a pas mis à la disposition des collectivités territoriales des cadres administratifs, techniques et des agents pour accompagner les élus dans leurs missions. La question des ressources humaines est aussi critique même pour l'administration de l'État. En effet, même l'administration centrale de l'État rencontre des difficultés des ressources humaines. Au début de l'indépendance, il s'était avéré qu'il y a une carence des agents administratifs pour faire fonctionner l'administration publique. C'était pourquoi il fallait créer l'école nationale d'administration pour répondre aux besoins. Cette école a formé une première promotion des agents de l'État en 1963. Depuis lors, la priorité fut d'abord l'administration centrale de l'État et son l'administration territoriale. L'école nationale d'administration a intégré tardivement dans ses offres des formations la discipline relative à l'administration locale décentralisée. C'est très récemment qu'elle consacre une partie pour la formation des cadres administratifs territoriaux dans l'objectif est de mettre à la disposition des collectivités territoriales. Mais, jusque-là, la gestion de ces personnels formés par l'école nationale d'administration n'est pas rationnelle. Ces personnels ne sont mis de façon effective à la disposition des communes (seul niveau territorial opérationnel). En outre, les recrutements contractuels des personnels techniques coûtent très chers et les budgets municipaux ne pourraient pas les supporter. Les frais des formations des élus et des personnels des collectivités devraient être en principe à la charge de l'État dans le cadre de transfert des ressources financières en compensation de transfert des compétences. Mais, comme l'État n'assure pas jusqu'aujourd'hui ce transfert financier, il est donc difficile pour les collectivités territoriales de pouvoir disposer de personnels formés et qualifiés. Dans son analyse des conditions de réalisation de la décentralisation, Jacques Baguenard dit qu'aucune décentralisation ne soit réalisée sauf que si "*la gestion des autorités locales relative à leurs affaires propres soit autonome*". Malheureusement, cette autonomie ne pourrait être assurée si les autorités locales ne pouvaient pas s'assurer de leurs compétences techniques et administratives. Dans la mesure où le pouvoir central serait incapable de doter les autorités locales des compétences techniques et administratives qui leur permettraient de gérer leurs affaires de façon autonome, la décentralisation n'est pas assurée. En effet, les autorités municipales tchadiennes sont dans cette logique qui n'assure pas leur autonomie et donc la décentralisation se trouve par conséquent entravée.

Et pourtant, le décret 10-529 2010-06-01 PR-PM-MCD portant création et attributions des services des Collectivités territoriales décentralisées a institué un ensemble des services des collectivités territoriales pour gérer leurs affaires. Tous ces services sont dans leur grande partie connaissent un retard de fonctionnement.

Jusque-là le seul niveau territorial en service est la commune de plein exercice. Là aussi, il faut reconnaître que dans ces communes tous les services créés par ce décret ne sont pas opérationnels. Nous allons voir l'importance des services des collectivités territoriales créés par ce décret : Le chapitre 1 du décret de 2010 portant création des services des Collectivités territoriales décentralisées est composé comme suit : Article 1 : Le présent décret crée les services des Collectivités territoriales décentralisées et fixe leurs attributions. Article 2 : Les Collectivités territoriales décentralisées de la République du Tchad sont : les Régions, les Départements, les Communes et les Communautés rurales. Article 3 : Les services de la Région sont : le Cabinet du Président du Conseil régional ; le Secrétariat général ; le Service de communication et presse ; le Service des études, de la planification et de l'aménagement du territoire ; le Service du contentieux ; le Service de protection civile ; le Service de transports et du génie civil ; le Service des archives et documentation ; le Service des ressources humaines et de la formation ; le Service des activités socio-éducatives ; le Service financier et du matériel ; le Service des licences et autorisations diverses ; le Garage régional ; le Service de l'urbanisme et des affaires domaniales ; le Service de l'environnement ; le Service des affaires économiques. Article 4 : Les Services du Département sont : le Cabinet du Président du Conseil départemental ; le Secrétariat général ; le Service des études, de la planification et de l'aménagement du territoire ; le Service du contentieux ; le Service de protection civile ; le Service des archives et documentation ; le Service des ressources humaines et de la formation ; le Service de communication et presse ; le Service des activités socio-éducatives ; le Service du développement rural ; le Service de santé, hygiène et assainissement ; le Service financier et du matériel ; le

Service des affaires économiques, des licences et autorisations diverses ; le Service du génie civil et de transports ; le Garage départemental ; le Service de l'urbanisme et des affaires domaniales ; le Service de secours et incendie ; Article 5 : Les Services de la Commune sont : le Cabinet du Maire ; le Secrétariat général de la Commune la Police municipale ; le Service des études, de la planification et de l'aménagement du territoire ; le Service des ressources humaines, de la formation et du contentieux ; le Service de l'état civil, des archives et de la documentation ; le Service des pompes funèbres et des cimetières ; le Service des activités socio-éducatives et de la protection civile ; le Service de l'hygiène, de la santé et de l'assainissement ; le Service financier et du matériel ; le Service des licences et autorisations et transports urbains ; le Service de la voirie urbaine et du génie civil ; le Garage municipal ; le Service de l'urbanisme et des affaires domaniales ; le Service de secours et l'incendie ; le Service de l'assiette fiscale ; le Service de la protection de l'environnement. Article 6 : Les Services de la Communauté rurale sont : le Secrétariat général ; la Garde rurale ; le Service des études et programmations, le Service des ressources humaines, de la formation et du contentieux ; le Service de l'état civil et population ; le Service des archives et documentation ; le Service des activités socio-éducatives et de la protection civile ; le Service de santé, hygiène et assainissement ; le Service financier et du matériel ; le Service des licences des autorisations et transports ; le Service de la voirie et du génie rural le service des affaires domaniales et de l'habitat ; le Service de secours et incendie ; le Service de l'environnement et du développement rural ; le Service de l'assiette fiscale. Tous ces services créés pour le fonctionnement des collectivités territoriales nécessitent absolument des personnels administratifs et techniques compétents et bien formés. La loi a bien créé les services, il incombe à l'État de mettre à la disposition des collectivités territoriales des fonctionnaires spécialement formés dans le but d'assumer les fonctions de l'administration territoriale décentralisée. Mais, l'État tchadien n'a pas honoré sa part de responsabilité dans le cas d'espèce.

La différence avec la France est remarquable. En effet, dans le cadre des réformes de la décentralisation, la loi de décentralisation de 1982 à favoriser la création d'un corps dans la fonction publique pour permettre aux collectivités territoriales à l'instar de l'administration de l'État d'avoir des agents relevant directement d'elles. Ainsi, il est créé en 1984 la fonction publique territoriale. Aujourd'hui, elle fait partie de trois fonctions publiques de la France notamment, avec la fonction publique de l'État et la fonction publique hospitalière. La fonction publique territoriale compte aujourd'hui environ un million huit cents milles agents et constitue 30 % de l'effectif global des fonctionnaires de France. Les agents de la fonction publique territoriale sont formés sur deux cents trente (230) métiers répartis en six (6) filières. Cet exemple français illustre parfaitement l'importance des compétences techniques et administratives dont les collectivités territoriales devaient être bénéficiaires en principe au Tchad. Les collectivités territoriales ne disposent même pas de 2% des agents comparativement à celles de la France. Il est donc indispensable de souligner que pour la réussite de la décentralisation, il est absolument nécessaire de mettre à la disposition des collectivités territoriales des personnels formés, compétents qui relèvent d'elles et capables d'accompagner les élus locaux dans leurs missions.

Pour mieux assurer la libre administration des collectivités territoriales, les élus locaux doivent avoir les moyens supplémentaires de recruter des compétences en plus pour la réalisation de leurs projets et programmes. En effet, pour rendre la décentralisation réellement effective, la mise en place des services administratifs et techniques créés par les lois ne suffisent pas seule. Il est indispensable que les collectivités territoriales puissent avoir des moyens de recourir à tout type de compétence supplémentaire par le mécanisme des contrats. Malheureusement, aujourd'hui, les élus locaux au Tchad n'ont pas les moyens de recruter des personnels supplémentaires selon leur libre volonté. Ils ne disposent pas des moyens financiers nécessaires qui leur permettent d'assumer ces charges. En effet, cela constitue une entrave à leur libre administration et par ricochet, elle constitue une entrave à la décentralisation elle-même. Aujourd'hui, dans le contexte français, les élus locaux ont suffisamment les moyens de recruter des personnels extérieurs en plus des fonctionnaires que l'État leur met à disposition. Les grandes collectivités territoriales françaises sont devenues de véritables employeurs en recourant aux techniques de recrutement par voie contractuelle. Cette faculté permet aux élus locaux d'être des véritables maîtres de leurs collectivités et de même elle permet à la décentralisation de s'affirmer.

Section 2 : Paradoxes et incohérences dans le fonctionnement de l'administration territoriale

La création des collectivités territoriales ne s'est pas faite dans un espace vierge d'organisation institutionnelle ou de pouvoir politique local. Cependant, il y a bien avant la présence de l'État, des groupements villageois, des entités traditionnelles... sur les territoires. Ainsi, l'organisation administrative du territoire tchadien dans sa pratique n'a pas pu opérer une démarcation claire entre les différentes entités qui existent sur les territoires. Il y a en effet des paradoxes et des incohérences sur le rôle de l'administration territoriale de l'État. Dans une décentralisation qui nécessite l'émergence d'autres entités dans l'organisation administrative territoriale, on constate toujours l'omniprésence et la prépondérance de l'administration de l'État sur les territoires (I) et de même la place qu'on souhaite accordée aux chefferies traditionnelles dans le contexte de la décentralisation ne s'adapte pas forcément(II).

I- L'omniprésence et la prépondérance de l'État sur les territoires

Le retard d'implantation complète et effective des collectivités territoriales n'a pas changé le rôle traditionnel que jouait l'État sur les territoires. Les services déconcentrés et l'administration de l'État sont dans une situation de quasi-monopole, voire même de monopole de fait sur la gestion administrative des territoires(A). Ainsi, l'abus de tutelle sur les communes de plein exercice entrave davantage la décentralisation et l'empêche de s'affirmer (B).

A- Le monopole de l'administration de l'État sur les territoires

Dans une logique de décentralisation qui doit composer avec la déconcentration administrative, la gestion administrative des territoires et les politiques publiques territorialisées sont réparties entre deux entités ; celle qui relève de l'État et celle qui relève des collectivités territoriales. Ces dernières en leur qualité de personnes morales distinctes de l'État, elles disposent de l'autonomie budgétaire, une administration et des compétences pour concevoir des politiques publiques. De même, la déconcentration des services de l'État au niveau des territoires, permet aux autorités locales déconcentrées d'avoir la capacité d'exécuter elles aussi des politiques publiques, mais aussi d'en concevoir. Cependant, lorsque la décentralisation serait en crise, l'avantage tourne en faveur des autorités déconcentrées. Lorsque les collectivités territoriales prévues par la Constitution ne sont pas mises en œuvre, ce sont les services de l'État qui seraient visibles sur le territoire et imposent leurs actes. La dichotomie entre une sphère décentralisée et une sphère déconcentrée n'existerait pas de fait. L'administration de l'État devient le seul maître des territoires. Exactement c'est ce qui caractérise actuellement l'administration territoriale de la République du Tchad. Le retard de la décentralisation et l'absence des organes de décentralisation sur les territoires a favorisé un monopole de l'action locale en faveur de l'État et également une gestion administrative des territoires monopolisée par les services de l'État. Historiquement, le Tchad était un État unitaire centralisé, la présence des structures administratives de l'État sur les territoires était très ancienne. Elle précède les organes de la décentralisation. Le mouvement opéré par les réformes successives de la décentralisées a été très favorable à ces structures qui voient leur autonomie vis-à-vis de l'administration centrale s'accroître de plus en plus. Ces réformes de la décentralisation ont entraîné le renforcement de la déconcentration ; c'est-à-dire reconnaître une certaine autonomie aux circonscriptions administratives de l'État et aux services déconcentrés de l'administration centrale une certaine autonomie dans la gestion des politiques publiques nationales au niveau territorial. La reconnaissance de cette autonomie joue en leur faveur au détriment de celle qui est accordée aux collectivités territoriales qui sont absentes.

Depuis la création de l'État du Tchad, l'administration du territoire est monopolisée par l'État, même si ce dernier rencontre aussi souvent d'énormes difficultés pour bien s'affirmer. Comme nous l'avons évoqué précédemment, les réformes de la décentralisation initiées au Tchad depuis 1996 ont entraîné concomitamment des réformes importantes de l'administration territoriale de l'État. Pour rendre l'administration efficace, encore plus proche des citoyens dans un grand pays en superficie et dans un contexte de la décentralisation, la déconcentration a été érigée comme un des principes de l'organisation territoire de la République[118]. L'idée était de rendre plus dynamique l'administration territoriale de l'État pour mieux accompagner la décentralisation. Cependant, sur le plan pratique, le retard de la mise en œuvre effective de la décentralisation a engendré une situation très favorable aux services déconcentrés de l'État qui sont restées les seules structures administratives mieux présentes sur les territoires. Ils rencontrent aussi des difficultés à s'affirmer sur certains territoires et même s'ils manquent aussi de moyens humains, matériels et financiers, ils occupent les territoires au détriment des instances décentralisées. Mais, contrairement aux structures de la décentralisation, elles sont bien favorisées par l'État lui-même. Cette administration territoriale de l'État est caractérisée au niveau des territoires par des circonscriptions administratives de commandement principalement et ensuite par la création des services déconcentrés. À partir de l'an 2000, la création du Gouvernorat comme circonscription administrative de coordination territoriale, puis la réforme de 2018 qui l'a remplacé par les provinces a exigé que chaque ministère doit avoir une délégation provinciale dans chacune des provinces. Ces délégations représentent leurs ministères au niveau régional (Province depuis 2018) et elles sont chargées de mettre en application les politiques publiques de l'État sur les

[118]Article 2 de la Constitution de la IVème République du Tchad du 04 mai 2018.

territoires. Elles organisent leurs services au niveau provincial, départemental et sous-préfectoral. Elles sont coordonnées par le Gouverneur de la Province et placées sous son autorité hiérarchique. Par conséquent, dans une logique où la décentralisation n'est pas effective, voire même qu'elle est absente, c'est l'État qui a le monopole de l'administration du territoire. Toutes les politiques publiques sont conçues au niveau national et appliquées sur le territoire par les services déconcentrés de l'État ou ce sont ces derniers qui initient à leurs niveaux des politiques publiques et de les mettre en œuvre avec le soutien de l'administration centrale. Contrairement à la France dont la déconcentration est bien clarifiée à travers une charte à partir de 1992 dont le contenu a évolué avec les réformes successives de la décentralisation, aucun texte au Tchad ne clarifie les pouvoirs et les limites de la déconcentration. Il est difficile de défendre la thèse qu'au Tchad le principe de subsidiarité soit formellement reconnu aux services déconcentrés de l'État ; car, aucun texte ne le souligne nulle part. Mais dans la pratique, le principe de subsidiarité semble être reconnu aux services déconcentrés mais, parfois par manque de moyens, ils font recours à l'administration centrale pour les appuyer.

Contrairement à cette expression qui se dit en France : « *à décentralisation renforcée, déconcentration renforcée* », les réformes de l'organisation administrative du territoire au Tchad, sur le terrain pratique, ont plutôt renforcé la déconcentration au détriment de la décentralisation. Une déconcentration renforcée alors qu'en face une décentralisation absente. Même si au niveau des textes l'objectif souhaité était la rationalisation de l'administration territoriale de la République avec une déconcentration et une décentralisation équilibrées, les pratiques ont donné une toute autre réalité. La mise en œuvre d'une déconcentration renforcée est facilitée par la tradition centralisatrice du pays. L'administration de l'État maîtrise déjà le territoire et sa gestion depuis plusieurs décennies. Donc, la déconcentration serait plus facile à appliquer que la décentralisation qui demande beaucoup plus de moyens et d'adaptation. Patrik Djimmassal fait en effet l'analyse suivante : « *En effet, dans un pays engagé dans un processus de décentralisation relativement lent à l'instar du Tchad, l'administration territoriale est composée, pour l'essentiel, des structures administratives relevant de l'État. On parle de l'administration centrale par référence aux structures étatiques dont les compétences et les actes ont une connotation nationale. L'administration centrale est composée des structures étatiques ou nationales ayant leur siège dans la capitale avec des ramifications dans les périphéries* »[119]. Dans ce constat, Patrick Djimassal met un accent sur la place prépondérante de l'administration étatique sur les territoires qui est une réalité absolue. Pour croire encore au processus de la décentralisation au Tchad, il envisage la réforme de la décentralisation comme un processus relativement lent, mais il ne remet pas en cause les rapports disproportionnés en faveur de l'État au détriment de la décentralisation. Ce qui est d'ailleurs vrai et que le constat est facile. Comme en France, l'organisation administrative de la République du Tchad était marquée par une centralisation forte et celle-ci a laissé ses marques en influençant toutes les réformes postérieures. Nous l'avons déjà vu que cette centralisation était liée à l'histoire du pays qui est issu de la colonisation française et dont il avait hérité du système administratif à l'indépendance. Cet héritage a été conservé et même renforcé. La centralisation a été conçue comme un mécanisme qui permettrait de construire une unité

[119]Patrick Djimassal, administration publique à l'ère de la décentralisation, 1ère édition l'Harmattan 2019, op. cit. p. 79

nationale et une homogénéité territoriale du point de vue administratif et politique. Il faut par conséquent rappeler que le Tchad est un territoire extrêmement vaste qui réunit un ensemble géographique et humain très relativement hétérogène, culturellement et religieusement. Dès lors, la centralisation pourrait être envisagée comme un moyen pour renforcer l'idéal d'une République indivisible. Ce qui a fait que même après les réformes de la décentralisation, il est indispensable de maintenir la centralisation en accompagnant la décentralisation avec une forme de déconcentration. C'était pourquoi, la Constitution du Tchad reconnaît un système territorial basé à la fois sur ces deux principes. Du fait des difficultés liées à la mise en pratique de la décentralisation, celles qui empêchent les collectivités territoriales de s'affirmer correctement pour devenir des véritables acteurs locaux, les autorités déconcentrées se sont imposées à leurs places comme tels. C'est à cet effet que les reformes institutionnelles de 2018 ont pensé à maintenir la base constitutionnelle de décentralisation et la déconcentration[120]. Désormais, *"La configuration du système d'administration territoriale actuel au Tchad est comme d'habitude organisé entre deux sphères. Il confère une administration stratifiée en administration de l'État (centrale et déconcentrée) et une administration décentralisée"*. Cependant, en attendant que la décentralisation soit effective, pour le moment c'est l'administration de l'État (centrale et déconcentrée) qui détient le monopole de l'administration du territoire.

Aujourd'hui, cette prépondérance de l'administration de l'État sur le territoire est favorisée par l'absence de dynamique dans le mouvement de la décentralisation. Le Maire, figure importante de la décentralisation est aujourd'hui dans la grande partie des communes est

[120]Article 2 de la Constitution de la IVème République du Tchad du 04 mai 2018.

considéré comme un agent de l'État. Ce qui illustre la monopolisation de l'État sur les territoires. Pierre-Yves Chicot analyse le mouvement décentralisation/déconcentration de la façon suivante :

« La réforme de l'État territorial va se poursuivre au fur et à mesure que les transferts de compétences au profit des collectivités territoriales s'accroissent. C'est un mouvement à double détente qui ne consiste pas à dessiner deux droites parallèles, mais qui ne sont pas de même longueur. Alors que la droite de la décentralisation s'allonge, celle de l'État territorial est raccourcie, car elle obéit à la culture du pouvoir central qui fait de l'État, à partir de 1986, un État « stratège », puis « minimal » et aujourd'hui « agile »[121] *».*

Cette analyse de Pierre-Yves Chicot illustre bien le cas de l'administration territoriale actuelle du Tchad dominée par la déconcentration et par l'administration centrale de l'État.

La déconcentration territoriale était conçue au début des réformes de décentralisation au Tchad dans le but de

---

[121]Pierre-Yves Chicot, le renouvellement de l'État territorial : le prisme de la décentralisation autonomique. In: Droit et gestion des collectivités territoriales. Tome 37, 2017. Les territoires de l'État. p. 194.

rationaliser l'administration territoriale de la République en assurant une meilleure coordination entre les autorités déconcentrées et les autorités décentralisées ; et d'assurer également un équilibre entre les compétences décentralisées et celles qui sont déconcentrées. Cependant, face à l'effacement des autorités décentralisées, elle n'a pas donné les résultats escomptés. Elle a plutôt favorisé un monopole des services déconcentrés sur l'action publique locale. L'administration du territoire de l'État au Tchad n'a pas été influencée par les différentes lois favorables à la décentralisation. En effet, Pierre-Yves Chicot analyse que la décentralisation induit trois (3) grandes conséquences qui sont la suivante :

« Premièrement, sur le plan juridique, il peut transformer, en fonction de l'intensité dont elle est parée, le modèle étatique en place. Deuxièmement, sur le plan de la psychologie administrative et politique, elle agit sur les rapports entre le centre et la périphérie en faisant monter en responsabilité les collectivités territoriales et leurs dirigeants. Enfin, troisièmement, elle instruit une démarche de rationalisation et de réorganisation en procédant, in fine, à un allègement des tâches de gestion assurées par l'État et confiées dès lors aux collectivités territoriales. Pour autant, en raison du poids séculaire d'un modèle centralisé des affaires publiques, on est davantage dans une situation de coproduction de l'action publique que dans une configuration nette de séparation entre les affaires de l'État d'un côté et les affaires locales de l'autre ».

Ainsi, sur le plan théorique, si toutes réformes induites jusque-là montrent une volonté de rechercher des résultats qui corroborent à cette analyse, cependant, la réalité fait de l'administration de l'État la seule productrice des normes au niveau local comme territorial. Non seulement elles ont pu garder leurs substances *"sociales et politiques"*, mais elles les ont derechef renforcées. Cela s'explique par le fait qu'elles bénéficient d'une antériorité sur les collectivités territoriales et elles bénéficient également d'une légitimité plus grande aux yeux des habitants, grâce au dialogue entre les acteurs et aux réalisations concrètes qu'elles ont permises.

Dans le cadre européen, il existe un principe de légalité des compétences de base qui est affirmé par la Charte européenne de l'autonomie locale[122]. Ce principe exige que ces compétences de base soient fixées par la Constitution ou par une loi. Ainsi sa protection juridique est forte. Il est par conséquent susceptible pour que le juge constitutionnel puisse intervenir lorsqu'il y a des atteintes portées. Mais, le paradoxe dans le cas tchadien est que la constitution et les lois ont fixé des compétences pour les collectivités territoriales, mais l'administration de l'État ne respecte pas ces domaines des compétences ;malgré bien qu'il y ait des violations évidentes, les collectivités territoriales ou les organes qui veillent à l'accomplissement de la décentralisation ne saisissent pas le juge administratif ou le juge constitutionnel pour assurer la protection de leurs compétences. Par ailleurs, il y a une forte immixtion dans les affaires des communes actuellement décentralisées par le biais de la tutelle. Les représentants de l'État au niveau de la commune abusent souvent de leur autorité pour entraver la libre administration de ces communes.

Les mauvais rapports entre les collectivités territoriales (42 communes actuellement décentralisées) et les représentants de l'État auprès d'elles s'expliquent par le fait que ces dernières décennies on assiste à des nominations des cadres territoriaux qui ne répondent pas aux exigences de leurs responsabilités. La plupart des

[122]Article 4 de la charte européenne de l'autonomie locale.

chefs des circonscriptions administratives manquent des formations administratives. Les nominations sont très souvent népotiques. Cela a des conséquences sur les fonctionnements de l'administration territoriale. Les chefs des circonscriptions administratives comme les Gouverneurs, les Préfets et les Sous-préfets, beaucoup d'entre eux sont nommés sur des critères purement subjectifs et qui ne répondent pas aux exigences de leurs postes. Cela répercute sur les gestions administratives des territoires et sur les rapports avec les autorités décentralisées. Leur méconnaissance du droit administratif, de l'éthique et de la déontologie les mettent plus souvent en conflit avec les maires des communes. Ces autorités déconcentrées n'ont aucune notion de la tutelle. Elles se considèrent comme le représentant du Président de la République sur leurs territoires et par conséquent elles se distinguent comme les supérieurs hiérarchiques des autorités décentralisées. Ce qui suscite des crises pour la décentralisation ; car les autorités décentralisées sont contrariées et leur liberté d'administration entravée.

B- Abus de la tutelle : entrave supplémentaire à la décentralisation

La décentralisation administrative est caractérisée également par un contrôle de l'État sur les collectivités territoriales. Par conséquent, la Constitution tchadienne de 1996 comme celle de la quatrième République issue des réformes de 2018 prévoit des dispositions reconnaissant au représentant de l'État sur le territoire un pouvoir de contrôle sur les collectivités territoriales. Les réformes de la décentralisation n'étant pas totalement abouties, nous allons nous intéresser ici au contrôle de l'État sur le niveau actuellement décentralisé qui est l'échelon communal. C'est cet échelon communal de plein exercice qui est décentralisé et sur lequel la tutelle de l'État joue pleinement. Comme nous l'avons montré précédemment, les autres collectivités territoriales n'ont qu'une existence théorique. Leurs organes ne sont pas mis en place. Par conséquent, la tutelle de l'État ne pourrait s'exercer sur des structures inexistantes. Ainsi, la Constitution de 1996 dispose que *" L'État est représenté auprès des collectivités territoriales décentralisées par les chefs des unités administratives déconcentrées chargées de défendre les intérêts nationaux et de faire respecter les lois et règlements"*. À cet effet, le représentant de l'État auprès des collectivités territoriales veille à la défense des intérêts nationaux et aux respects des lois et règlements par celle-ci. Par conséquent, il effectue un contrôle administratif et financier sur les actes des collectivités territoriales. Le représentant de l'État auprès des collectivités territoriales est donc l'autorité de tutelle. Ainsi donc, dans ses fonctions, l'autorité de tutelle a compétence pour suspendre ou annuler soit d'office soit à la requête de tout intéressé, les délibérations, décisions et règlements présentant un intérêt personnel pour l'une ou l'autre des autorités y ayant participé. Il peut aussi se substituer à l'autorité municipale et prendre à cette fin des mesures utiles, en cas d'inexécution par cette dernière des mesures prescrites par les lois et règlements ou en vertu de ceux-ci, après mise en demeure. Il procède lui-même ou par l'intermédiaire de son représentant, au moins une fois par an, à l'inspection des communes et propose des mesures à prendre. Le contrôle exercé par le représentant de l'État dans la collectivité est un contrôle de légalité, administratif et financier. Il est reconnu dans ce cas au représentant de l'État un pouvoir de substitution. Il peut aussi saisir la chambre régionale des comptes (encore non effective au Tchad) pour observation lorsque jusqu'au 31 mars le budget n'est pas voté ; lorsqu'il est en déséquilibre ou ne compte pas de dépenses obligatoires. Dans le cadre de cette nature de tutelle, l'État a un pouvoir très important sur les actes des collectivités territoriales. Il a le pouvoir de contrôler l'opportunité et la légalité des actes des collectivités territoriales. Donc, le contrôle pourrait se faire a priori, comme à postériori. Ce qui restreint en quelque sorte les libertés de ces collectivités territoriales. La tutelle dans le cas de la décentralisation tchadienne constitue un poids lourd pour les autorités décentralisées. Elle restreint considérablement leurs libertés.

Le degré du contrôle de l'État sur les actes des collectivités territoriales s'apprécie par rapport au degré de la décentralisation. En effet, plus le degré de la décentralisation est important, plus le contrôle de l'État sur les actes des collectivités est moindre. Ainsi, dans le cadre de la décentralisation française, c'est également le représentant de l'État auprès des collectivités, en l'occurrence le préfet qui a la charge de défendre les intérêts nationaux, il est chargé du contrôle et du respect des lois par les collectivités territoriales[123]. Depuis la loi sur la décentralisation de 1982, la tutelle de l'État sur les actes des collectivités territoriales a été assouplie. Désormais, c'est un contrôle juridictionnel et à postériori est possible. Le représentant de l'État a perdu sa faculté de contrôle a priori et celui d'apprécier l'opportunité de la décision. Cette réforme de 1982 a affranchi les collectivités territoriales des contrôles de l'État qui étaient trop pesant auparavant. Désormais, le pouvoir du Préfet est limité au pouvoir de transmettre l'acte de la collectivité territoriale au juge administratif qui appréciera sa légalité. C'est une reconnaissance d'une faculté de contrôle à postériori qui garantie de liberté importante aux collectivités territoriales qui conforte le principe de libre administration.

---

[123]GRANDGUILLOT les collectivités territoriales en France, p.8

Dans la Constitution tchadienne de 1996, au niveau communal, l'État est représenté par le Sous-préfet ou le Préfet. Avant la réforme de 2018, le Sous-préfet était de principe l'autorité de tutelle au niveau communal. La décentralisation tchadienne étant à moitié effective à cet échelon, c'était là que le contrôle de l'État a pu être expérimenté. Le Sous-préfet est nommé par un décret pris en conseil de ministre et il est assisté par un adjoint dans ses missions de contrôles des actes des autorités communales. Depuis l'installation des premiers conseils municipaux élus suite aux élections municipales de 2012, le Sous-préfet était bousculé dans son rôle de l'autorité de tutelle par le Préfet. Celui-ci s'est imposé du fait du large pouvoir hiérarchique qu'il dispose sur le Sous-préfet. Cependant, les réformes institutionnelles de 2018 ont supprimé les sous-préfectures. En effet, la Constitution du 04 mai 2018 a prévu en son article 205 qu'auprès des "Collectivités autonomes, les Gouverneurs de provinces et les Administrateurs délégués des communes représentent le pouvoir central". De ce fait, les gouverneurs des provinces sont devenus de jure les représentants de l'État auprès de l'échelon communal. La ville de N'djamena ayant un statut particulier, c'est l'administrateur délégué appelé aussi délégué du gouvernement qui représente l'État. Ainsi, les gouverneurs des provinces sont les autorités de tutelle auprès des communes et le délégué du gouvernement de la ville de N'djamena est celui qui assure la tutelle auprès de la commune de N'djamena. Il est chargé d'exercer un contrôle sur les actes des collectivités territoriales.

Dans ce rapport entre l'État et les communes pendant une décennie de décentralisation, il y'a eu des abus de tutelle excessifs. Les représentants de l'État auprès des communes ont abusé de leur pouvoir de contrôle. Cette attitude a été également un frein pour la libre administration de ces communes. Elle est considérée par les élus municipaux comme une grave entrave à la décentralisation parce qu'elle limite injustement les libertés des communes[124]. L'exercice du pouvoir de tutelle se transforme sur le plan pratique à un pouvoir hiérarchique. Ce qui rend parfois les rapports difficiles entre les autorités décentralisées et les représentants de l'État. Même si la loi permet aux collectivités territoriales de saisir le juge administratif en cas d'abus de tutelle, malheureusement, le constat fait ne montre pas des contentieux entre l'État et les communes pour des raisons relatives à ces genres d'abus. Ainsi, dans ce rapport disproportionné entre l'État (par son représentant) et les collectivités territoriales (Maire des communes), le comité technique chargé des réformes institutionnelles de 2018 ont également constaté des abus de tutelle et il a proposé dans le projet des réformes des correctifs pour modifier les rapports entre l'État et les collectivités territoriales[125]. La décentralisation française accorde une liberté importante aux collectivités territoriales pour mieux gérer leurs affaires. C'était pendant les grandes réformes en faveur de la décentralisation qu'on a songé à régler la question de tutelle[126]. Il est désormais instauré un système de contrôle par voie juridictionnelle. Ce mécanisme garantit la libre administration des collectivités et permet une meilleure protection de leurs compétences. Par ailleurs, il existe un principe européen de légalité des compétences de base que nous avons rappelé ci-haut. De même, la Charte européenne de l'autonomie locale réaffirme le droit de recours en faveur des collectivités territoriales pour saisir

[124]Avis prononcé par le président de l'association des maires du Tchad.

[125]Rapport final du Comité technique d'appui au Haut comité technique chargé des reformes institutionnelles de 2018, p.14

[126]La loi relative à la décentralisation en France de 1982.

une juridiction indépendante afin d'assurer le libre exercice de leurs compétences et le respect des principes d'autonomie locale qui sont consacrés dans la Constitution et les lois internes des pays qui ont ratifié le document. Même si la Constitution et la législation tchadiennes relatives à la décentralisation prévoient des dispositions allant dans le même sens que celle-ci, cependant on constate avec amertume que les communes tchadiennes bénéficiant actuellement d'un minimum de décentralisation ne favorisent pas les voies de recours au juge pour se protéger des abus de tutelle. Les mécanismes et les outils juridictionnels sont souvent méconnus par les autorités décentralisées.

Par ailleurs, il serait important de souligner l'impact négatif de l'histoire politique du Tchad sur le fonctionnement de l'administration territoriale. En effet, l'arrivée au pouvoir des régimes issus des rebellions ont entraîné des personnes sans aucune formation administrative à la tête des structures administratives de commandement territorial. Les combattants qui composaient les rébellions, à la prise du pouvoir sont systématiquement intégrés dans la gestion administrative des structures civiles et militaires du pays. Par conséquent, cette pratique à favorisé la militarisation de l'administration territoriale. La nomination des militaires et des combattants à la tête des circonscriptions territoriales a causé des gestions anormales, calamiteuses et médiocres de ces circonscriptions. Par méconnaissance du Droit, de l'éthique, de la déontologie administrative et par méconnaissance également du fonctionnement de la décentralisation, ces autorités administratives généralement mal assistées par des techniciens considèrent les maires des communes comme leurs subordonnés. Dès lors, le pouvoir de tutelle se transforme en pouvoir hiérarchique. Ce même constat est également fait dans les cas des nominations népotiques. Le fonctionnement de l'administration territoriale du Tchad est marqué aussi ces dernières années par une sorte de nominations népotiques et patrimoniales. Des personnes proches socialement à certaines hautes autorités qui n'ont pas des formations administratives requises sont très souvent nommées à la tête des circonscriptions administratives au détriment des personnels et cadres formés dans l'école nationale d'administration du Tchad ou dans d'autres académies. Ces personnes sont en partie analphabètes et gèrent les circonscriptions au grès de leurs humeurs et selon leurs bons vouloir. Elles ne se basent sur aucunes règles administratives pour prendre des décisions. Ainsi, les rapports avec les communes sont souvent conflictuels. Le fonctionnement de la tutelle est méconnu et les élus locaux à l'instar des maires des communes sont considérés comme des subordonnés à qui, il faudrait les faire obéir. Dans ces cas de figure, le mécanisme de contrôle opéré pour le fonctionnement de la décentralisation n'a aucun sens. Le principe de la tutelle est malmené et c'est le pouvoir hiérarchique de fait qui s'affirme.

Le bon fonctionnement de la décentralisation au Tchad est en partie entravé par les mauvaises pratiques qui caractérisent le fonctionnement de l'administration territoriale. La mauvaise gestion des unités administratives par des agents sans qualification, mais aussi, par l'abus de tutelle par les représentants de l'État auprès des collectivités territoriales (42 communes de plein exercice seul niveau opérationnel). Par ailleurs, la présence des chefferies traditionnelles au niveau des territoires exprime des méfiances vis-à-vis de la décentralisation qui accorde plus de pouvoir aux collectivités territoriales. Il y a un sentiment de concurrence avec les collectivités territoriales sur le territoire qu'elles contrôlent depuis toujours. La méfiance des chefferies traditionnelles qui sont des entités bien établies sur les territoires et bénéficiant d'une légitimité historique constitue aussi une entrave à l'affirmation de l'implantation des collectivités territoriales. Les chefferies traditionnelles à l'ère de la décentralisation affichent des ambitions d'intégration pour jouer un rôle au même titre que les collectivités territoriales que les différentes réformes n'ont pas pu saisir les véritables enjeux.

II- Les chefferies traditionnelles au prisme de la décentralisation

L'une des difficultés de la décentralisation tchadienne est la présence dans le paysage institutionnel local des institutions traditionnelles pour lesquelles sont reconnus des rôles administratifs et de représentation des populations locales. Ces institutions traditionnelles jouissent de légitimité établie auprès des populations locales. Elles sont les fruits d'un contexte particulier, mais qui ont pu survivre et se bousculent pour jouer des rôles politiques (représentation de leurs populations) et administratifs très importants au niveau local dans le cadre de la décentralisation. Malgré leur inadaptation, elles sont considérées comme des acteurs de développement local par le gouvernement central (A). En effet, les chefferies traditionnelles sont privilégiées, mais dans une administration qui aspire à la modernité, ces institutions disposent toutes les caractéristiques d'un système archaïque (B).

A- Le prisme de chefferie traditionnelle comme acteur de développement local

Jouissant d'une forte légitimité territoriale et bien écouté par le gouvernement central, les chefferies traditionnelles tchadiennes n'ont pas manqué de montrer leur volonté de ne pas se soustraire à l'avènement de la décentralisation. Elles ont toujours affiché l'ambition d'avoir un rôle actif dans le processus de la décentralisation. Par conséquent, du fait de leurs relations historiquement établies avec le pouvoir central, elles influencent le mouvement décentralisateur qui leur vaut la reconnaissance par le gouvernement central de la qualité d'acteurs de développement local.

D'après le rapport final du comité technique d'appui au haut comité chargé des réformes institutionnelles de 2018, les chefferies traditionnelles et coutumières au Tchad se composent de la façon suivante : il y a 11 Sultanats, 644 Cantons à l'ère actuelle au Tchad, des groupements communautaires...[127] Ces chiffres ne sont pas justes. En effet, les chefferies traditionnelles et particulièrement les Cantons se sont particulièrement accrus ces dernières années. On compte plus de mille (1000) Cantons de nos jours. Cette multiplication de nombre des Cantons a des incidences négatives sur la cohésion et la paix au niveau local. À la tête de chaque Sultanat se trouve un Sultan assisté de deux secrétaires et d'une vingtaine des gardes appelées aussi Goumiers. Ces derniers assistent le chef dans l'accomplissement de ses missions et veillent aussi à sa sécurité. Ils sont chargés de veiller à l'exécution des décisions prises par le Sultan. Les chefs des Cantons sont également assistés par deux secrétaires et d'une dizaine des Goumiers qui ont les mêmes rôles. Comme son nom l'indique, l'administration des chefferies traditionnelles est basée sur des méthodes héritées des traditions séculaires locales perpétuées de père en fils. Les us et les coutumes constituent les sources de leurs normes de fonctionnement. En plus, l'administration moderne leur impose une certaine règle de conduite qui relève de droit moderne. Aujourd'hui, elles bénéficient d'une reconnaissance

[127] Rapport final du Comité technique d'appui au Haut comité chargé des réformes institutionnelles 2018, p.20.

constitutionnelle solide. Ainsi, les difficultés de mise en œuvre de la décentralisation tchadienne sont exacerbées par la présence de ces chefferies traditionnelles dans le paysage administratif local. Celles-ci se voient plus légitimes pour prendre en charge la gestion des affaires locales que la constitution accorde la gestion aux collectivités territoriales. La création des collectivités territoriales issues du mimétisme juridique a rendu les chefferies traditionnelles méfiantes et elles sont d'autant plus soucieuses de leur avenir. Elles sentent leurs rôles disparaître ; car, les réformes n'ont pas tenté de trouver une certaine conciliation entre les deux entités. Comme les collectivités territoriales sont chargées de la gestion des affaires locales, les chefferies traditionnelles sentaient leur présence au niveau local inutile, car, leur présence n'aurait de sens que lorsqu'elles gèrent aussi les affaires locales. Il est donc important pour elles de mener une guerre de survie. Bien que les rôles qui sont dévolus aux collectivités territoriales sont plus importants et répondent à une administration bureaucratique moderne, les chefferies traditionnelles veulent avoir également leurs places et jouer leur rôle de gardien des traditions, d'acteurs de développement et d'encadrement des populations. Le rôle que l'administration coloniale a assigné aux chefferies traditionnelles répond bien aux contextes de l'époque d'où la population est à plus de 80% rurale et traditionaliste. Ce qui fait que les chefferies traditionnelles constituaient un prolongement de l'administration de l'État au niveau local (en grande partie rurale). Les chefferies traditionnelles n'ont pas une personnalité morale distincte de celle de l'État. Elles sont considérées comme des auxiliaires de l'administration territoriale de l'État. Mais toutefois, il leur est reconnu une forme de subsidiarité sur certaines affaires qui relèveraient par principe de la tradition locale[128]. On a voulu que :

« L'autorité publique abandonne donc aux groupements de rang inférieur le soin des affaires de moindre importance où se disperserait à l'excès son effort ; elle pourra dès lors assurer plus librement, plus puissamment, plus efficacement les fonctions qui n'appartiennent qu'à elle, parce qu'elle seule peut les remplir : diriger, surveiller, stimuler, contenir, selon que le comportent les circonstances ou l'exige la nécessité. Que les gouvernements en soient donc bien persuadés : plus parfaitement sera réalisé l'ordre hiérarchique des divers groupements selon le principe de la fonction supplétive de toute collectivité, plus grandes seront l'autorité et la puissance sociale, plus heureux et plus prospère l'état des affaires publiques ».

Il leur est donc reconnu un principe de subsidiarité pour les affaires qui relèvent des us et coutumes, pour les affaires culturelles et pour d'autres affaires qui relèvent de l'encadrement de leurs populations.

Nous envisageons que l'un des paradoxes de l'organisation territoriale tchadienne serait également de vouloir faire de la chefferie traditionnelle un acteur du développement locale au même titre que les collectivités territoriales. Cette conception dépasse le cadre que l'administration coloniale avait façonné pour la chefferie traditionnelle. En effet, comme nous l'avons dit précédemment, l'administration coloniale avait relégué la chefferie traditionnelle au rang d'auxiliaire administratif, elle est chargée d'exécuter des tâches administratives

[128]Réédition, La Bonne Presse, 1960, p. 32

secondaires. Dans la même logique, les différents régimes post-coloniaux qui se sont succédés ont fait des chefferies traditionnelles des institutions de relais pour asseoir leur domination aux différents niveaux locaux. Mais, avec le mouvement de la décentralisation, les chefferies traditionnelles s'imposent comme les représentants légitimes des populations locales comme elles ont toujours été et par conséquent, elles exigent d'avoir une place au même titre que les collectivités territoriales. En effet, il est envisagé qu'il y ait des affaires locales qui relèveraient par principe aux compétences des chefferies traditionnelles. Pour toutes questions qui relèvent des us et coutumes, de la préservation et de la promotion des patrimoines culturels locaux ou ethniques… Elles relèvent de la compétence des chefferies traditionnelles. Même si les dispositions constitutionnelles relatives à la décentralisation et les différents textes législatifs subséquents ne font pas des chefferies traditionnelles des institutions décentralisées, alors dans la pratique, elles se rapprochent beaucoup aux organes décentralisés et elles s'imposent comme telles. Comme les collectivités territoriales, elles ont aussi des compétences qui relèvent de leurs propres affaires (c'est un peu comme l'équivalence de la notion d'affaires locales qui est reconnue aux collectivités territoriales). Les chefferies traditionnelles jouissent également de la légitimité historique et elles maîtrisent leurs populations. Cependant, il y a un paradoxe sur les rôles ambivalents de ces institutions. Certaines attributions des chefferies traditionnelles créent un enchevêtrement des compétences avec les collectivités territoriales. D'ailleurs, il est incongru d'accorder aux chefferies traditionnelles des compétences en matière de politique culturelle et de la conservation des patrimoines culturels alors qu'elles ne disposent ni administration, ni budget.

Du point de vue juridique et sociologique, les chefferies traditionnelles sont bien ancrées au niveau des territoires. Elles jouissent à la fois de légitimité légale et traditionnelle. Dans l'étude de typologie de domination, Max Weber décrit trois types de domination. En effet, il distingue trois types de domination qui peuvent parfois se cumuler même si elles appartiennent à des sociétés données, et appartenant à une époque donnée. Ainsi, il distingue la domination légale ; la domination traditionnelle et la domination charismatique.

Par conséquent, selon Weber, *la domination légale* repose sur la croyance aux règles impersonnelles qui régissent la société. Dans ce cas, celui qui est capable de dominer la société ne l'est pas par son charisme apparent mais par ses facultés ; il est nominé par ses "croyances en la légalité des règlements arrêtés et du droit de donner des directives". Dans ce cas de figure, Weber nous parle d'une domination à caractère impersonnel, fondée sur les règles du droit. Elle est caractérisée par une règle de hiérarchie dont les individus sont choisis en vertu de leurs compétences. C'est le cas d'une a*dministration bureaucratique signifiant la domination en vertu des savoirs.*

Ensuite Weber distingue *la domination traditionnelle* : celle-ci repose sur les croyances de chaque individu aux vertus de la tradition. Cette domination est à confier à celui qui détient les dispositions transmises par le temps sur plusieurs générations. C'est une forme de domination qui s'exerce en vertu des croyances aux coutumes, aux traditions, aux croyances ancestrales, des héritages et des rituels qui se perpétuent et se transmettent de générations en générations. *Parmi cette forme de domination se distingue le traditionalisme patrimonialiste dans lequel le chef domine entièrement le reste de la société et dans lequel il est le détenteur légitime de tous les biens sans que cela ne soit remis en question*[129]. Cette forme de domination se distingue de celle qui est légale par le fait que celle-ci ne dispose pas absolument d'une administration bureaucratique. Elle s'exerce sur un regroupement autour du chef et les règles essentielles sont les us et les coutumes.

En fin, la *domination charismatique* est celle qui se base sur le charisme d'un chef. Le sociologue Max Weber définit la domination charismatique comme étant : *« l'autorité fondée sur la grâce personnelle et extraordinaire d'un individu [.] Elle se caractérise par le dévouement tout personnel des sujets à la cause d'un homme et par leur confiance en sa seule personne en tant qu'elle se singularise par des qualités prodigieuses, par l'héroïsme ou d'autres particularités exemplaires qui font le chef ».* Ainsi, contrairement aux deux autres formes de domination, la domination charismatique est *intuitu personae*. Elle est liée aux qualités intrinsèques du leader qui dispose des qualités exceptionnelles qui font adhérer autour de lui un groupe des individus qui le suivent.

En analysant ces trois types de domination théorisée par le sociologue Max Weber, on constate que les chefferies traditionnelles disposent de la domination légitime basée sur les traditions et qui s'exerce sur l'ensemble des sociétés relevant de leurs ressorts. Les pouvoirs des chefferies traditionnelles sont confiés à ceux qui détiennent les dispositions transmises par le temps. Comme la domination traditionnelle repose sur les vertus des croyances aux coutumes, sur les héritages de la tradition, sur des rituels et croyances ancestrales, les chefs traditionnels en sont les véritables dépositaires. Ce pouvoir leur est reconnu par la croyance collective de la société aux règles traditionnelles. Ainsi, les chefs traditionnels

---

[129] La-domination-selon-Max-Weber-410577.html

disposent principalement de la domination légitime traditionnelle qui sera renforcée ensuite par la Constitution et les lois organiques relatives à l'organisation et aux pouvoirs des chefferies traditionnelles. En vertu de ces dispositions juridiques, les pouvoirs légitimes des chefs traditionnels fondés sur les traditions se dédoublent des pouvoirs légaux que la Constitution et les lois leur font part. Par conséquent, au niveau territorial, les chefferies traditionnelles se trouvent doublement légitimes contrairement aux collectivités territoriales qui ne bénéficient que d'une domination légitime légale. Ainsi, dans un mouvement de décentralisation qui se compose avec l'existence des chefferies au niveau territorial, les collectivités territoriales sont malmenées. Il est très difficile d'opérer un partage d'affaires locales. Confier autant des compétences aux collectivités territoriales qui disposent de moindre légitimité territoriales que les chefferies traditionnelles se révèle problématique. Les chefs traditionnels sont conscients de la légitimité supplémentaire qu'ils bénéficient, ils s'imposent comme des acteurs de développement au niveau territorial bien que les lois de la décentralisation ne leurs reconnaissent pas les mêmes pouvoirs que ceux des collectivités territoriales. Par leur fort ancrage territorial, les chefs traditionnels ne voient pas d'un bon œil la réussite d'une décentralisation qui réduisait leur légitimité au niveau local et leur influence vis-à-vis du gouvernement central.

La création du Haut conseil pour la collectivité territoriale et la chefferie traditionnelle avait tenté de corriger la participation des chefferies traditionnelles dans le développement local en leur accordant effectivement une place importante au même degré que les collectivités autonomes dans un cadre consultatif[130]. On lui accorde

[130]Les articles 165 et 166 de la Constitution du Tchad du 04 mai 2018.

une opportunité de donner des avis au même titre que les collectivités territoriales sur des questions qui touchent à l'aménagement du territoire, au développement économique local, à l'urbanisme, à l'environnement... Les chefferies traditionnelles seront impliquées au même titre que les collectivités territoriales dans une institution consultative ce qui permet de corriger la méfiance à l'égard de celles-ci. Cependant, même avec cette avancée, il convient de souligner que cette chefferie est une institution dépourvue des compétences techniques, car elles reposent sur une seule personne qui est le chef. Pour résoudre leurs affaires, ces chefs font appel à leur sagesse et en ayant comme référence la tradition. Ils se basent sur la tradition, les us et coutumes pour se prononcer sur une affaire. Ce qui est cependant très loin des méthodes de l'administration moderne qui sont basées sur le droit, sur la science et les techniques modernes. Ainsi, sa participation dans cette institution consultative l'incite à revoir son organisation et les compétences qui devront l'accompagner. Mais, en devenant membre de ce Haut conseil au même titre que les collectivités autonomes, les chefferies traditionnelles se trouvent ainsi confortées dans leurs soucis d'avoir un statut qui les rapprochent de celles-ci, car la décentralisation avec ses corollaires qui instituent les collectivités territoriales qui auront les charges de gérer les affaires locales, les chefferies traditionnelles se sont senties donc menacées sur leurs propres terrains. Mais, bien qu'on les conforte par ces genres de gestes, il faut également savoir qu'il y a un prisme des chefferies traditionnelles comme étant des acteurs de développement local au même titre que les collectivités territoriales. Car, elles sont dépourvues de beaucoup de moyens pour remplir véritablement ce rôle. Même s'il est reconnu un principe de subsidiarité aux chefferies traditionnelles pour la gestion des affaires relevant des us et coutumes, elles sont encore très archaïques dans leur fonctionnement. Elles ne peuvent avoir donc les mêmes efficacités que l'administration bureaucratique moderne relevant des institutions administratives décentralisées et déconcentrées. Par conséquent, leur statut d'acteurs de développement local pour être efficace, devra être accompagné par certaines réformes qui doteront les chefferies des moyens qui leurs permettent de jouer véritablement un rôle dans le développement local.

B- Les chefferies traditionnelles : des institutions privilégiées mais archaïques

La décolonisation a été brusque pour le Tchad, ce qui n'a pas permis de mettre en place des institutions transitoires qui permettront d'accompagner le mouvement de l'indépendance en préparant la mise en place des institutions administratives modernes. D'ailleurs même la colonisation a été très courte ; soixante (ans) ans de domination qui n'a pas permis d'enraciner profondément les principes administratifs français. Et de même on a minimisé le modèle administratif préexistant à la colonisation. Ainsi, à l'indépendance, le régime de la Première République proclamé en 1960 avait marché sur les pas de l'administration coloniale en gardant les mêmes institutions locales sur tous les territoires. Dès lors, les chefferies traditionnelles survivent et deviennent des institutions privilégiées pour ce nouveau régime malgré une première tentative de réformes hostiles au maintien de ces structures. Pour ce nouveau régime, les chefferies traditionnelles permettent de contrôler les populations, elles favorisent la domination des populations et le contrôle des territoires. Elles sont également pourvoyeurs des recettes, car l'administration coloniale leur a assigné la mission de recouvrer les impôts. Elles n'exigent pas des budgets importants. Car, elles ne font pas d'investissements. Elles n'ont pas une administration, ni une bureaucratie qui nécessitent des dotations importantes. Brèves, elles sont perçues comme étant des entités très utiles pour le nouveau pouvoir qui n'a pas assez de ressources humaines et financières pour s'affirmer sur les territoires. Ainsi, les chefferies traditionnelles maîtrisent les territoires et peuvent facilement servir de relais à la nouvelle administration pour s'implanter durablement. Cela pourrait se comprendre ainsi, c'était pourquoi le nouveau régime n'avait pas jugé utile d'effectuer des réformes pour moderniser ces entités. Il a envisagé de les remplacer par la communauté rurale qui se voulait plus moderne. Mais finalement, on les a alors maintenues comme telles.

Dans plusieurs autres pays d'Afrique francophone nouvellement sortis de la colonisation, la même problématique relative aux chefferies traditionnelles s'est posée. En effet, certains pays à l'exemple du Sénégal qui ont connu une colonisation relativement longue se sont déjà préparés en conséquence. Ils ont pu créer un cadre administratif territorial moderne qui a cantonné les chefferies traditionnelles dans des rôles symboliques qui leur permettent que d'avoir des influences sur le plan politique. En effet, au Burkina Faso malgré la présence des grands royaumes précoloniaux, à l'indépendance, on ne les a pas reconnues comme faisant partie des institutions de la République susceptibles des rôles administratifs. On les reconnaît comme des structures politiques et comme telles, elles n'ont aucun rôle administratif ou institutionnel à jouer[131]. Si le Mali s'était inscrit au départ dans la même logique, cependant, les premières autorités ont loué l'efficacité des chefferies traditionnelles. Elles ont reconnu que les chefferies

[131]https://lefaso.net/spip.php?article2621 : avant la colonisation les chefs traditionnels sont les premières autorités.

traditionnelles peuvent jouer un grand rôle pour le développement local. Le premier Président malien Modibo Keïta prononçant un discours expliquant dans ce sens. Il reconnaît que les chefferies traditionnelles peuvent être les bases sur lesquelles va être construite l'administration locale malienne. Ces idées avaient préfiguré la décentralisation malienne qui devait accorder des considérations aux institutions traditionnelles.

Au Tchad, les chefferies traditionnelles sont des institutions privilégiées par tous les régimes qui se sont succédés. En effet, dans le contexte de la décentralisation, les autorités n'ont pas voulu et ne veulent pas sacrifier les institutions traditionnelles pour bâtir une administration territoriale moderne et efficace. Les autorités tchadiennes souhaitent conserver ces institutions et les moderniser de leur façon. En effet, à la suite de la mise en place du Haut conseil des collectivités autonomes et des chefferies traditionnelles, l'ancien Président du Tchad Idriss Déby Itno s'est exprimé à l'endroit des chefs traditionnels de la façon suivante :« Avec la mise en place du prochain Haut conseil des collectivités autonomes et des chefferies traditionnelles, vous serez au centre des décisions qui engagent l'avenir de notre pays »[132]. Ainsi, il entend faire des chefferies traditionnelles des institutions importantes qui participent aux décisions qui engagent l'avenir du Tchad. Ainsi, il y a une volonté de faire des chefferies traditionnelles des organes qui pourraient même dépasser le simple cadre de la décentralisation. Cependant, le grand problème se situe au niveau de la nature de ces institutions. Ce sont des institutions très fragiles. Elles ne

[132]Discours du Président Déby à l'ouverture de la première session du Haut conseil pour les Collectivité territoriale et des Chefferies Traditionnelles https://www.tchadpages.com/vers-un-renforcement-du-pouvoir-des-chefferies-traditionnelles-et-coutumieres-le-sultan-du-dar-bilia

reposent que sur des individus[133]. Il n'existe aucune structure institutionnelle ou une bureaucratie qui fonctionne même si ce sont des institutions administratives du point de vue juridique. Le Doyen Georges VEDEL disait que : « l'administration est l'ensemble des activités qui, sous l'autorité ou le contrôle du gouvernement, tendent au maintien de l'ordre public et à la satisfaction des besoins d'intérêt général ». Par conséquent, la loi organique de 2010 portant statut des chefferies traditionnelles leur attribue une fonction de maintien d'ordre et de satisfaction des besoins d'intérêt général. Ainsi, le caractère administratif de ces entités ne pose pas d'ambiguïté, mais elles sont imprégnées dans une tradition qui est incompatible avec les règles de l'administration moderne. D'abord des problèmes se posent sur la nature de leurs actes. On ne pourrait pas qualifier beaucoup de leurs actes comme étant des actes administratifs. Leurs décisions sont dans la plupart des cas verbales ; si cela n'empêche pas pour les qualifier comme étant des actes administratifs, le problème se trouve dans la façon dont elles prennent leurs décisions. Ce sont des décisions autoritaires, brutales, méconnaissant toutes les règles et principes administratifs. C'est pourquoi il est difficile d'admettre que ces entités puissent être considérées d'administratives, même s'il est juridiquement possible de les qualifier comme telles.

Dans la configuration actuelle, les chefferies traditionnelles ne peuvent pas être des acteurs du développement. Bien qu'elles soient des structures reconnues comme administratives, elles fonctionnent de façon très archaïque et ne remplissent absolument pas les

---

[133]Lire la loi organique de 2010 portant statut des chefferies traditionnelles qui dispose que les chefferies traditionnelles sont les Sultans, les chefs des Cantons… Donc, c'est le chef qui incarne l'institution.

critères de service public. Même si on leur reconnaît des prérogatives de puissance publique, les buts poursuivis par leurs actions méconnaissent le plus souvent l'intérêt général. Elles ne disposent pas de budget, aucune loi ne prévoit leur capacité budgétaire. Contrairement aux collectivités territoriales, la Constitution, ni aucun autre texte de nature législative ou réglementaire leur reconnaissent l'autonomie financière. Elles ne disposent pas d'un pouvoir normatif secondaire. Même si certains auteurs pense aujourd'hui que *"les chefferies traditionnelles peuvent être appréhendées en tant qu'outil de transmission entre le pouvoir central et les populations locales car elles ont dû faire face à la modernité et développer des stratégies de survivance dès la période de la colonisation jusqu'à nos jours, en passant par la période de la démocratisation en Afrique depuis 1990"*, elles demeurent néanmoins toujours des institutions très en retard dans une administration qui aspire à la modernité. Le comité des réformes de 2022 toujours en cours a proposé de faire des chefferies traditionnelles des autorités décentralisées qui pourront prendre en charge les communautés rurales. Cette proposition est logique, car elle entre dans le cadre des intérêts de ces chefferies. En les instituant comme des organes de gestion des communautés rurales, elles pourraient disposer d'une bureaucratie qui leur permettra de concevoir, gérer et mettre en œuvre des politiques publiques. Ce rôle leur permettra d'être efficaces et répondre aux aspirations des hautes autorités qui veulent faire des chefferies traditionnelles des acteurs de développement local. Mais, il y a grandement une ambiguïté autour des affaires que l'on veut vraiment confier aux chefferies traditionnelles en matière de développement. Les collectivités territoriales sont en principe dans le cadre de la décentralisation des organes les mieux adaptées au niveau local pour produire des politiques publiques de développement. La Constitution elle-même reconnaît que les affaires locales sont gérées par les collectivités territoriales. En effet, dans presque toutes les législations des États qui connaissent une forme d'État unitaire décentralisée, il est reconnu aux collectivités territoriales *" le pouvoir de gestion des affaires locales, la faculté de poursuivre la satisfaction de l'intérêt local "*. Cependant, reconnaître formellement à une autre entité locale que la collectivité territoriale le pouvoir en matière de gestion des affaires locales consiste à créer des ambiguïtés à la fois institutionnelles et fonctionnelles. Ce qui pourrait aussi constituer un enchevêtrement des compétences sans grands intérêts. Même si les chefferies traditionnelles disposent d'une légitimité séculaire difficile à remettre en cause, la décentralisation et son corollaire des élections aux suffrages universels directs accordent aux élus des légitimités pouvant dépasser celles des chefs traditionnels qui méconnaissent les règles et principes démocratiques. L'élection aux suffrages universels directs est le mode de désignation des élus locaux. Les collectivités locales sont gérées via des organes composés de personnalités élues par les populations de leurs circonscriptions. Cela donne une grande légitimité aux élus locaux qui se verraient être comme les principaux interlocuteurs des populations de leurs circonscriptions en ce qui concerne la gestion des affaires locales. Le mode de participation des élus locaux aux élections, qui se fait sous la bannière des partis politiques (même si les candidatures indépendantes sont possibles), fait d'eux des personnalités politiques. C'est ce qu'affirme Jean-Marie ROUSSINGOL pour lequel, *« un élu local est d'abord un politique ; mais on attend d'un élu local qu'il soit un gestionnaire capable de concevoir un programme d'action réaliste, de diriger une équipe administrative ou technique et de gérer un budget dans le respect de la loi »374*. L'élu local a droit à une indemnité dans l'exercice de ses fonctions dont le montant est fixé au prorata du revenu de sa circonscription et à la nature du mandat ou de la fonction qu'il exerce. Par conséquent, l'élu local se trouve engagé vis-à-vis des populations locales et il est politiquement responsable devant elle. L'élu local et la population sont liés par un "contrat" des promesses électorales que le premier devra les concrétiser une fois aux fonctions. Ce qui n'était pas le cas chez les chefs traditionnels. Pour le Professeur Marie-Christine Rouault, le fait que la création des collectivités territoriales permet aux populations locales de gérer elles-mêmes leurs affaires, ce faisant, elles sont le *"lieu privilégié de l'apprentissage de la démocratie à la base"*. Ainsi, la décentralisation a pour vocation de responsabiliser la population locale et les rendre aptes à la gestion de leurs affaires. Par conséquent, des intermédiaires comme les chefferies traditionnelles constituent un encombrement. En effet, pour le Professeur Dominique GRANDGUILLOT, les chefferies traditionnelles« constituent le cadre institutionnel de la participation des citoyens à la vie locale et garantissent l'expression de sa diversité ». Cette participation à la vie locale dont parle le Professeur GRANDGUILLOT est dans le cadre des chefferies traditionnelles, il y a une ambiguïté sur la légitimité de la gestion des affaires locales ; ce sont les collectivités territoriales et ou les chefferies traditionnelles ou il incombe au pouvoir central de les mutualiser dans un cadre permettant leur coexistence de façon efficace. Mais, l'instance des chefs traditionnels se défend plutôt pas mal ; dans le cadre du Haut conseil des collectivités autonomes et de chefferie traditionnelle (HCACT), pendant la tenue de sa deuxième session ordinaire, les débats ont porté sur le thème suivant : *« le rôle et la problématique de la chefferie traditionnelle au Tchad"*. Selon les conseillers, le choix de *ce thème se justifie par le fait que, "malgré les efforts consentis pour valoriser la chefferie traditionnelle au Tchad, celle-ci ne parvient pas à exercer pleinement son rôle de gardien des us et coutumes des communautés respectives dont elle assure l'organisation et la protection »*[134]. Ceci, *"à cause des forces occultes qui foulent allègrement aux pieds les lois de la République et s'obstinent à créer des obstacles de tous ordres dans l'exercice de la mission assignée aux chefs traditionnels"*, relève Tamitah Djidingar, président du Haut conseil pour les collectivités autonomes et les chefferies traditionnelles (HCCACT) et chef de canton de Dono-manga. Sa majesté souligne que depuis la nuit des temps, les chefs traditionnels ont joué et continuent de jouer un rôle majeur à chaque étape décisive de l'évolution politique du Tchad. Il défend la thèse suivante : *« Tantôt adulés, tantôt honnis suivant les périodes et les régimes, les chefs traditionnels demeurent incontestablement les piliers de l'administration du territoire parce qu'ils connaissent mieux que quiconque les populations dans leur vie profonde. Pour preuve, pendant les évènements douloureux que notre pays a connus en 1980, les institutions de l'État ont toutes disparu à l'exception de la chefferie traditionnelle qui a résisté au péril de ses dirigeants »*[135]. C'est un véritable plaidoyer en faveur des chefferies traditionnelles. Il est aussi paradoxal qu'une institution sans budget, sans réel pouvoir décisionnaire,

---

[134]Les revendications des chefs traditionnels ne se limitent pas uniquement aux questions des us et coutumes, mais elle s'élargit à la revendication d'une véritable compétence dans la gestion des affaires locales.

[135]https://ndjamenahebdo.net/le-role-de-la-chefferie-traditionnelle-au-tchad

sans encore une réelle capacité juridique et une réelle autonomie administrative puisse être “le pilier de l'administration du territoire”. Ce plaidoyer de monsieur Tamitah Djidingar est contestable à plusieurs égards ; car la chefferie traditionnelle est une institution archaïque. Elle ne peut pas remplir une mission administrative moderne sans qu’on puisse vraiment la réformer. Avec la décentralisation, la chefferie traditionnelle pourra encore jouer un rôle, mais elle devra s’inscrire dans la logique de la décentralisation en reconnaissant aux collectivités territoriales la légitimité d’être les principaux acteurs pour la gestion des affaires locales.

Les tares constatées dans le fonctionnement de l’administration territoriale, en plus de la présence des chefferies traditionnelles dans l’architecture institutionnelle locale rendant difficile l’affirmation de la décentralisation sur le plan pratique. Ce qui fait qu’aujourd’hui, malgré un mouvement législatif dynamique en faveur de la décentralisation, cette dernière n’est pas ressentie. Les bienfaits de la décentralisation, l’objectif voulu de la décentralisation pour favoriser le développement local n’a pas produit les résultats escomptés. En outre, les replis identitaires, régionalistes et communautaires jouent en défaveur de la décentralisation et renforcent la position des chefferies traditionnelles et incitent un dépassement de la décentralisation. D'où il est constamment brandit le choix d’une forme d’État fédéral à la place de l’État unitaire décentralisé. Mais, le problème est que les réalités actuelles du Tchad ne permettent pas d’assumer la mutation vers le fédéralisme.

CHAPITRE 3

NÉCESSAIRE REFONDATION DE LA DÉCENTRALISATION ADMINISTRATIVE AU TCHAD

Depuis plus de trois décennies, le Tchad est à la recherche d'une forme d'État idéale qui s'adapterait à ses réalités politiques, sociales, sociologiques, culturelles et géographiques. Depuis l'ouverture du débat sur la forme de l'État en 1993 pendant la Conférence nationale souveraine (CNS) jusqu'au dernier Dialogue national inclusif (DNI) de 2022, la dichotomie fédération/décentralisation administrative est un choix cornélien pour les tchadiens. On vacille entre ces deux systèmes à toutes les occasions ouvrant un sérieux débat autour de la forme de l'État. Les partisans de la fédération sont nombreux et ceux d'une décentralisation dite "forte" en sont autant. Mais, la grande partie de la population est illettrée et vivant à la campagne ne sont pas certainement en mesure de saisir les contours réels de ces notions très techniques. Beaucoup pensent que la fédération est une sorte de division ou de scission du pays. C'est pourquoi la plupart du temps ceux qui sont ethniquement ou régionalement frustrés en sont les partisans. Par contre pour la décentralisation, là c'est encore plus compliquée ; presque la totalité de ceux qui vivent en campagne ne peuvent comprendre exactement de quoi il s'agit. Depuis le DNI de 2022, s'ouvre derechef un débat autour du choix entre une forme d'État “fortement” décentralisé ou la fédération. La résolution du Dialogue national inclusif a recommandé de soumettre la question directement au peuple tchadien par voie référendaire. Ainsi, les tchadiens se prononceront dans les mois à venir quelle serait la forme d'État qu'ils choisiront pour l'organisation territoriale de notre pays. En effet, nous pouvons nous prononcer d'avance pour éclairer que le système fédéral n'est pas adapté aux réalités actuelles du Tchad. Nous pensons qu'il serait mieux de refonder la décentralisation, de la réadapter aux structures locales et à la capacité financière de l'État pour optimiser au moins un niveau de décentralisation afin de favoriser le développement local(II).Avant d'aborder la question de l'inadaptation du fédéralisme aux réalités actuelles du Tchad, nous allons d'abord dans une première partie essayer d'éclaircir la notion du fédéralisme et son fonctionnement(I).

Section 1 : Le mythe du fédéralisme comme système alternatif

Depuis les débuts de la première réforme de l'État au Tchad, le système fédéral est toujours présenté comme un alternatif à la décentralisation qui a des difficultés à résoudre les problèmes locaux. Mais, le fédéralisme mérite d'être élucidé amplement pour permettre aux populations tchadiennes de mieux le comprendre. Aujourd'hui pour la majorité des tchadiens, le fédéralisme est une notion confuse, une notion qui divise. On ne saurait comprendre ses principes et son fonctionnement. On ne pourrait également appréhender l'autonomie des entités fédérées vis-à-vis de l'État fédéral. La question de la souveraineté : comment la place-t-on entre les deux entités ? Le fédéralisme est-ce l'indépendance des régions ? Autant de questions qui sèment la confusion dans l'esprit de la majorité des citoyens tchadiens. Nous allons tenter d'apporter quelques clarifications pour permettre à mieux saisir la notion du fédéralisme, son origine et son fonctionnement (I). Ensuite, nous allons démontrer que ce système bien qu'il serait efficace à certains égards, cependant, il pourrait être inadapté aux réalités actuelles du Tchad (II).

I- La notion du fédéralisme

Selon le Professeur Michel Verpeau : *« l'État fédéral est une union d'États, au sens du droit constitutionnel, au sein de laquelle un nouvel État se superpose à ces États. Des États souverains acceptent d'abandonner des compétences pour former un nouvel État : il y a donc création d'un État supplémentaire. Ce fédéralisme naît par une Constitution, à la différence de la Confédération qui naît d'un traité. Cet État fédéral est le seul qui subsiste au niveau international. Lui seul peut entretenir des relations internationales »*[136]. Cette définition est propre à une forme de fédéralisme par association. C'est-à-dire une association d'États indépendants pour créer un État fédéral unique. À côté de celle-ci, il y a le fédéralisme par désagrégation ; cette dernière consiste à une forme d'État unitaire dont la forte autonomie accordée aux entités locales et la reconnaissance de leurs particularismes locaux favorisent la mutation vers une forme d'État de type fédéral. Le fédéralisme est une technique d'aménagement et d'organisation d'un État composé. Cette technique permet aux plusieurs entités de se regrouper dans un seul État avec lequel ils partagent des compétences. Dans son aspect juridique, le fédéralisme peut être appréhendé de la façon suivante :

---

[136] Michel Verpeaux, Professeur de Droit Public, cours de droit constitutionnel, théorie général de l'État ; Université Panthéon-Assas Paris 2.

« *Une technique d'organisation d'une communauté politique complexe et diversifiée, il permet à la fois de maintenir un minimum de cohésion et d'unité de l'ensemble et de respecter les particularismes locaux et la volonté d'autonomie. En tant que principe d'action politique, le fédéralisme vise à unir sans uniformiser, à regrouper des entités politiques dans ce qui les rapproche, sans leur imposer une centralisation étouffante dans ce qui les différencie ; c'est un principe de libéralisme politique au niveau des États autonomes, et d'efficacité et de puissance au niveau de l'ensemble".*

En se basant sur cette description du fédéralisme, on constate facilement qu'il est fondé sur une logique de diversité, de complexité d'organisation ayant pour souci de conserver leur diversité tout en mettant dans une organisation unique. Par conséquent, l'idée du fédéralisme récuse une centralisation de plus en plus significative. Il se veut une forme de grande autonomie juridique et politique caractérisant et respectant le particularisme de chacun tout en se mettant dans une logique de coordination et d'unité polarisée par une entité centrale. Le fédéralisme se veut donc une sorte *"d'unité dans la diversité"*. Dans le fédéralisme, les particularismes locaux et les diversités territoriales s'affirment de plus en plus et l'autonomie qui caractérise les entités locales est un attribut à chacune d'elle de jouir pleinement de sa différence politique, culturelle et géographique. Les institutions locales sont par conséquent adaptées à chaque territoire. L'origine du fédéralisme est très ancienne mais, l'origine de la forme moderne du fédéralisme est reconnue au système fédéral américain fondé par la Constitution américaine (A). Le fédéralisme est un système dont le fonctionnement est complexe. Ce dernier se base sur les principes d'autonomie et de participation (B).

A- Origines et fondements du fédéralisme

Le fédéralisme moderne a pour origine comme une invention américaine mais, l'existence des sociétés caractérisées par une certaine forme de fédéralisme date de très longtemps. Même si la notion du fédéralisme *ne figure guère dans les ouvrages de l'Antiquité classique de Platon, d'Aristote et leurs disciples* ; mais, selon François Borella, l'origine du fédéralisme pourrait remonter depuis le Moyen Âge pendant lequel se constituèrent des ligues fédérales, notamment de villes. Mais le concept en lui fut formulé pour la première fois par Johannes Althusius (1562-1638). Johannes Althusius en se basant sur les expériences du système suisse, hollandais ou germanique (Saint Empire romain germanique), il considérait la formation d'unions fédérales comme la base de toute politique. Dans sa célèbre *Politica* (1603-1610), il développe l'idée qu'un régime politique est une hiérarchie d'unions fédérales, commençant par le village et la guide pour aboutir à un empire. Selon François Borella, la pensée du Johannes Althusius représente un effort pour transformer la notion médiévale de hiérarchie féodale en celle d'une hiérarchie constitutionnelle moderne. Ainsi, depuis cette pensée de Johannes Althusius, le concept du fédéralisme n'a connu aucun développement pendant au moins cent cinquante ans (150 ans). Il a fallu attendre le mouvement fédéraliste américain pour faire évoluer le système et lui apporte des nouveaux fondements. La source d'inspiration américaine trouve son origine dans la pensée de Montesquieu. C'était vers 1748 qu'on a aperçu un développement du concept du fédéralisme avec les réflexions du Montesquieu dans son livre Esprit des lois. Montesquieu fut le premier à dégager clairement la nécessité d'un certain degré d'homogénéité dans un système fédéral. Bien que Montesquieu évoque l'idée du système fédéral avant l'affirmation du fédéralisme américain, la doctrine classique s'accorde majoritairement sur l'origine du fédéralisme moderne en se fondant sur le modèle fédéral américain. En effet, le fédéralisme moderne est perçu aujourd'hui comme une invention de l'État fédéral américain. Même si la création de l'État fédéral américain est inspirée en partie de la pensée de Montesquieu et d'autres qui avaient avant lui discuté du fédéralisme, il est aujourd'hui incontestable que l'État américain soit le premier État fédéral moderne au monde. Le fédéralisme américain est un système *sui generis* qui a eu un fort succès et une influence considérable sur les différents systèmes étatiques de nombreux États au monde.

Le fédéralisme américain est caractérisé par une forte autonomie des États fédérés vis-à-vis de l'État fédéral. Pour comprendre le fondement de ce système et les relations entre l'État fédéral et les entités fédérées qu'il structure, il est nécessaire pour nous de nous rappeler de l'histoire de la construction de l'État américain. Nous devons nous rappeler des conditions dans lesquelles est né l'État fédéral américain. En effet, la formation de l'État américain s'est faite à la suite de la contestation de l'autorité centrale britannique et à la Couronne par les 13 anciennes colonies britanniques d'Amérique. Le soulèvement contre l'autorité centrale a permis l'indépendance de ces 13 anciennes colonies britanniques, qui, chacune devient un État souverain. Cependant, ces États nouvellement indépendants ont très vite compris qu'ils pouvaient s'unir et créer une nation commune afin de pouvoir se développer. Mais, chaque État ne voulait pas perdre sa souveraineté et perdre également son identité. C'était pourquoi, dans un premier temps, ils ont décidé de s'unir dans une forme de confédération. En décidant d'accorder certaines compétences à la confédération et de garder l'essentiel. On est arrivé à la confédération à cause d'une méfiance envers une autorité centrale unique qui pouvait compromettre la souveraineté et l'autonomie des différents États. Cependant, cette forme d'alliance n'a pas marché, il y a eu des élites qui n'ont pas été satisfaites par la confédération et qui commencèrent à le contester. Il y a eu une manifestation de volonté d'aller vers une forme d'État plus unitaire pour pouvoir favoriser plus d'intégration entres les États.

La *Confédération de 1781 s'attachait à la situation concrète plus qu'à un principe abstrait. Les deux factions opposées centralistes et fédéralistes durent finalement s'entendre sur un compromis : un système fondé sur une nouvelle conception du fédéralisme qui combinent un exécutif fédéral puissant, deux chambres – l'une représentant la nation, l'autre les États –, un gardien juridique de la Constitution fédérale et une large garantie des droits et libertés civiques pour le citoyen. La Constitution ne se borne pas à la défense et à la sécurité, elle envisage aussi une économie nationale. Ce concept de fédéralisme repose sur la notion d'une double communauté, locale et globale, conçue de manière à favoriser l'harmonie du tout et à permettre le fonctionnement efficace d'un gouvernement local.*

En effet, le fédéralisme américain est né suite à l'échec de la confédération. Des élites socio-économiques se sont levées pour exiger des réformes de la confédération. Ils étaient très inspirés par un modèle d'État unitaire. Mais, les oppositions à un système unitaire centralisé sont très vives. La plupart des États étaient jaloux de leurs souverainetés et ne voulaient pas par conséquent se mettre dans une forme d'État qui restreint leurs autonomies. Ainsi, la Constitution de 1787 est adoptée dans une forme de compromis entre un modèle d'État unitaire reconnaissant un gouvernement central et un modèle d'État fédéral avec une forme de coopération, de participation, de collaboration et d'interdépendance. C'est pourquoi Madison, l'un des pères fondateurs disait : *"La Constitution proposée est donc... en terme strict n'est ni une Constitution nationale, ni une Constitution fédérale, mais une combinaison des deux"*. Cette expression illustre la volonté de certains pères fondateurs de vouloir instaurer une autorité centrale comme c'est le cas dans un États unitaires centralisé. Cette volonté de vouloir garder sa souveraineté serait due au fait que ces États viennent juste de sortir d'une dépendance vis-à-vis d'un pouvoir central britannique. Ces raisons qui sont liées à la formation même de l'État américain indépendant ont favorisé la création de ce système fédéral particulier qui est marqué par un fort dualisme. La nouvelle fédération américaine est composée de 50 états en plus du district de Columbia, qui est une circonscription fédérale. Tous ces États disposent de leurs propres gouvernements, chaque État fédéré a sa propre Constitution qui précise l'organisation des pouvoirs législatif, exécutif et judiciaire, qui inspirée profondément du modèle fédéral en règle générale. Chaque État fédéré dispose de sa propre organisation judiciaire au sommet de laquelle se trouve une Cour suprême. Les États fédérés peuvent également participer à la modification de la Constitution fédérale. Selon l'article IV de la Constitution, particulièrement en sa section 3, il dispose que : « le Congrès pourra décider d'admettre de nouveaux États dans cette union, mais aucun nouvel État ne pourra être formé ou crée sur le territoire soumis à la juridiction d'un autre État, aucun État ne pourra être formé par la réunion de deux ou plusieurs États, ou de parties d'États, sans l'accord des législatures des États concernés et du Congrès ». Cette disposition de la Constitution affirme explicitement la place des législatures des États fédérés dans la modification du territoire des ces États. Les États fédérés se gèrent également en autonomie dans le domaine des finances publiques. En application du Xème amendement, l'État fédéral et chacun des États fédérés gèrent leurs finances publiques de manière autonome et indépendante, selon une procédure et des règles qui leur sont propres. Concurrent à l'État fédéral, les États ont également la pleine compétence en matière fiscale. Les États ont également leurs propres systèmes législatifs et participent également au système législatif fédéral. Selon le principe de « *Supremacy clause* » ou principe de clause de suprématie posé par l'article VI alinéa 2, affirme un principe de la suprématie fédérale en déclarant que « la Constitution et les lois des États-Unis qui serviront à sa mise en œuvre et tous les traités déjà conclus sous l'autorité des États-Unis constitueront la loi suprême du pays ; ils s'imposeront aux juges de chaque État, en dépit de toute disposition contraire dans la Constitution ou les lois de l'État ». La Cour suprême des États Unis, dans sa décision du 24 Février 1803 Marbury/Madison dégage « le principe du contrôle judiciaire (judicialreview) de constitutionnalité des lois comme corollaire obligé du principe de suprématie constitutionnelle ». Ce principe n'est pas explicitement consacré dans la Constitution. Tous les tribunaux des États fédérés peuvent exercer ce contrôle et la cour suprême intervient par le jeu des recours. Pour conforter ce principe de suprématie fédérale, la Cour suprême dans sa décision du 2 mars 1824 Gibbons/Ogden nous dit qu'en cas d'une réglementation d'un État fédéré contraire à une réglementation de l'État fédéral, c'est ce dernier qui doit primer. La Cour suprême « a la charge de garantir l'interprétation et l'application uniforme du droit fédéral. Aujourd'hui, une importante part de l'activité de la Cour consiste à interpréter non seulement la Constitution, mais encore et surtout les lois fédérales et les règlements édictés par les multiples agences rattachées au gouvernement fédéral. Aux seins de chaque État, il existe des collectivités infra-étatiques. Ce sont les *"gouvernement locaux"* ou *"local government"*. Ce sont des collectivités qui n'ont pas une reconnaissance constitutionnelle, car la Constitution ne les mentionne pas. Les gouvernements locaux sont une pure création des états fédérés et ils sont dans une forte relation de dépendance vis-à-vis de ceux-ci. Leur fonctionnement était totalement sous la dépendance de l'État créateur. C'est ce dernier qui définissait ce qu'ils peuvent faire ou pas. La Cour suprême a conforté les États fédérés dans leur liberté de création de ces collectivités infra-étatiques. Les gouvernements locaux de certains états ont cependant évolué en bénéficiant d'une relative autonomie accordée par leurs états ; notamment en leur accordant la compétence en matière fiscale par exemple. Cette faculté de créer d'autres autorités locales reconnues aux États fédérés sans que l'État fédéral puisse intervenir illustre bien le degré d'autonomie des États fédérés. La Constitution fédérale adoptée en 1787 à Philadelphie a réglé les relations entre l'État fédéral et les États fédérés, particulièrement en ce qui concerne leurs compétences. Cette Constitution est le fruit d'une lutte contre l'instauration d'une autorité centrale forte, reléguant les compétences des États au second rang et le rejet d'une confédération qui n'est pas efficace. Ainsi, les États fédérés ont trouvé une place privilégiée dans cette nouvelle norme fondamentale. En effet, la Constitution reconnaît à l'État fédéral de compétence d'attribution d'une part et d'autre part, elle reconnaît aux États fédérés de compétence générale de droit commun. Cette répartition des compétences est affirmée par le Xème amendement de la Constitution fédérale qui dispose en ces termes : *" les pouvoirs qui ne sont pas délégués aux États par la Constitution, ni refusés par elle aux États, sont réservés aux États, ou au peuple"*. Ainsi, les États fédérés sont reconnus comme détenteurs des compétences de droit commun et par contre l'État fédéral bénéficie des compétences qui lui sont attribuées ou reconnues par les États fédérés. Il est attribué à l'État fédéral des compétences en matière des relations internationales. Sur le plan international, l'État fédéral est compétent pour conduire la politique internationale des États Unis. Il représente les États sur les scènes internationales, il négocie et signe les traités au nom des États unis. Bien que les États fédérés peuvent jouer un rôle en matière internationale mais cela reste marginal et exceptionnel. La compétence de principe en matière des relations internationales appartient à l'État fédéral et les États n'ont qu'une compétence d'exception. En matière de politique de défense nationale, la compétence est attribuée également à l'État fédéral. Ce dernier est compétent d'envoyer des troupes à l'étranger, de veiller à la défense nationale, à la défense du territoire des États Unis... Il est reconnu également une compétence de l'État fédéral en matière monétaire. En dehors des compétences qui sont reconnues à l'État fédéral par la Constitution, toutes les autres compétences relèvent des États fédérés. C'est pourquoi la doctrine parle des *"compétences d'attribution pour l'État fédéral"* et *"compétence de droit commun pour les États fédérés"*. Cette dualité des compétences a amené la Cour suprême des États-Unis de parler d'une "fédéralisme dualiste". Pour la Cour suprême, la constitution des États-Unis de 1787 en reconnaissant une compétence de droit commun pour les États fédérés et une compétence d'attribution pour l'État fédéral, elle a institué un fédéralisme dualiste qui "interdit en principe à l'État fédéral d'intervenir pour limiter les droits des États fédérés". Dans cette forme de dualisme, il est fait que chacun applique ses propres normes. Les autorités fédérales appliquent les normes de l'État fédéral et les autorités fédérées quant à elles appliquent les normes des

États fédérées. Dans le fédéralisme Allemand, ce sont les Länder qui appliquent la loi fédérale. Alors qu'aux USA ce sont les États qui appliquent les lois fédérées et l'administration fédérale quant à elle applique la loi fédérale.

Dans la relation entre l'État fédéral et les États fédérés et la répartition de leurs compétences, la Constitution de 1787 reconnaît une compétence spécifique très importante à l'État fédéral. C'est ce qu'on appelle la "clause de commerce" ; elle est une compétence prévue par les articles 1, 3 et 8 de la Constitution des États-Unis. Avec, les compétences en matière des relations internationales et celles en matière des défenses, il est reconnu également à l'État fédéral de réglementer le commerce entre les États fédérés et avec les tribus indiennes, mais, aussi il a la faculté de réglementer le commerce extérieur des États - Unis. Elle est une compétence très importante pour l'État fédéral dont il se sert bien dans ses relations avec les États fédérés. En cas de conflit en matière commerciale entre les États fédérés, c'est l'État fédéral qui intervient pour résoudre les problèmes. L'État fédéral à travers le congrès édicte des normes pour réglementer le commerce interne (entre les états fédérés) et externe des États-Unis. La réglementation en matière commerciale s'impose aux états fédérés. Cette clause de commerce à un champ d'application très vaste, touchant de nombreux domaines. Même si, la Cour suprême dans son interprétation du fédéralisme dualiste donne une image faible à la compétence de l'État fédéral dans ses relations avec les États fédérés, cette clause de commerce permet cependant à l'État de limiter les agissements des États fédérés dans des nombreux domaines en lien avec le commerce. Ainsi, l'État fédéral pourrait s'en servir de cette clause pour élargir ses compétences dans de nombreux domaines. La Cour suprême joue un rôle de contrôle des compétences entre l'État fédéral et les États fédérés. En analysant les relations entre l'État fédéral et les États fédérés, nous constatons que les deux entités sont marquées chacune par une forme de souveraineté. D'ailleurs, en se fondant sur l'analyse de Tocqueville, nous pouvons affirmer que l'État fédéral et les États fédérés partagent la souveraineté. Bien que le concept de "souveraineté partagé" soit parfois malmené par la doctrine. Dans le contexte du fédéralisme américain, la notion paraît acceptable. Certains théoriciens classiques reconnaissent la souveraineté comme seul attribut de l'État. En effet, même dans le cadre du fédéralisme, ils ne reconnaissent pas d'autre souveraineté que celle de l'État. Ainsi, Carré de Malberg affirmait : « A coup sûr, si le critérium de l'État est la souveraineté, les collectivités membres d'un État fédéral ne sont pas des États, car elles ne sont pas souveraines ». Pour Carré de Malberg la souveraineté est un attribut de l'État, dès lors, les entités fédérales ne pourraient bénéficier de souveraineté, car elles ne sont pas des États. Mais, pour Tocqueville, dans son analyse du fédéralisme américain, il reconnaît aux États fédérés la souveraineté, sans hésitation. D'ailleurs, il compare le fédéralisme américain avec les autres formes de fédération, en affirmant une particularité du système américain par rapport aux autres systèmes. Ce particularisme s'illustre par le fait que le fédéralisme américain " met nécessairement en présence deux souverainetés". Par ailleurs, dans l'étude récente de la notion de souveraineté partagée, de nombreux auteurs reconnaissent au fédéralisme américain l'existence d'un partage de souveraineté. Si nous analysons profondément, on peut expliquer l'existence de partage de souveraineté dans le système américain par des raisons qui sont liées à la formation de cet État. En effet, comme nous l'avons évoqué ci-haut, à la formation de la confédération et plus tard à la fondation de l'État fédéral le sentiment de préserver sa souveraineté pour chaque État était trop fort. Par conséquent, le système retenu semble être un compromis pour tous les États ; chacun peut préserver sa souveraineté tout en accordant une part de souveraineté à l'État fédéral. Par conséquent, la relation entre l'État fédéral et les États fédérés dans le système américain s'affirme par la présence de deux "souverains" qui se reconnaissent mutuellement dans leurs attributs et aussi dans leurs compétences. On peut dire que deux "souverains" qui se reconnaissent mutuellement et agissent dans le respect de l'attribut de chacun. Ce système américain si on se met dans une approche comparative avec les autres systèmes fédéraux, on constate que c'est une forme *sui generis*. En Angleterre, en Allemagne comme en Suisse, on ne peut pas constater une forme de partage de souveraineté entre l'État fédéral et les États fédérés comme ce qui est dans le système américain.

Le fédéralisme américain est créé au détriment de l'État fédéral. Les pères fondateurs ont accordé plus de compétences aux entités fédérées qu'à l'État fédéral. Cependant, au fur et à mesure, l'État fédéral a élargi ses compétences dans différents domaines. D'abord, en insérant dans la Constitution la clause de commerce, les rédacteurs de la Constitution de 1787 ont fourni un outil très important à l'État fédéral d'affirmer son autorité en matière commerciale. Comme le champ du commerce étant vaste et touchant plusieurs domaines, l'État fédéral profite de ce mécanisme pour élargir ses compétences. Parfois, la Cour suprême intervient pour limiter l'influence du gouvernement fédéral, mais, depuis la naissance du fédéralisme, la compétence de l'État fédéral n'a pas cessé de progresser. L'introduction dans la Constitution du Bill of right a accordé à l'État fédéral des compétences dans le domaine des droits de l'homme. Cela montre qu'au cours de l'évolution de la société et par l'apparition des besoins nouveaux, la configuration initiale des relations entre l'État fédéral et les États fédérés se modifie au profit de l'État fédéral. Depuis la fondation de la fédération, la configuration primaire des compétences de l'État fédéral a changé. Plusieurs nouvelles compétences sont apparues au profit de ce dernier. Le gouvernement fédéral profite parfois des crises pour accroître ses compétences dans des domaines relevant des États fédérés. Mais, les plus grands changements sont intervenus avec les crises économiques successives et la mise en place de la politique de "New Deal" par le gouvernement de Roosevelt. Avec cette politique, les compétences de l'État fédéral sont élargies en matière sociale. Depuis le "New deal" jusqu'à nos jours, les domaines d'intervention de l'État fédéral n'ont pas cessé d'accroître et le fossé avec la volonté des pères fondateurs s'est très élargi. Ainsi, les relations entre l'État fédéral et les États fédérés sont dans une forme de renouvellement. Le fédéralisme américain est aujourd'hui un fédéralisme évolutif.

Le fédéralisme américain incarne la fondation du fédéralisme moderne et la vieille démocratie au monde. Son fonctionnement caractérisé par une liberté extrême accordée aux États fédérés séduit de nombreux États aux mondes. Mais, il faut reconnaître que le système américain est *sui generis* et par conséquent difficile à l'adapter ailleurs. Aujourd'hui, il n'existe pas un modèle uniforme de fédération au monde. Chaque système correspond aux réalités de chaque pays. Certains États ont été séduits par le fédéralisme, mais finalement ils ont créé un système particulier qui ne répond pas aux exigences du fédéralisme classique. Par exemple, l'Éthiopie a voulu passer d'un État unitaire à un État fédéral, mais le système institué a finalement orienté le pays vers un fédéralisme ethnique. Les questions ethniques deviennent plus importantes et occupent une dimension importante dans les réformes postérieures. Donc, le fédéralisme est un système qui connaît aujourd'hui une évolution dans sa forme et s'adapte aux réalités de chaque pays mais, il y a des principes de base qui sont communs. Le fonctionnement du fédéralisme est par conséquent basé sur les principes d'autonomie et de participation.

B- Le fonctionnement du fédéralisme

Contrairement à la décentralisation administrative, le fonctionnement du fédéralisme est très complexe et appelle à une articulation entre deux niveaux de pouvoir, deux sphères territoriales et de deux niveaux de législation. L'autonomie accordée aux entités fédérées étant de plus en plus grande, le fonctionnement du fédéralisme est plus hétérogène que celui de la décentralisation administrative. Dans un souci de coordination et du respect des normes fondamentales, le système fédéral est caractérisé par des principes qui guident son fonctionnement. Si la décentralisation est guidée par le principe de libre administration et de l'autonomie financière, les principes qui guident le fédéralisme accordent encore plus d'autonomie, de liberté et des mécanismes participatifs aux entités fédérées. Le juriste George Scellea systématisé deux principes qui organisent le fédéralisme qui est devenu aujourd'hui fréquent de considérer que le fédéralisme est le résultat de ces deux principes. Ces principes sont entre autres : *le principe d'autonomie et le principe de participation.* Ce sont des principes moteurs pour le fonctionnement d'un État fédéral. Ces deux principes articulent le fonctionnement du fédéralisme. Ils reconnaissent à la fois l'autonomie des entités fédérées et en même temps ils définissent leurs marges de participation dans le fonctionnement de l'État fédéral. Comme nous l'avons dit, le fédéralisme s'exprime sur une conception de l'unité dans la diversité. Alors son fonctionnement se trouve nécessairement guidé par la reconnaissance d'une grande autonomie aux entités fédérées et leur reconnaît en même une faculté de participer au fonctionnement de l'État fédéral. Pour simplifier les deux principes qui guident le fédéralisme, nous allons les schématisés de la façon suivante :

Les principes organisateurs du fédéralisme

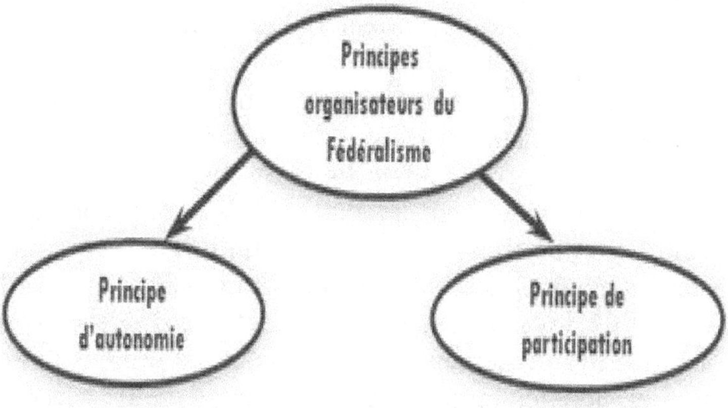

Source : Professeur Michel Verpeau

Le principe d'autonomie se caractérise par le fait qu'il existe deux États qui se superposent. Puisque l'État fédéral est une forme d'État composé, il est par conséquent marqué par deux niveaux États dans lesquels doivent se trouver les trois éléments constitutifs d'un État que sont le territoire, la population et un pouvoir politique (caractérisé par la Constitution). Ainsi, il existe deux territoires et le territoire fédéral est la somme des territoires fédérés. Au niveau de la population, l'État fédéral englobe deux populations car chaque individu se dédouble en citoyen fédéral et en citoyen fédéré. Enfin, dans le fédéralisme sont consacrés deux pouvoirs politiques organisés par deux constitutions distinctes et se superposent. Pour organiser le fonctionnement de l'État fédéral, il faut alors organiser un partage des compétences, qui repose, souvent, sur la distinction entre la compétence générale ou de droit commun donnée au niveau fédéré et la compétence d'exception ou d'attribution confiée au niveau fédéral. Mais, il faut nuancer que tous les États fédérés ne partagent pas les compétences de la même façon. Certains confient les compétences de droit communs à l'État fédéré tandis que d'autres les confient à l'État fédéral. Dans le cas où les compétences de droit commun sont confiées au niveau fédéré ; la première compétence est, en principe, d'interprétation large : c'est-à-dire le niveau fédéré est compétent pour toutes les affaires ou matières sauf celles qui sont observées au niveau fédéral. Par contre, la seconde compétence est de portée limitée et s'interprète restrictivement : elle consiste en une énumération au profit de l'État fédéral. Par exemple aux États-Unis et en Suisse, les institutions réservent la compétence de droit commun aux États fédérés et l'État fédéral se contente de certaines attributions. Mais c'est un peu l'inverse au Canada où les provinces ont des compétences résiduelles, d'où la permanence du problème québécois. Mais, la Constitution allemande met en place trois listes (articles 70 et suivant). Les deux premières sont relatives à la compétence exclusive de la Fédération (Bund) et à celle des Länder. La troisième concerne la compétence partagée ou concurrente entre la Fédération et les Länder. Dans ce cas, les Länder peuvent légiférer mais la Fédération a le droit de légiférer s'il apparaît un besoin de législation fédérale, en faisant application du principe de subsidiarité.

En ce qui concerne le contenu des compétences, la distinction se fait globalement entre les compétences externes et les compétences internes, les premières étant réservées à l'État fédéral. Les relations avec l'étranger sont confiées à l'État fédéral puisque c'est lui qui dispose seul de la souveraineté internationale (domaines diplomatique, militaire, économique, monétaire, citoyenneté et nationalité). *Mais il existe des exceptions* : le Québec (province) a signé directement un accord avec la France dénommé « entente » et il dispose à Paris d'une délégation générale qui jouit d'un statut diplomatique. Du temps de l'U.R.S.S., l'Ukraine bénéficiait d'un siège à l'O.N.U, au nom de son ancienne indépendance, retrouvée depuis. Les États membres gardent un pouvoir d'auto-organisation interne, qui se manifeste par une Constitution par État, un parlement (Congrès de l'État aux États-Unis) et un exécutif. Par exemple : Le gouverneur d'un État américain est l'équivalent local, et lui aussi élu président des États-Unis. Le Ministre-président de chaque Land en Allemagne est l'équivalent du Chancelier fédéral. Une organisation juridictionnelle distincte peut exister d'un État à un autre. Plus symboliquement, chaque État possède son drapeau et un hymne distinct comme en Bavière ou dans les États américains. Sur les matières réservées aux États fédérés, la législation peut être différente. Par exemple : Il est plus facile de divorcer à Las Vegas (Nevada) qu'ailleurs, la peine capitale ne s'applique pas de la même manière, l'avortement est admis ou aboli dans certains États… L'État fédéré est donc a priori très différent de la collectivité décentralisée, pour laquelle l'autonomie n'est qu'administrative. Bien sûr, chacun de ces États fédérés est lui-même un État unitaire avec ses collectivités décentralisées, qui peut comprendre des entités correspondant aux départements et communes français, sur lesquelles il exerce un contrôle qui ressemble à la tutelle la protection du partage des compétences se fait en principe par la voie juridictionnelle, qui vient réguler et protéger le fédéralisme inscrit dans la Constitution fédérale, comme une sorte de contrat qu'il faut protéger. Cette juridiction est donc constitutionnelle, prévue par la Constitution et chargée de faire respecter cette dernière. La Cour suprême aux États-Unis, la Cour constitutionnelle allemande, sont des juridictions de ce type. Elles contribuent en pratique à renforcer le centralisme juridique, et donc politique.

Le principe de participation : Les États fédérés sont associés à l'organisation de l'État fédéral ainsi qu'à la révision de la Constitution fédérale, ce qui est logique puisque l'État fédéral résulte au départ d'un accord volontaire entre les États membres. La gestion de l'État fédéral par l'intermédiaire d'organes fédéraux ; *il existe dans tout État fédéral une seconde chambre où siègent des représentants des États membres*, afin que ceux-ci soient représentés au même titre que la population qui, elle, l'est dans le cadre d'une première chambre. C'est le cas aux États-Unis, avec le Sénat, distinct de la Chambre des représentants et en République fédérale allemande, où le Bundesrat, Chambre des États ne se confond pas avec le Bundestag, Chambre du peuple. Le Sénat américain participe, par exemple, à l'œuvre législative et budgétaire mais aussi participe à certaines attributions de l'exécutif par ratification des traités et confirmation de la nomination à des emplois ou postes fédéraux, comme les « ministres » fédéraux ou les membres de la Cour Suprême. En matière des affaires étrangères, le Sénat américain dispose d'un pouvoir dépassant celui de la chambre des représentants. C’est le Sénat qui entérine la nomination d’un ambassadeur et il contrôle l’action étrangère de l'exécutif. En Allemagne, l’article 50 de la Loi fédérale allemande prévoit que le Bundesrat soit composé de membres des gouvernements des Länder. Par son intermédiaire, les « *Länder participent à la législation et à l'administration de la fédération* ». La représentation au sein de cette seconde assemblée peut être égalitaire, avec un nombre identique de membres par État comme aux États-Unis avec le Sénat. En Suisse, « *les cantons d'Obwald, de Nidwald, de Bâle-Ville, de Bâle-Campagne, d'Appenzell Rhodes-Extérieures et d'Appenzell Rhodes-Intérieures élisent chacun un député ; les autres cantons élisent chacun deux députés* »[137]. Elle peut ne pas l'être et tenir compte d'une pondération différente selon la taille ou la démographie des États, comme en République fédérale d'Allemagne.

La désignation de l'Exécutif fédéral peut aussi faire intervenir les États membres. C'est le cas de l'élection du Président des États-Unis, qui n'est pas élu au suffrage universel direct, mais avec un mécanisme de décompte des mandats électoraux par État. La modification de la Constitution fédérale : Celle-ci suppose l'approbation des États membres et c'est la garantie majeure. Le « contrat » initial ne peut être modifié sans l'accord de tous ou d'une majorité qualifiée, des deux tiers ou des trois quarts des États fédérés. Ainsi, aux États-Unis, un amendement à la Constitution ne peut être adopté que s'il est adopté à la majorité des deux tiers des Chambres du Congrès, où siègent des représentants des États et s'il est ratifié par au moins les trois quarts des "*législatures*" ou "*Congrès fédérés*". Il y a donc des difficultés sérieuses pour réviser la Constitution mais ces contraintes sont volontaires, afin de protéger l'équilibre entre la Fédération et les États fédérés. C'est pourquoi la Constitution américaine reste la moins révisée.

---

[137]Art 150 de la Constitution de la Suisse de 1999.

En analysant les exigences d'un État fédéral, nous constatons que les réalités actuelles du Tchad sont inadaptées à supporter les mutations vers ce système très contraignant tant dans son fonctionnement que dans sa structuration.

II- Inadaptation du fédéralisme aux réalités actuelles du Tchad

L'État jacobin avec sa centralisation administrative a bien marqué l'histoire politico-administrative du Tchad. Il devient presqu'une identité de l'organisation territoriale de la République du Tchad qui n'arrive pas à se débarrasser malgré une évolution récente vers un système plus décentralisé du moins théoriquement. La culture administrative profondément ancrée de la centralisation, confortée par les difficultés des ressources financières et humaines que rencontre l'État tchadien empêchent la décentralisation à bien s'affirmer sur le plan pratique. Mais, il y a aussi des conséquences qui sont liées à l'histoire politique du Tchad et qui pourraient être un fardeau pour mettre en œuvre toutes réformes tendant à accorder plus d'autonomie aux territoires. En effet, le Tchad est actuellement trop fragile. Il connaît aujourd'hui des fragilités institutionnelles, politiques, administratives, économiques, sociales et sociologiques très profondes. Ces fragilités sont les conséquences de son histoire politique depuis l'indépendance jusqu'à nos jours qui est jalonnée par des crises politiques et des guerres civiles. Celles-ci ne permettent pas d'engager aujourd'hui des réformes en faveur de la fédération sans s'attendre à des effets indésirables capables de paralyser le pays(A). Au-delà de ces fragilités typiquement liées aux structures actuelles du pays, il faut aussi reconnaître que le fédéralisme est un système complexe et son fonctionnement impose des contraintes particulières. Ce qui fait que pour réussir une mutation vers un système fédéral, il y a des conditions qu'il faudrait être capable de les assumer. La complexité liée au fonctionnement du fédéralisme pose aussi des difficultés pour que le Tchad puisse amorcer une mutation dans des bonnes conditions vers ce système (B).

A- Conséquences de l'histoire politico-administrative du Tchad

Depuis l'échec de l'État unitaire et la crise de sa légitimité à assurer le développement local, la cohésion sociale et la sécurité des biens et des personnes sur l'ensemble du territoire national, des débats sont constamment ouverts sur le choix de formes de l'État qui pourrait être la plus efficace. La cohésion ébranlée entre les fils du Tchad, l'échec d'assurer une paix durable et la stabilité des institutions de l'État, l'incapacité de mutualiser et d'harmoniser les activités agropastorales sont autant d'arguments en défaveur de l'État unitaire. Dès lors, des sentiments fédéralistes se sont affirmés et se cristallisent de plus en plus. On ne rate aucune occasion pour les mettre sur la table lors des grandes rencontres nationales. En outre, le retard de mise en pratique des réformes opérées en faveur de la décentralisation donne de plus en plus raison aux fédéralistes de croire fermement au fédéralisme qui serait pour eux le seul qui pourrait sauver le Tchad. Mais, la dernière réforme institutionnelle de 2020 a derechef tranché en faveur de la décentralisation en gardant les échelons décentralisés à deux niveaux opérés par la Constitution de 2018. Mais, les événements du 20 avril 2021 entraînant la mort inattendue du Président de la République en exercice le Maréchal Idriss Déby Itno ont favorisé un basculement institutionnel. Le régime de la quatrième République a été dissous et une transition a été mise en place pour préparer et mettre en place un nouveau système institutionnel. À cet effet, une concertation entre les différentes forces vives du pays est organisée sous la dénomination de Dialogue national inclusif (DNI). Cette plateforme a pour but de dialoguer sur les différents aspects qui touchent à la vie économique, politique, administrative, judiciaire, sociale, militaire et institutionnelle du pays. Pendant la préparation de ces assises, la question de la forme de l'État revient encore une fois de plus et pareillement l'éternelle question de choix entre un État unitaire fortement décentralisé ou un État fédéral revient sur la table comme d'habitude. La problématique est débattue pendant les assises du DNI qui a eu lieu en août 2022. Il est alors décidé que la question du choix de la forme de l'État soit tranchée par voie référendaire. La question sera directement soumise au peuple tchadien qui tranchera par référendum s'il faut garder la décentralisation ou s'il faut aller vers un système fédéral. La grande ambiguïté se trouve sur l'adverbe "fortement" qui accompagne le mot décentralisé, car on sait que la fédération est aussi une décentralisation constitutionnelle, donc la fédération est aussi une forte décentralisation très forte que les entités locales dans leur fonctionnement prennent la forme d'un micro État. En effet, la fédération est une décentralisation effectuée à outrance en octroyant aux entités locales la compétence législative et constitutionnelle et un gouvernement local. Ainsi, s'il faut décentraliser fortement l'État, la question se pose alors sur les limites de cette décentralisation : une simple décentralisation administrative, ou une décentralisation législative avec des pouvoirs législatifs aux régions comme le sont les États régionaux ou encore une décentralisation constitutionnelle typiquement au fédéralisme ? Cet adverbe "fortement" qui accompagne tout le temps le mot décentralisé risque de nous conduire dans la situation de 1996 où la Constitution a opéré quatre niveaux de décentralisation administrative qui sont accompagnés dès le premier acte de décentralisation par d'incroyables transferts des compétences aux collectivités territoriales. Les effets secondaires furent l'incapacité de l'État à assurer les réformes par ses difficultés à transférer les ressources nécessaires pour la mise en œuvre de cette décentralisation. Ainsi, même si le constituant arriverait à retenir une forme de décentralisation administrative dans ce qu'on appelle "fortement décentralisé", il faut se rappeler de l'échec de la décentralisation opéré par la Constitution de 1996. Donc, on se remettra encore dans le sentier battu. Ainsi, pour dire dans un premier temps que le fédéralisme est inadapté aux réalités actuelles du pays, nous devons nous référer principalement aux expériences vécues avec les réformes de la décentralisation de 1996. Une forme de décentralisation administrative à la limite de l'État régional avec un transfert important des compétences et avec plusieurs niveaux de décentralisation, mais finalement l'État s'est montré incapable d'assurer l'effectivité de cette décentralisation. Les conditions financières et techniques de l'État tchadien n'ont pas changé donc, nous imaginons qu'il serait encore très difficile pour lui d'honorer la concrétisation d'un système fédéral. Les conséquences de l'histoire administrative pèse toujours et pourrait constituer une entrave à la mutation vers la fédération.

Pour soutenir encore que le fédéralisme est aujourd'hui inadapté aux réalités du Tchad, cela s'expliquerait aussi par les conséquences de l'histoire politique de notre pays qui est marquée par des crises profondes et des interminables guerres fratricides qui constituent aujourd'hui un lourd fardeau à supporter. Ces conséquences de l'histoire politique s'ajoutent à celles de l'histoire administrative du Tchad, elles ont produit des situations défavorables pour une large autonomisation des territoires. En effet, le Tchad est dès sa création comme

État indépendant, fondé sur des principes d'État unitaire très centralisé. Ce choix est lui aussi le fruit de la colonisation française qui a transmis au jeune État tchadien sa conception de l'organisation territoriale de la République qui en devient par la suite son identité. La colonisation française a entamé une relative unification territoriale du Tchad malgré la diversité ethnique, culturelle et régionale impressionnante du pays. L'objectif était l'assimilation à la République française pour forger des idées partagées avec la nation française. C'était un processus de création d'une nation française accessoire pour l'incorporer à la grande nation française et dans l'ensemble pour former à terme un État-nation français regroupant les autres territoires africains de colonie française avec la métropole pour former un grand ensemble fédéral de la France. L'objectif du Général De Gaulle dans son projet constitutionnel en 1958 était de créer un "État fédéral français" pour répondre à la crise de la décolonisation. Mais, l'échec de ce projet et les indépendances inattendues et précipitées des colonies françaises d'Afrique ont permis l'émergence sur la scène internationale de plusieurs États africains indépendants. Ainsi, le Tchad est devenu aussi un État indépendant issu de la colonisation française. Il échappe ainsi à ce grand projet d'appartenance, d'assimilation et d'incorporation à la nation française et au territoire géographique de l'État de la France. Par ailleurs, il faut aussi admettre que le projet d'assimilation à la nation française a favorisé une relative homogénéité du territoire et des populations du Tchad malgré la complexité ethnique, culturelle et régionale du pays. En effet malgré la faible colonisation, le territoire tchadien précolonial qui est la somme des plusieurs entités territoriales autonomes les unes aux autres et sur lesquelles régnaient des chefferies généralement basées sur des regroupements ethniques, il se trouvait au moment de l'indépendance un territoire relativement unifié sur lequel règne aussi relativement un seul ordre juridique suprême et organisé selon des principes hérités du système administratif territorial du pays colonisateur. Des principes d'organisation administrative qui devient aussi l'identité qui marquera l'État tchadien pour plusieurs décennies. Mais, en réalité cette forme d'État ne correspond pas à la nature et à la forme géographique du pays. La grandeur du territoire, sa complexité géographique et sa sociologique auraient pu faire de lui un État fédéral. Mais comme le fédéralisme n'était pas le système d'organisation territoriale de la France, pays colonisateur, alors le Tchad adopte l'organisation administrative qu'il a connu pendant la colonisation. Si par exemple le Tchad avait été colonisé par l'Angleterre, il aurait pu être sans difficulté un État fédéral. D'où l'importance de comprendre que le choix de forme d'un État s'il était colonisé serait forcément influencé par celui du pays colonisateur. En effet, le Nigeria et le Soudan se trouvaient dans la même configuration que le Tchad, ils ont choisi un système fédéral au lieu de s'organiser en État unitaire centralisé comme fut le Tchad. Ce qui explique que l'influence du système de l'État colonisateur est très forte pour déterminer la forme d'un nouvel État qui sort de la colonisation. Cette histoire administrative est importante. En analysant la socio-genèse des différents États issus de la colonisation, on aperçoit facilement qu'ils ont presque dans leur quasi-totalité continué sur la même forme d'État que celui de leur colonisateur. Cela s'explique par le fait que les leaders politiques au moment des indépendances ont été formés dans les systèmes des pays colonisateurs, ils ont été également familiarisés à leurs institutions et à leurs fonctionnements. C'est pourquoi, au moment de l'indépendance, ils ne peuvent opter que pour le modèle qu'ils maîtrisent le plus ; le modèle qui inspire est forcément celui qu'on connaît le plus. On pourrait se mettre d'accord qu'il est plus facile pour des leaders issus de la colonisation française de connaître les tenants et les aboutissants d'un État unitaire que ceux d'un État fédéral. Ainsi, ils pouvaient être alors inspirés pour le choix d'un État unitaire que celui d'État fédéral. Parallèlement, il y a aussi une autre raison qu'on pourrait avancée ici ; c'est celle des difficultés financières et économiques de ces jeunes États qui sortent de la colonisation. Surtout pour les États africains, la forme d'organisation institutionnelle de la fédération est trop coûteuse et leurs ressources limitées ne leur permettaient pas d'assumer efficacement les charges de fonctionnement d'un tel système. Ce sont des arguments qui peuvent être bien contestables mais ils sont aussi très valables. L'analyse empirique de façon globale des États issus de la colonisation montre que dans un premier temps les difficultés budgétaires pour ces États étaient vraiment réelles. Mais le poids de la tradition institutionnelle était grand. La grande majorité des États nouvellement indépendants en Afrique francophone ont choisi la même forme d'État que celle de l'État colonisateur et que par la suite, certains ont tenté de choisir une autre forme ; mais cela reste quand même très minime. Il peut y avoir des résistances aux sentiers battus et la mutation vers un autre système serait de plus en plus compliquée. Le fait de s'organiser en forme unitaire pendant plusieurs décennies sans mutation progressive rend le fédéralisme difficilement acceptable. L'État unitaire tchadien dans sa fonction traditionnelle occupe une place importante dans l'esprit collectif des cadres et des élites tchadiens. Même si la volonté d'aller vers un système fédéral est aujourd'hui affichée, l'institution d'un tel système serait difficilement adaptable si on n'avait pas procédé par incrémentalisme. Car, l'histoire douloureuse du Tchad a creusé un fossé dans l'unité du Tchad et pèse sur la réussite d'un passage vers un système fédéral.

Dans le cadre de l'histoire du Tchad, dès la proclamation de la République en 1958, le choix a été fait d'adopter une forme d'État unitaire décentralisé, établie par la Constitution du 31 mars 1959. Comme mentionné précédemment, ce choix était influencé par le système français de l'époque. Cependant, il est important de noter que cette Constitution a été adoptée avant l'indépendance du Tchad, ce qui présente un risque de continuité des décisions institutionnelles prises par cette Constitution.

Après l'indépendance en 1960, avec le régime du feu Ngarta Tombalbaye en tant que premier Président de la République, il est apparu que le jeune gouvernement n'était pas favorable au système décentralisé, malgré certaines lois initiales en faveur de la décentralisation. Le régime cherchait plutôt à exercer un contrôle total sur le pays et n'appréciait pas le système décentralisé, qu'il considérait comme accordant trop de libertés aux collectivités territoriales. Les autorités de l'époque souhaitaient revenir à un système fortement centralisé pour mieux administrer les populations et contrôler le territoire. L'objectif était également de centraliser l'administration afin de renforcer l'unité nationale et territoriale, accélérant ainsi la construction de l'État-nation.

Un autre objectif était de rationaliser les dépenses publiques de l'État, car la décentralisation représentait un coût élevé. À cette époque, l'administration centrale était déjà confrontée à des problèmes de financement. Cependant, sans s'en rendre compte, cette ultra-centralisation a eu des conséquences négatives qui se sont rapidement manifestées. La forte centralisation de l'appareil administratif de l'État pendant la première République a favorisé l'émergence d'une dictature, alimentée par le désir croissant de contrôler profondément la société. Les autorités administratives sont devenues très autoritaires.

En raison du manque de cadres administratifs formés, la gestion du territoire était confiée à des individus ayant une connaissance politique, juridique et managériale limitée. L'action administrative reposait principalement sur l'arbitraire et la violence, dictée par les humeurs des dirigeants, au lieu de se conformer au droit et à l'éthique administrative. Les conséquences ont été la première révolte paysanne dans le nord du pays, qui a débuté le 20 octobre 1965 à Mangalmé en raison d'une mauvaise gestion administrative.

En effet, les paysans ont refusé de payer des impôts et de souscrire à l'emprunt national en raison de mauvaises récoltes causées par des conditions météorologiques défavorables. Le Sous-préfet de la région a ordonné l'exécution du chef de canton chargé de la collecte des recettes dans sa localité, ce qui a provoqué la colère des populations et a déclenché de violentes révoltes paysannes. Ces révoltes ont ensuite été la source d'éléments déstabilisateurs dans le processus de construction de l'État-nation tchadien. La répression de cette révolte paysanne a été d'une extrême violence, entraînant de nombreux décès, des blessés et de vastes arrestations. Cette répression est perçue comme étant dirigée par le pouvoir sudiste et chrétien à l'encontre des populations du nord musulman. Des discours politiques ont envenimé la situation, incitant à une lutte politico-militaire. En conséquence, en 1966, un congrès révolutionnaire à Nyala, au Soudan, a donné naissance à une rébellion armée, qui était une conséquence directe des révoltes paysannes de Mangalmé en 1965, ainsi que des arrestations massives de leaders politiques originaires du nord et de confession musulmane à N'djamena en 1963.

Cette rébellion armée, connue sous le nom de Front pour la libération nationale du Tchad (FROLINAT), visait à renverser le régime du Président Tombalbaye, jugé trop exclusif et violent envers les tchadiens du nord musulmans, et à instaurer un régime plus égalitaire. Ce mouvement armé a été le premier d'une longue série de guerres fratricides interminables qui ont contribué à la division idéologique, sociologique et politique du Tchad, cristallisant ainsi les sentiments régionalistes, religieux et communautaires. L'unité de l'État a été fragilisée et le processus de construction d'un État-nation a été compromis. Cela a ouvert la voie à une longue série de conflits, dont le plus important a été la guerre de 1979.Une guerre civile mémorable a éclaté au Tchad, divisant le pays en plusieurs factions politiques. Cette guerre a été initiée par un coup d'État du Conseil supérieur militaire (CSM) qui a renversé le Président Tombalbaye, en place depuis l'indépendance. Le 13 avril 1975, un groupe de militaires a pris le pouvoir en assassinant le Président et le Général Félixe Maloum a été désigné Président du Conseil supérieur militaire (CSM) chargé de diriger la transition.

Par la suite, un accord de paix a été conclu en 1978 avec une faction dissidente du mouvement rebelle armé FROLINAT, connue sous le nom de Conseil de commandement des forces armées du Nord (CCFAN), dirigée par Hissein Habré. Suite aux accords de Khartoum, Hissein Habré est revenu à N'djamena et a été nommé Premier ministre. À cette époque, l'appareil administratif et militaire du pays était perçu comme étant exclusivement contrôlé par les habitants du sud du pays, d'où étaient issus les deux premiers Présidents. Hissein Habré a donc demandé un partage du pouvoir, qui lui a été accordé. Il a formé un gouvernement paritaire Nord/Sud composé de seize membres.

Ce qui aurait pu être un compromis définitif s'est transformé en guerre entre les factions dirigées par Habré et Malloum. Cette guerre s'est rapidement transformée en une guerre civile qui a duré neuf mois dans la capitale. Cette guerre a cristallisé la notion de division Nord/Sud dans la politique tchadienne, alimentant l'idée d'une division basée sur des critères géographiques, ethniques, régionaux et religieux.

Par la suite, les idées fédéralistes et sécessionnistes ont trouvé leurs fondements dans les frustrations découlant des conséquences de cette guerre civile de 1979 et du basculement du pouvoir politique vers le "Nord". Il est également important de noter que les conséquences de cette guerre ont été si marquantes que l'État central tchadien s'est révélé incapable d'assurer une administration efficace du territoire national pour réconcilier les Tchadiens et maintenir une certaine cohésion entre eux. Les frustrations sont encore exacerbées par les conflits entre agriculteurs et éleveurs, amplifiés par l'échec de l'administration territoriale.

L'État tchadien a échoué dans sa tentative de contrôler totalement l'administration de son territoire. Il existe des zones où l'État est absent, où aucune structure administrative ou service public n'est présent. De même, l'autorité de l'État est souvent contestée et mise à l'épreuve dans les endroits où sa présence est notée. Les conflits de type agriculteurs/éleveurs impliquent fréquemment l'utilisation d'armes de guerre. Généralement, ce sont les éleveurs du nord qui les utilisent, ce qui laisse supposer une proximité avec les autorités militaires du pays. Qu'il s'agisse d'une supposition fausse ou réelle, le fait que ces armes soient entre les mains des éleveurs suscite chez les agriculteurs du sud un sentiment d'oppression perpétrée par l'appareil d'État à travers les éleveurs qu'il aurait armés.

Pourtant, la réalité est bien différente. Les conflits entre agriculteurs et éleveurs ne se limitent pas au sud. Même dans le nord, ces conflits existent et sont tout aussi meurtriers. Les causes de ces conflits découlent d'un déficit administratif et sécuritaire de l'État. Il convient également de souligner les difficultés auxquelles l'administration locale est confrontée pour gérer la cohésion entre agriculteurs et éleveurs dans un même espace, afin d'assurer l'équité et l'harmonie. En réalité, il s'agit d'un problème de gestion administrative des individus et de l'espace, et non d'une oppression ethnique ou régionale voulue et entretenue par l'État.

Les hommes politiques exploitent souvent ces conflits agriculteurs/éleveurs à des fins politiques. À travers des discours biaisés, ils contribuent davantage à diviser le pays. Ces conflits entre agriculteurs et éleveurs alimentent encore davantage les débats sur le fédéralisme et la division du pays en deux parties.

De plus, il convient d'ajouter à cela la mauvaise gestion des ressources pétrolières qui n'a pas favorisé le développement de la région productrice. Ces lacunes sont exploitées par certaines élites du sud pour nourrir des sentiments fédéralistes, voire même de sécession entre le Nord et le Sud du pays. Les sentiments de repli communautaire et régionaliste s'intensifient, et la fédération est perçue par certains comme une solution adéquate pour résoudre tous ces problèmes. Le choix en faveur de la fédération est une réponse aux frustrations d'une partie des élites originaires du Sud. Cependant, ce choix n'est pas guidé par une rationalité quant aux avantages et inconvénients du système fédéral en général. Leur vision se limite uniquement à l'autonomie accordée aux régions par la fédération. Cette autonomie est perçue comme une indépendance des régions leur permettant de décider librement de tous les aspects de gouvernance régionale. Est-ce que la fédération permettrait de limiter les déplacements des habitants du Nord vers le Sud ? Ou serait-il possible de leur imposer des règles de conduite spécifiques ? Rien n'est certain à ce sujet. Le fédéralisme ne favorise pas la discrimination entre les citoyens. Les règles établies par les États fédérés s'appliqueraient à tous les citoyens, sans discrimination. Par conséquent, la fédération ne changerait rien en ce qui concerne la liberté de mouvement des citoyens. Chaque citoyen a le droit de s'établir sur l'ensemble du territoire national. Le fédéralisme est un choix aveugle. On ne se demande pas si les réalités actuelles du Tchad permettraient un fonctionnement adéquat de la fédération. En analysant les arguments de ceux qui militent en faveur de la fédération, on constate qu'il s'agit plutôt d'un choix passionnel. Ils souhaitent la fédération en pensant que ce système est la réponse à leurs frustrations politiques, économiques, sociales et sociologiques. Les frustrations accumulées par un groupe d'individus ont un impact sur la coexistence entre les citoyens tchadiens. Ainsi, pour certains, il est nécessaire de scinder le pays. Cependant, si la scission n'est pas possible, ils optent pour une fédération. C'est en réalité l'idée qui se cache derrière le choix du fédéralisme.

Lorsque l'on examine l'histoire du Tchad, on constate que les événements politiques ont engendré une division entre les Tchadiens. La citoyenneté est souvent mise de côté au profit de l'ethnicité. Les sentiments d'appartenance à une ethnie sont plus forts que l'identification en tant que citoyens unis par les lois générales et impersonnelles du pays. Aujourd'hui, les divisions ethniques et communautaires prennent de l'ampleur, au détriment de la conscience nationale et citoyenne. Même les différents mouvements politiques qui ont cherché à accéder au pouvoir politique se sont souvent formés autour d'alliances ethniques et communautaires. Lors des récentes élections présidentielles de notre jeune démocratie, les choix des candidats sont souvent influencés par des considérations ethniques et communautaires. Cela explique clairement pourquoi l'adoption d'une fédération basée sur des critères géographiques serait difficile. Même si, dans un premier temps, il serait possible d'établir un système fédéral classique par imitation juridique, son fonctionnement pratique poserait des problèmes. Il existe un risque significatif de glisser vers un fédéralisme ethnique, comme c'est le cas en Éthiopie. En effet, l'Éthiopie était initialement un État unitaire très centralisé, dont le fonctionnement était dominé par un groupe ethnique majeur. Cela a rapidement suscité des revendications en faveur d'un fédéralisme. Finalement, le système adopté est devenu un fédéralisme ethnique, avec neuf grands groupes ethniques constituant le pays. Cependant, cela n'a pas réussi à résoudre les problèmes de tendances sécessionnistes ni à éviter les guerres civiles. L'Éthiopie est actuellement confrontée à une guerre avec les indépendantistes Tigréens. Cet exemple éthiopien illustre clairement que dans une fédération où les grands groupes ethniques s'affirment, le fonctionnement devient de plus en plus crucial et il est difficile de garantir les droits des minorités. Le contexte tchadien présente de nombreuses similarités avec celui de l'Éthiopie. Nous avons récemment observé une prolifération de drapeaux ethniques qui sont arborés fièrement et partout, symbolisant l'appartenance à un groupe ethnique spécifique. Les drapeaux des ethnies suivantes ont été constatés : Toubou, Zaghawa, Kanembou, Ouaddaï, pour n'en citer que quelques uns. Cette manifestation d'appartenance aux grands groupes ethniques laisse entrevoir la forme d'autonomie qui pourrait résulter de cette mentalité. Il s'agirait probablement d'une autonomie ethnique, préfigurant potentiellement un fédéralisme ethnique. En se basant sur ces constatations, on peut conclure que l'histoire tumultueuse du Tchad a fragilisé l'unité et l'harmonie nationales.

La fragilité du Tchad est aujourd'hui plus prononcée qu'au début de son indépendance. Bien que le pays dispose aujourd'hui d'une ressource humaine mieux formée par rapport aux années 60, il reste politiquement, institutionnellement, économiquement, administrativement, socialement et sociologiquement très vulnérable. Les structures administratives sont délabrées, l'unité nationale est compromise, la cohésion sociale est ébranlée et l'ethnicisme et le communautarisme se renforcent. Cette instabilité institutionnelle et politique chronique se manifeste par une dépendance accrue à l'égard des institutions financières internationales et des partenaires financiers et techniques bilatéraux. Une telle situation ne favorise pas l'établissement d'une fédération, qui exige des aspects politiques, économiques, sociologiques, structurels, institutionnels et fonctionnels rigoureux. De plus, la fédération nécessite une ressource humaine abondante pour assurer son bon fonctionnement. Par conséquent, la situation actuelle du Tchad ne permet pas de fournir les ressources nécessaires au fonctionnement d'un système fédéral. De plus, la majorité de la population rurale est analphabète et ne comprend pas le concept du fédéralisme ni aussi son fonctionnement. Les manipulations des élites pourraient susciter des sentiments sécessionnistes ou des divisions ethniques si la fédération voulue ne produit pas les résultats escomptés. Il est important de reconnaître que les revendications en faveur de la fédération sont souvent motivées par des frustrations politiques de certaines élites, plutôt que par un véritable désir de favoriser le développement des territoires. Par conséquent, compte tenu de notre histoire politique, il serait risqué d'adopter un système fédéral dans les conditions actuelles du Tchad.

Depuis 1960, l'administration tchadienne est caractérisée par une centralisation. Le système d'État unitaire centralisé mis en place dès l'indépendance est devenu familier au Tchad. Ce système a permis au gouvernement de fonctionner sans trop de contraintes budgétaires et de ressources humaines. Les chefferies traditionnelles se sont intégrées à ce système et sont réticentes à tout changement institutionnel local. Elles s'opposent déjà à la décentralisation, qui remettrait en question leur légitimité dans la gestion des affaires locales. Étant proches de l'administration centrale, elles pourraient entraver le fonctionnement de la fédération. Par conséquent, en instaurant la fédération, il y a des craintes que son fonctionnement ne se déroule pas comme souhaité, ce qui pourrait susciter des résistances aux changements proposés.

Dans le contexte actuel du Tchad, il est évident que les conséquences de l'histoire politique et administrative pèseront sur le processus de fédération. Par conséquent, le fédéralisme n'est pas un système approprié pour le Tchad actuel. Il serait plus judicieux de poursuivre un modèle d'État unitaire décentralisé, en rendant effectives les collectivités territoriales et en leur accordant les ressources nécessaires pour remplir leurs missions. Il est également crucial de former les élus locaux afin qu'ils puissent mener des projets de développement territorial. Une politique d'émancipation des populations locales, visant à leur donner les moyens de comprendre les enjeux politiques, économiques et sociaux de leurs territoires, devrait également être encouragée. Une fois que le niveau optimal de décentralisation sera atteint, il sera possible de progresser vers une fédération grâce à une approche progressive. À cet égard, l'exemple de l'Italie peut être instructif. En effet, l'Italie a d'abord connu une forte centralisation qui a favorisé l'unité de son peuple et de son territoire, puis une décentralisation accrue qui a conduit à un État régional. Aujourd'hui, le système italien continue de responsabiliser les régions dans le but ultime d'atteindre un système fédéral. De la même manière, le Tchad devrait accorder davantage de responsabilités aux provinces dans le cadre de la décentralisation, en leur reconnaissant une certaine autonomie dans la gestion de leurs affaires et en leur fournissant les ressources nécessaires pour leur fonctionnement. Cela permettrait progressivement de reconnaître une plus grande autonomie aux entités locales. Cependant, compte tenu des réalités actuelles du Tchad, qui ne remplissent pas ces conditions, la mise en place d'une fédération ne serait pas favorable.

B- Les difficultés d'adaptation liées à la complexité du système fédéral

Les revendications fédéralistes au Tchad sont actuellement plus basées sur une revendication à l'autonomie ethnique mais non, véritablement à une autonomie qui consiste à la formation d'un État fédéral avec sa logique d'*"unité dans la diversité"*. Cette revendication à la fédération comme nous l'avons dit ci-haut se révèle beaucoup plus d'être une réponse aux frustrations dues à la mauvaise gestion de l'État. Seulement quelques élites instruites, frustrées par les événements politiques qui ont jalonnés l'histoire du pays et par la suite cette frustration est accentuée par la mauvaise gestion des revenues pétrolières qui revendiquent la fédération à défaut de la sécession. Les fédéralistes Tchadiens pensent qu'avec la fédération les régions sont gérées en toute autonomie juridique et politique absolue et les ressources minières d'une région sont gérées exclusivement par les fils de la région. Même s'il est vrai que le fédéralisme a pour fondement l'autonomie locale, mais, il faut noter qu'il existe plusieurs types de fédération ; il y a celle qui accorde plus d'autonomie aux entités fédérées et il y'a également celle qui encadre et limite l'autonomie locale surtout pour la gestion des ressources minières. La forme de chaque fédération dépend de l'histoire de chaque pays. Dans l'analyse de la forme historique de l'État tchadien que nous avons vu précédemment, il y a forte chance que le type de fédération qui serait pour le Tchad n'accorderait pas assez d'autonomie pour les entités locales. Mais, il se pose aussi la question de la participation des citoyens à l'élaboration des normes qui gouvernent la fédération. Le fonctionnement du fédéralisme est trop complexe et parfois les règles de participation ne sont pas si simples. Pour une meilleure participation, la fédération nécessite un minimum de culture politique et juridique des populations. Alors que la population tchadienne est dans sa grande partie analphabète et ne dispose pas par conséquent une culture politique et juridique pour mieux assurer la participation des entités fédérées au fonctionnement de l'État fédéral. Comme le dit un auteur : *"Le trait majeur de tout fédéralisme authentique est la manière dont est conçue la participation du tout et des parties à l'élaboration et à l'amendement de la Constitution. Il en existe de multiples modalités, certaines si incommodes qu'elles n'ont jamais été employées. Dans un fédéralisme d'intégration, une telle participation peut constituer le plus sûr rempart pour l'autonomie des éléments constituants ; dans un fédéralisme de différenciation, elle peut être un moyen efficace vers la diversité".* En se basant sur cette analyse d'une partie de fonctionnement du fédéralisme nous constatons l'articulation entre le niveau fédéré et le niveau fédéral s'apparente à un jeu dont les règles sont nombreuses et qui nécessite pour la participation sa maîtrise et c'est cela qui détermine l'autonomie. Le fédéralisme est complexe dans son fonctionnement car, il s'articule sur deux niveaux institutionnels. Les entités fédérées fonctionnent comme des États. Elles sont un pouvoir judiciaire, un pouvoir exécutif et un pouvoir législatif. Elles disposent de leurs propres Constitutions, leurs propres tribunaux… Toutes ces institutions sont autonomes de l'État fédéral, mais en même temps, elles sont soumises aux respects de la Constitution de l'État fédéral. Toutes ces complexités se cristallisent encore par la participation des entités locales dans le fonctionnement de l'État fédéral. Ainsi, un tel système suppose nécessaire pour son bon fonctionnement une ressource humaine de taille importante et bien formée. Dans le contexte tchadien, cette ressource humaine fait aujourd'hui défaut. Même pour le fonctionnement de l'État unitaire, il y a des difficultés avérées en matière des ressources humaines. En outre, cette complexité institutionnelle nécessite un budget de fonctionnement d'un montant très élevé par rapport à celui d'un État unitaire. Ce qu'il y a lieu ici de bien mentionner les difficultés financières de l'État à honorer ne serait ce que le fonctionnement d'une simple décentralisation administrative pour défendre la thèse qu'il ne pourra pas assumer les charges d'un système aussi complexe que la fédération. Le fonctionnement du fédéralisme est tellement complexe qu'il nécessite un parlement bicaméral ; c'est-à-dire un parlement composé de deux Chambres.

Le bicaméralisme est une forme d'organisation du pouvoir législatif typique pour les États fédéraux. Pour qu'il y ait un bon fonctionnement de l'État fédéral, il est indispensable d'avoir deux Chambres ; une qui doit représenter le peuple dans leurs ensembles et une qui doit représenter les États. *Chaque système de gouvernement fédéral prévoit la participation des communautés locales au pouvoir d'amendement. Avant l'élaboration de la Constitution américaine, l'importance de telles clauses avait rarement été reconnue. Aux États-Unis et en Suisse, les représentants des États ou cantons à l'Assemblée législative fédérale aussi bien que les États ou cantons eux-mêmes doivent sanctionner les amendements à la majorité.* En effet, cette participation des États fédérés ou entités fédérées est le corollaire du principe de participation qui caractérise le fonctionnement d'un État fédéral. Cette participation, pour son optimisation, il faut que l'entité locale ait une certaine culture démocratique. Pour mieux participer, il faut aussi des compétences diverses. Par conséquent, le fait de mettre un tel système dans le contexte sociopolitique actuel du Tchad s'avérerait difficile. Puisque dans un premier argument, on se rappelle que l'État tchadien a échoué à créer le bicaméralisme. En effet, la Constitution de 1996 avait prévu un Sénat pour représenter les intérêts des collectivités territoriales ; mais ce Sénat n'a jamais été mis en pratique, même après plus de deux décennies après sa consécration constitutionnelle. En 2018, lors des réformes constitutionnelles instaurant la quatrième République, sa suppression a été décidée sans qu'on ait pu l'expérimenté. Les raisons invoquées pour sa suppression sont d'ordres financiers. La Constitution de 2018 a acté cette suppression et le Sénat fut remplacé par un autre organe de type consultatif qui devait regrouper les collectivités territoriales et les chefferies traditionnelles. Cette institution dénommée Haut conseil des collectivités territoriales et des chefferies traditionnelles est un organe sans compétences législatives contrairement au Sénat. C'est un organe de type consultatif qui doit veiller à l'amélioration de la décentralisation et aux intérêts des collectivités territoriales. Derechef, cette institution elle-même n'a pas survécu. Les mêmes raisons financières sont invoquées pour sa suppression. L'État était incapable de financer le fonctionnement de cet organe. Pendant le forum national inclusif de 2020, le Président de cette institution a fait un plaidoyer pour que l'État puisse assurer le financement nécessaire pour le fonctionnement du Haut conseil pour les collectivités territoriales et les chefferies traditionnelles. En faisant la conclusion de ces deux expériences, on pourrait déduire facilement que l'État tchadien actuellement ne pourrait pas financer le fonctionnement complexe du fédéralisme avec un parlement bicaméral et avec également un parlement dans toutes les entités fédérées. Pour des raisons budgétaires on n'avait pas pu mettre en place le Sénat et derechef pour les mêmes raisons financières on n'avait pas permis au Haut conseil des collectivités autonomes et des chefferies traditionnelles de remplir ses missions. Alors pensons-nous réellement que l'État tchadien pourrait dans les conditions actuelles se permettre d'assumer le budget d'un parlement bicaméral et celui des parlements de chaque État? Une réponse affirmative serait trop surprenante. Le fédéralisme nécessite pour son fonctionnement des institutions complexes qui nécessitent à leur tour des ressources financières conséquentes ce qui pose sérieusement des problèmes pour le Tchad actuel. Plaider pour la fédération dans le contexte actuel pourrait engendrer les mêmes situations qu'on avait vécues auparavant ; c'est-à-dire que pour répondre à la volonté commune par complaisance, il se pourrait qu'on instituerait un "fédéralisme sur papier" comme on l'a fait pour la décentralisation administrative. C'est-à-dire un fédéralisme qui serait une réalité au niveau normatif mais, sur le plan pratique, ça sera le même État unitaire. Ce serait une sorte de fédéralisme sans réelle impacte sur la vie des populations locales. Un fédéralisme de nom qui n'assure pas une réelle autonomie des entités locales, ni ne garantit la reconnaissance des particularismes locaux. Comme l'État centralisé a fonctionné au nom de la décentralisation, il serait possible que les mêmes effets se produisent avec la fédération sans réelle préparation et dans les réalités actuelles du Tchad.

En outre, il est aussi nécessaire de souligner les problèmes liés aux procédures d'adoption des normes législatives que rencontre le système fédéral.

La répartition et la coordination des fonctions législatives est peut être le problème le plus difficile et le plus sérieux qui se pose à une Constitution fédérale. Aux États-Unis, trente-six corps législatifs participaient à l'origine au processus ; il y en a maintenant près d'une centaine, le monocamérisme n'ayant guère fait de progrès dans les États. Les deux Chambres du Congrès sont, bien entendu, de loin les plus importantes ; mais, étant donné tout l'appareil législatif des États, l'équilibre est à peu près réalisé, que l'on considère l'activité législative ou le montant des dépenses autres que militaires. Sous ce rapport, on doit noter que, aux États-Unis comme dans un certain nombre d'autres systèmes fédéraux, la législation fédérale est mise en œuvre et appliquée par les autorités fédérales. Ce n'est qu'au XXe siècle que s'est développée une certaine coopération dans ce domaine.

Voilà pour preuve, même dans les systèmes fédéraux les plus anciens qui servent de modèles, des difficultés subsistent sur les relations entre l'État fédéral et les entités fédérées en ce qui concerne les rapports pour la production des normes législatives. Imaginons pour le Tchad où les collectivités territoriales sont incapables de revendiquer la plénitude de leurs attributions, comment pourrait-on dans un système fédéral assurer un rapport optimal des États fédérés face à l'État fédéral ? Il faut se rappeler que le fédéralisme est caractérisé par le principe d'autonomie qui fonde les compétences des entités fédérées en matière législative et constitutionnelle. Le fonctionnement complexe qui nécessite ce système pour garantir cette autonomie suppose que les entités locales aient auparavant une expérience démocratique et institutionnelle locale. Si non, il y a un risque que l'État fédéral s'impose aux entités fédérées et que le fédéralisme tourne en faveur de l'État central. On peut s'apercevoir cet effet indésirable en analysant certains États qui se disent fédéraux mais, en réalité, ils n'ont pas le fonctionnement d'un État fédéral. Ils montrent l'image des États régionaux au mieux. Les exemples du Nigeria et du Soudan sont illustratifs.

Dans les systèmes fédéraux, la répartition des fonctions législatives est encore plus complexe que leur organisation. Beaucoup de Constitutions fédérales contiennent de longues listes de ce que peut faire le Parlement fédéral ou l'une des Chambres ; la Constitution américaine est relativement simple par comparaison avec la Loi fondamentale allemande ou la Constitution de l'Inde. Cette division des « compétences » varie évidemment selon l'époque et le lieu. Ainsi, le Tchad qui n'arrive pas à assurer le fonctionnement d'une décentralisation de nature très simple dans son fonctionnement, comment peut-il assurer la fonction dans des meilleures conditions d'un système législatif aussi complexe que celui d'un État fédéral ? La complexité du système fédéral s'adapterait beaucoup mieux à un État dans lequel on rencontre de très forts particularismes locaux avec leurs propres cultures politiques et leurs propres organisations sociétales et institutionnelles ; dans ce cas, il faudrait se mettre d'accord sur le principe de participation en concoctant des règles qui font l'unanimité. Mais, pour un État comme le Tchad marqué par une centralisation historique et dont les régions ne sont pas marquées par des particularismes locaux assez remarquables ne pourrait assurer le fonctionnement d'un système fédéral au premier coup. Il pourrait y avoir beaucoup de difficultés, des tâtonnements voire même des crises avant d'arriver à un État fédéral optimal. Le fédéralisme mal adapté pourrait engendrer des sentiments sécessionnistes et risque de favoriser la division réelle du pays.

Pour défendre leurs visions de fédération, certains fédéralistes n'hésitent pas à faire la comparaison avec le système fédéral américain. Ils s'inspirent généralement du modèle américain pour défendre les avantages du fédéralisme ; alors que le modèle américain est un modèle particulier. Comme nous l'avons déjà dit ci-dessus, le fédéralisme américain est un système par défaut. L'échec de la confédération a permis la création d'une fédération qui reconnaît une large autonomie aux états fédérés. Les États américains étaient d'abord des États indépendants avant de s'organiser en fédération, ce qui pourrait expliquer le modèle *sui generis* du fédéralisme américain. Dans ce cas d'espèce, le système fédéral tchadien ne pourrait jamais fonctionner de la même façon que celui des États-Unis. Au moment de la formation de l'État fédéral américain, la question de l'ethnicité ne présente pas de grands enjeux. La problématique des races était cruciale mais très vite résolue par la création d'une nation américaine. Ainsi, les fonctionnements des institutions américaines ne sont pas trop impactés par les dissensions internes. Dans le cas tchadien, le fonctionnement des institutions ne pourrait pas échapper aux influences des divisions ethniques. Ces dernières peuvent constituer des lacunes aux véritables autonomies locales. La présence des chefferies traditionnelles à connotation ethnique dans l'architecture institutionnelle locale ne sera pas en faveur d'une véritable fédération géographique. En effet, s'inspirer du modèle américain pour vendre le fédéralisme ne permettra pas d'entamer un processus efficace de mutation vers un système fédéral approprié. Par conséquent, les fonctionnements des institutions d'un État fédéral sont très contraignants. Ils sont caractérisés à la fois par la liberté et la soumission à un autre suprême dont les articulations nécessitent des moyens techniques, humains, matériels et financiers conséquents ; cela ne permet pas aux réalités actuelles du Tchad d'assumer une mutation vers le fédéralisme.

Le Tchad, pendant trois décennies des réformes constitutionnelles et législatives dynamiques en faveur de la décentralisation n'a pas pu mettre en œuvre concrètement un seul niveau décentralisé des quatre qu'il avait prévus auparavant. Il serait très difficile aujourd'hui de penser à un système fédéral qui nécessite encore plus de complexité organisationnelle, systémique, juridique et encore plus de ressources financières. Nous pouvons rappeler ici que l'une des grandes causes du retard de la décentralisation au Tchad est la difficulté financière que rencontre l'État à honorer les transferts des ressources financières relatives aux transferts des compétences aux collectivités territoriales. La consécration du fédéralisme en soit ne règle pas les difficultés financières que rencontre aujourd'hui l'État, au pire il va l'accentuer. Ce pourquoi, il serait judicieux de dépasser les revendications passionnelles pour donner place aux exigences rationnelles. Par conséquent, il serait beaucoup mieux de rendre effective la décentralisation en faisant de telle sorte que l'autonomie financière, la libre administration et la mise en place des institutions de la décentralisation soient assurées. Par la suite, l'État pourra promouvoir une véritable culture démocratique locale pour éveiller les consciences des populations locales à la notion de l'autonomie locale et ses conséquences subséquentes.

Section 2 : Nécessaire rationalisation de la décentralisation administrative

L'éternelle problématique de choix entre la fédération et la décentralisation revient encore en 2023. Les résolutions du Dialogue national inclusif organisé en août 2022 ont préconisé l'organisation d'un référendum pour soumettre la question directement au peuple qui tranchera sur le choix de la forme de l'État. Mais, au vu de nos réalités actuelles, la forme d'un État fédéral n'est pas du tout appropriée. Depuis plus de trois décennies le Tchad est incapable d'opérer une décentralisation pour des raisons principalement financière. Alors comment pourrait-il être en mesure d'assurer la mise en œuvre d'une fédération avec toute sa complexité que nous connaissons ? Il faut prendre en compte les autres difficultés qui ont retardé la décentralisation. Par conséquent, nous pensons qu'il est nécessaire dans un premier temps de réadapter la décentralisation aux réalités tchadiennes et d'optimiser les fonctionnements des collectivités territoriales qui sont déjà créées(I). Par la suite, il est aussi nécessaire de rationaliser les actions des collectivités territoriales en leur accordant les moyens humains, techniques et financiers, des outils juridiques qui leur permettront de s'engager dans une forme de coopération au niveau interne et au niveau international (II).

I- Nécessité d'adapter et d'optimiser les réformes de la décentralisation

Pour rendre la décentralisation réelle et effective au Tchad, il est nécessaire de réadapter les réformes aux exigences et à la capacité de l'État tchadien à pouvoir opérer les transferts des ressources adéquates aux transferts des compétences (A) mais aussi, il est nécessaire d'optimiser les structures de la décentralisation et toutes les institutions qui favorise son bon fonctionnement (B).

A- Nécessaire adaptation de la décentralisation aux réalités de l'État tchadien

Le fait que la décentralisation tchadienne est jugée aujourd'hui comme un échec est dû au fait que les différentes réformes qui sont intervenues ne sont pas adaptées aux réalités économiques et politiques du pays. Cette décentralisation a suivi la logique d'une majorité ayant pour simple volonté de décentraliser le maximum possible sans tenir compte des difficultés financières du pays mais aussi des difficultés en termes de ressources humaines. *À défaut du fédéralisme, il faut une décentralisation à outrance quelles que soient les conséquences ;* c'est un peu cela si on peut comprendre leur logique. Si non, comment comprendre de telles réformes incongrues? La décentralisation tchadienne est victime du fait de vouloir trop décentraliser. En effet, cette volonté absolue d'effectuer une forte décentralisation sans tenir compte des aspects opérationnels a entraîné des effets entravant, de véritables lacunes pour la réussite des différentes réformes. Le défaut d'adaptation des réformes aux réalités de l'État tchadien est l'une des causes de l'échec ou du retard de la décentralisation au Tchad. Il faut en effet noter qu'à chaque niveau de décentralisation, il faut forcément consacrer un coût budgétaire important pour lequel l'État ne pourrait pas assurer. La logique même de la décentralisation suppose que les transferts des compétences doivent obligatoirement être suivis de transferts des ressources financières pour que les collectivités territoriales puissent véritablement assumer les compétences qui leur sont transférées. Comme nous l'avons vu précédemment, la décentralisation est marquée par un principe d'autonomie financière. Ce principe d'autonomie financière est jugé par la doctrine comme une condition indispensable, essentielle à la réalisation de la libre administration des collectivités territoriales. Par conséquent, une collectivité territoriale pour laquelle des compétences sont transférées sans qu'elles soient accompagnées des ressources financières correspondantes aux dites compétences, cela peut certainement causer des entraves à l'exercice de sa libre administration. Par défauts des ressources, elle ne pourra pas mettre en œuvre des politiques publiques qu'elle envisage et qu'elle souhaite. Elle ne peut pas également gérer ces affaires de la façon qu'elle veut. Cette entrave est l'une des causes de l'échec de la décentralisation. Car, lorsque la collectivité territoriale se trouve incapable de gérer ses affaires locales, il peut y avoir des risques qu'elle soit supplantée par l'administration de l'État ; la conséquence nous renvoie à une centralisation évidente. En analysant la décentralisation tchadienne, on constate que l'État a transféré aux collectivités territoriales des compétences hors normes pour une première étape de décentralisation. Les lois de la décentralisation n'ont pas ignoré de mentionner les transferts des ressources nécessaires mais, la réalité économique du pays ne permet pas à l'État tchadien d'honorer cette promesse. Les constituants et le législateur ont peut-être oublié d'évaluer la capacité financière de l'État tchadien pour assumer les transferts des ressources financières adéquates et les dotations. En fin de compte, plus tard, il s'est avéré que l'État ne dispose pas assez de ressources financières pour assumer un transfert des compétences exhaustives. Les politiques des réformes de l'État et en particulier la question de forme décentralisée de l'État et celle de la gouvernance locale ont reçu des appuis importants de la part des partenaires techniques et financiers du Tchad, qui ont consacré des financements importants pour la mise en œuvre de ces politiques. La France à travers son ambassade et l'Agence française de développement

(AFD) ; l'Union européenne à travers le fonds européen pour le développement (FED), la Banque mondiale et le FMI ont tous apporté leur soutien pour la réussite de la décentralisation au Tchad mais, nous devons aussi reconnaître que ces aides sont limitées et demeurent ponctuels à un objet bien précis. En principe, le grand sacrifice incombe au gouvernement tchadien d'honorer sa part en proportion des compétences qu'il a transférées. Mais malheureusement, le gouvernement ne loue pas assez de ressources financières pour mieux accompagner la décentralisation. En outre, il faut soulever la question d'absence de mise en disposition aux collectivités territoriales des personnels techniques formés ; alors que cette mise à disposition est indispensable pour la réussite de la décentralisation. Les transferts des compétences supposent également qu'il y'ait au niveau des collectivités territoriales des cadres administratifs compétents pour gérer les services et assister les élus locaux dans la conception et la mise en œuvre des politiques publiques. Ainsi, les collectivités territoriales se trouvent dépourvues des ressources humaines qualifiées pour assumer et jouer les rôles nécessaires pour rendre effective la décentralisation. De même, il faut souligner la question des formations des élus pour les outiller afin de faire face à leurs missions. L'effectivité de la décentralisation implique tout ceci.

Après ces constats, c'est pourquoi, il est nécessaire de réadapter la décentralisation aux capacités financières et techniques de l'État. Il est nécessaire de réadapter les transferts des compétences en suivant la logique de profitabilité et de soutenabilité. Il serait nécessaire d'abord d'opérer les réformes de la décentralisation en fonction des capacités financières de l'État à soutenir la mise en disposition des ressources nécessaires aux collectivités territoriales. En effet, les transferts des compétences ne devraient pas se faire de manière aveugle. Il faut une évaluation préalable des projets de transferts des compétences. Il faudrait énumérer les compétences indispensables et urgentes pour la décentralisation pour effectuer son transfert de manière à ce que l'État puisse supporter les charges de ce transfert. Les collectivités territoriales doivent avoir les ressources pour répondre à leurs besoins et pouvoir mieux gérer leurs affaires. En réduisant les domaines de compétences à transférer aux collectivités territoriales, l'État pourrait être en mesure d'honorer ses engagements. En outre, les soutiens des partenaires techniques et financiers peuvent rationaliser leurs interventions sans se perdre dans un labyrinthe structurel et fonctionnel qu'ils ne maîtrisent pas. Même dans des pays qui connaissent une forme de décentralisation avancée, les questions liées aux finances locales demeurent un enjeu central. Pour la Cour des comptes de la France, en ce qui concerne la décentralisation, *la question essentielle est celle du financement des compétences des collectivités territoriales*. Dans son étude, la Cour des comptes français analyse l'enjeu de la fiscalité locale *comme primordial* pour assurer une bonne décentralisation. Il incite à la sécurisation des ressources des collectivités territoriales, *en leur garantissant des produits d'imposition peu volatiles et protecteurs*[138]. En effet, pour la Cour des comptes la sécurisation des financements des collectivités territoriales est un enjeu primordial et cela doit nécessairement se baser sur une fiscalité locale reposant sur des produits stables et non volatiles. Cependant, dans le contexte de la décentralisation tchadienne, les fiscalités locales, les différentes taxes et impôts paraissent inadaptés. Nombreux des taxes et impôts locaux créés en

[138]Rapport de la Cour des comptes de la France 2022 ; " 40 ans de décentralisation : un bilan sévère".

faveur des collectivités territoriales n'ont pas des produits réels. Ces taxes et impôts sont parfois basés sur des produits imaginatifs, fictifs. Par conséquent, pour qu'il y ait une possibilité de recouvrir ces différentes taxes et impôts locaux créés par la loi, il serait nécessaire d'adapter les réalités économiques locales. De favoriser une politique d'aménagement du territoire susceptible de booster économiquement les différentes collectivités territoriales afin qu'elles puissent être aptes à fournir des produits imposables. Dans le contexte actuel, les différentes collectivités territoriales créées au Tchad sont économiquement très vulnérables. Ce qui rend presque impossible d'avoir des produits imposables susceptibles à ces collectivités territoriales d'assurer leur autonomie financière de manière adaptée. Il est malheureux aujourd'hui de constater que la décentralisation tchadienne n'existe que sur des papiers. Sur le plan opérationnel, au niveau pratique on ne ressent pas la décentralisation. Beaucoup de réformes engagées jusque-là ne sont pas adaptées à sa mise en œuvre pratique ; car, il y a un décalage énorme entre ce qui est porté par ces réformes et les réalités pratiques du terrain. C'est pourquoi il est à préconiser de revoir ces réformes, de les corriger, les réadapter afin que l'État puisse de manière efficace accompagner son opérationnalisation.

Les réformes institutionnelles de 2018 semblent un peu saisir ce décalage entre la dynamique normative et les réalités pratiques. Les réformes des niveaux de décentralisation étaient un pas important pour alléger les charges liées au fonctionnement des collectivités territoriales. Pour un pays pauvre comme le Tchad, il est très rationnel de limiter les niveaux de décentralisation et de les adapter à la capacité financière de l'État. Ce dernier dans l'histoire des pays développés a joué un grand rôle dans le cadre du développement des territoires avant que sa performance soit contestée. Au niveau du développement des territoires en France, observons que dès la deuxième moitié du 17ème siècle, Colbert, Contrôleur général des finances de Louis XIV, met en place des politiques économiques concernant l'aménagement du territoire et le développement des régions. L'objectif est alors de faciliter la circulation des marchandises, mais aussi que l'ensemble des richesses puissent s'accroître dans toute la nation. Ce n'est pourtant que dans la deuxième moitié du 20ème siècle qu'une véritable action d'aménagement du territoire est menée au sein des pays développés. Jusque-là, les économistes pensaient que la localisation des activités économiques devait être laissée aux mains du marché. Ce n'est qu'à la suite de la crise de 1929 que pour la première fois, des pays dits développés mettent en place une politique économique en faveur d'un développement régional et non simplement national : les États-Unis créent par exemple la Tennessee Valley Authority pour relancer l'économie du Sud-est du pays et encourager son développement industriel ; à la même époque, le Royaume-Uni et l'Italie prennent aussi des mesures de soutien en faveur des régions les plus sinistrées. Mais c'est surtout durant les Trente Glorieuses, suivant la Seconde Guerre mondiale, que l'action publique régionale est la plus vive, avec pour objectif principal de « rééquilibrer les territoires ». Dans le cas de la France, les implantations industrielles en dehors de la région parisienne sont par exemple fortement encouragées. Des pôles industriels apparaissent, comme celui de l'aéronautique dans le Sud-ouest. Pour l'État planificateur, né au lendemain de la guerre, il s'agit alors « d'aménager le territoire plutôt que de déménager les hommes ». Plutôt que de s'en remettre aux forces du marché, dont nous avons vu plus haut les inconvénients, l'État favorise une nouvelle géographie économique plus conforme à l'intérêt général. Dans le Plan ou l'anti-hasard (1965), Pierre Massé, Commissaire général au Plan, explique ainsi que « la persistance de disparités régionales trop accusées et les migrations massives qui en seraient la conséquence heurterait l'idée que nous nous faisons d'une société équitable et humaine ». De telles mesures étatiques incitatrices au développement des territoires contribuent efficacement au renforcement des capacités des territoires et aussi elles contribuent au renforcement de leur autonomie dans le cadre de la décentralisation.

Une politique d'aménagement du territoire qui sera portée par l'État est indispensable dans un premier temps pour vivifier les territoires. Il serait important de donner des capacités économiques aux territoires qui favorisent les structures décentralisées en leur donnant les moyens de leurs politiques. La réadaptation de la décentralisation à la réalité actuelle du Tchad est indispensable. Il est nécessaire que les transferts de compétences ne soient pas trop lourds à supporter pour l'État.

B- Nécessaire optimisation des réformes de la décentralisation

L'un des paradoxes de la décentralisation tchadienne est que les réformes constitutionnelles et législatives sont dynamiques mais, au niveau pratique des réels problèmes se posent. En effet, depuis la consécration de la décentralisation par la Constitution de 1996, il y'a eu une mise en pratique seulement que pour 42 communes à partir de 2012. Là aussi il faudrait le préciser, les conseils municipaux installés à la suite des élections municipales de 2012 pour une durée de 5 ans, ils n'ont pas été renouvelés jusqu'à nos jours. Car, il n y a eu ni élections, ni renouvellement des conseils municipaux par voie légale depuis 2012. Ce qui laisse des interrogations sérieuses sur leurs légitimités et par au-delà sur la réalité même de la décentralisation. En effet, une réforme de décentralisation dans laquelle aucun des principes gouvernant le mécanisme de la décentralisation ne sont respectés posent sérieusement de problème quant à la qualification de la décentralisation. Comment se fait-il qu'après presque trois décennies de décentralisation qu'aucun échelon prévu par la constitution ne fonctionne de façon optimale ? Quelles sont les raisons qui bloquent la mise en œuvre optimale de ces collectivités ? Nous avons répondu précédemment en partie à ces interrogations. Nous nous sommes beaucoup basés sur les difficultés financières de l'État. Mais en réalité, les difficultés empêchant la mise en œuvre concrète des réformes de la décentralisation ne sont pas seulement financières. Il y a aussi une part aussi importante des gouvernants. Est-ce qu'il y a réellement une volonté politique à vouloir réellement concrétiser la décentralisation ? C'est une question fondamentale dont la réponse est difficile à obtenir. Ce qui est probable, il peut y avoir aussi une responsabilité à attribuer à ceux qui ont eu la charge technique de concevoir et de conduire cette réforme. En effet, il est inconcevable dans un pays pauvre, en voie de développement et avec un taux d'alphabétisation trop bas et une réalité locale très particulière, caractérisée par la paupérisation et par l'absence d'une véritable culture démocratique locale de pouvoir au premier coût réussir une extrême décentralisation touchant tous les niveaux territoriaux. Les techniciens de la première réforme ont été très optimistes en la décentralisation et ont conduit les choix de transferts des compétences et celui des niveaux de décentralisation de façon la plus excessive possible. Ainsi, dans la première réforme de 1996, la Constitution a prévu quatre (4) niveaux de décentralisation ; c'est vraiment beaucoup pour une première étape de décentralisation. Ces quatre échelons territoriaux sont repris par la loi organique de

2000 portant statut des collectivités territoriales et ils sont répartis comme suit : La région, le département, la commune et la communauté rurale. Ces niveaux de décentralisation sont créés sans qu'il soit évalué leur opérationnalité. Alors qu'il est facilement observable qu'ils engendrent des coûts superflus à l'État pour la mise en œuvre de ces différents échelons territoriaux dont tous ne sont pas absolument nécessaires ; il y a aussi un risque d'enchevêtrement des compétences qui pourrait être un obstacle pour le fonctionnement des différentes collectivités territoriales. En réalité, la commune et la communauté rurale ne doivent faire qu'un seul échelon ;puisque la communauté rurale n'est qu'une commune mais elle se trouve au niveau rural. Elle ne pourrait remplir que le rôle et les prérogatives d'une commune. Même si l'idée de base initiée par le régime de Tombalbaye était de remplacer progressivement les chefferies traditionnelles par les communautés rurales, sur le plan juridique et administratif, le fonctionnement de cette communauté rurale ne s'éloignera pas de celui d'une commune classique. De même, au niveau supérieur entre le département et la région aussi, il pourrait naître un risque d'enchevêtrement des compétences. La loi de 2006 portant répartition des compétences entre l'État et les collectivités territoriales a répartie de manière presque identique les compétences entre les deux échelons. Même s'il est reconnu à la région une compétence de planification économique plus vaste. Pour une meilleure optimisation des collectivités territoriales, il est plus que nécessaire de corriger tout cela.

Il est absolument nécessaire de rendre la décentralisation une réalité qui se pratique et qui se vit au niveau local. La nécessité de rendre optimal au moins un niveau de décentralisation permettrait dans un premier temps de jeter les bases d'une culture d'autonomie locale et aussi celle de gestion des affaires locales qui permettront dans les années avenir d'amplifier les étapes de la décentralisation afin de parvenir progressivement à plusieurs niveaux d'échelons ; cela pourrait entraîner une réelle responsabilisation des sphères locales susceptible de créer une dynamique territoriale favorable au développement des différents territoires. La rééducation des populations locales à appréhender les enjeux de la décentralisation sera indispensable pour l'évolution des territoires. Susciter la démocratie locale et les compétitions politiques locales permettront aux populations de se sentir investies, qui permettra l'émergence des hommes de vision, des entrepreneurs politiques au service de leurs collectivités.

L'optimisation de la décentralisation devra aussi passer par le fait de donner des capacités aux collectivités territoriales la possibilité d'exercer des voies de recours pour protéger leurs compétences et défendre leurs libertés d'administration. Le fonctionnement de la justice tchadienne actuelle n'offre pas une garantie aux collectivités territoriales de pouvoir faire valoir leurs requêtes. Il faut aussi noter que la culture de contentieux administratif entre l'État et les collectivités territoriales est encore très en retard au Tchad. Ce pourquoi, il est difficile aujourd'hui de citer en référence quelques jurisprudences pour clarifier une situation. Il est urgent aujourd'hui de régler ce problème lié à la justice administrative qui est la seule institution capable de protéger les collectivités territoriales contre les abus de l'administration centrale. Si aujourd'hui la décentralisation française connaît un dynamisme réel sur le terrain, c'est en partie grâce au Conseil d'État et aux juridictions administratives qui ont su réellement apporter des solutions aux différents litiges entre l'administration de l'État et les collectivités territoriales. En outre, il faut aussi souligner l'importance du Conseil constitutionnel qui est le gardien au niveau législatif qui veille à la protection de la libre administration des collectivités territoriales, la répartition des compétences entre l'État et les collectivités et aussi de l'autonomie financière des collectivités. Ce sont un ensemble des mécanismes juridictionnels qui assure la protection de la décentralisation. Comme dans les États fédéraux, par exemple aux États-Unis c'est la Cour suprême qui assure les partages des compétences entre l'État fédéral et les entités fédérées, dans le cadre de la décentralisation cette fonction revient aux juridictions administratives. Malheureusement au Tchad les lacunes que rencontrent l'appareil judiciaire en général et la justice administrative particulièrement ne permettent de jouer un rôle important pour faire avancer la décentralisation en mettant un réel équilibre entre l'État et les collectivités territoriales.

L'optimisation de la décentralisation favorise la gouvernance locale et rend les élus locaux des véritables acteurs de développement local. Ils peuvent opérer des choix, concevoir des projets de développement territorial et ils peuvent avoir une vision d'ensemble du territoire et de leurs habitants. Malheureusement aujourd'hui en ce qui concerne le niveau communal mis en pratique depuis 2012, les élus locaux ne sont pas de véritables acteurs du changement ou du développement de leurs communes. Il ne dispose pas d'assez des moyens humains, financiers et juridiques pour pouvoir avoir une vision globale de leurs territoires. C'est pourquoi il est nécessaire d'optimiser la décentralisation pour permettre aux élus locaux une meilleure participation dans la gouvernance locale. Les crises de légitimités des décisions publiques dans la forme d'organisation classique de l'État ont entraîné la transformation du cadre de l'action publique. En effet, la gouvernance locale est conçue dans un cadre pour favoriser une participation optimale des différents acteurs publics et privés dans la conception et la mise en œuvre des politiques publiques. Ainsi, aujourd'hui, la légitimité de l'État moderne repose sur une implication d'une multitude d'acteurs dans la reformulation des politiques publiques. Le modèle classique descendant de prise des décisions ne fait pas l'unanimité, c'est pourquoi on assiste aujourd'hui à une vulgarisation de la gouvernance aux différents niveaux. La gouvernance locale c'est aussi la gouvernance territoriale, elle renvoie ainsi tout d'abord à celle du développement local et se situe dans le contexte historique de l'implication croissante des acteurs locaux, privés, publics, associatifs et des populations locales, dans les dynamiques de développement, dans leur capacité à se mobiliser et à se prendre en charge[139]. Le concept de la gouvernance locale est un concept qui favorise l'association entre plusieurs acteurs autour d'un projet local. Dans un contexte de projet local, la gouvernance permet d'encadrer les conditions liées à l'opérationnalisation de ce projet et de fixer le rôle de chaque acteur dans la démarche de conduite du projet. Dès lors, la gouvernance locale comporte des enjeux pour chaque partie prenante. Par conséquent, nous serons amenés à nous poser la question suivante. La gouvernance locale entraîne une forme d'action publique basée sur une forme de coordination entre différents acteurs autour d'un projet territorialisé. Le territoire dans le cadre de la gouvernance locale ne correspond pas forcément à un territoire administrativo-institutionnel. Il pourra cependant être un territoire de projet dépassant le cadre logique d'un territoire administratif. Dans ce cadre, il s'impose une

[139] LA GOUVERNANCE TERRITORIALE COMME NOUVEAU MODE DE COORDINATION TERRITORIALE ? Fabienne Leloup, Laurence Moyart, Bernard Pecqueur; Lavoisier | « Géographie, économie, société » 2005/4 Vol. 7 | pages 321 à 332.

coordination entre différents acteurs autour de ce projet. Elle impose en effet l'implication des différentes parties prises, publiques et privées selon les thématiques traitées ; des institutions publiques étatiques ou locales, des élus pour obtenir leur adhésion mais aussi parfois porteur du projet, des associations, les acteurs socio-économiques, partenaires financiers, des regroupements des citoyens… Une coordination entre ces différents acteurs consiste à mieux cerner le projet et de favoriser une bonne participation à l'action publique. Dans le cadre de la gouvernance territoriale, les différents acteurs sont dans une forme de proximité géographique, cela permet des rencontres et des concertations faciles, ils sont dans une forme des "relations de proximité organisée" qui leur permettent d'appartenir à un même réseau ou de partager des valeurs et objectifs communs[140]. Le réseau est un atout pour la gouvernance locale.

« *La gouvernance territoriale repose à la fois sur le réseau et sur les flux : un réseau c'est-à-dire une configuration de connexions entre les différents acteurs avec des flux circulant dans le réseau. Ces flux sont des informations induites par une stratégie commune dues à l'existence d'une proximité institutionnelle et enfin d'une délimitation spatiale claire, constituée par l'exercice d'une proximité géographique. Ce qui va établir les dimensions du réseau adossé à la proximité géographique et à la proximité institutionnelle, ce sont deux processus qui sont : d'une part et préalablement, l'identification d'un problème partagé et la visée d'une recherche de solution par une coordination coopérative et, d'autre part un processus de transformation (« métamorphose ») de*

140 LES PROCESSUS DE GOUVERNANCE TERRITORIALE. L'APPORT DES PROXIMITÉS André Torre;2011/2 N° 209-210 | pages 116.

ressources cachées voire virtuelles, en actifs spécifiques »[141].

Cela illustre que la proximité géographique et institutionnelle favorise une connexion du moins plus facile entre les différents acteurs qui se forment en réseaux. Donc, cela fait que le concept de la gouvernance locale est une forme d'articulation et de coordination entre différents acteurs sur un même projet de leur territoire. En effet, il est indispensable que les élus locaux soient mieux outillés pour pouvoir composer dans une forme de gouvernance et de pouvoir légitimer leurs actions auprès des populations. Dans le contexte de la décentralisation actuelle du Tchad, l'absence d'optimisation des collectivités territoriales ne permet pas aux élus communaux actuellement installés dans les 42 communes de pouvoir créer une dynamique territoriale ou une forme de gouvernance locale dynamique. La gouvernance territoriale par le mécanisme d'implication des différents acteurs de divers profils impact positivement le projet. Elle favorise une bonne compréhension du projet par l'explication exhaustive et de façon pédagogique qu'elle apporte aux différents acteurs impliqués. Ceux-ci sont informés sur le contexte, les objectifs et le périmètre du projet. Ce qui fait que la gouvernance impose une démocratisation des informations. Elle favorise également la consultation, ce qui permettra aux acteurs d'être sollicités pendant les différentes étapes du projet. Par ailleurs, les acteurs sont aussi appelés à participer de manière active dans la conduite du projet, même s'ils n'ont pas obligatoirement un pouvoir de décision. Ainsi, la

---

[141] LA GOUVERNANCE TERRITORIALE COMME NOUVEAU MODE DE COORDINATION TERRITORIALE ? Fabienne Leloup, Laurence Moyart, Bernard Pecqueur; Lavoisier | « Géographie, économie, société » 2005/4 Vol. 7 | pages 328.

gouvernance territoriale impose au minimum ces trois (3) niveaux des associations des acteurs. Ces niveaux d'associations permettent d'assurer l'appropriation du projet par les élus locaux, ils permettent aussi de légitimer le bien fondé du projet, mais aussi ils permettent d'assurer une bonne conduite du projet. La participation des acteurs même si elle ne revêt pas un caractère obligatoire, néanmoins elle permet de mieux cerner les avis et intérêts parfois divergents des acteurs interagissant sur le territoire, y compris les citoyens, de favoriser aussi l'appropriation du projet par les parties prenantes pour aboutir au résultat attendu, de même, elle permet de faciliter la communication autour du projet et de la vision portée pour le développement du territoire. Malheureusement, il est aujourd'hui à constater que les élus locaux tchadiens ne peuvent s'impliquer dans une gouvernance et pouvoir tirer l'épingle du jeu. Ils ne peuvent pas s'approprier un projet et lorsque le projet est porté par l'État, ils ne peuvent exercer aucune influence sur ce dernier. Ce pourquoi il est nécessaire d'optimiser les collectivités territoriales pour permettre aux élus d'être les principaux acteurs de leurs territoires. Au niveau des territoires, le mode de désignation des élus locaux leur offre une légitimité importante et de ce fait, ils se voient comme les principaux acteurs de développement local. Par conséquent, si un niveau minimum de décentralisation n'est pas mis en place de façon optimale, il serait difficile de favoriser l'émergence des autorités locales capables de s'imposer dans une gouvernance de plus en plus exigeante. C'est en ayant les moyens fournis par la décentralisation que l'élu local pourrait avoir les ressources nécessaires pour s'imposer dans une gouvernance impliquant plusieurs acteurs des différents niveaux.

Par ailleurs, pour favoriser un meilleur fonctionnement de la décentralisation, il faut favoriser la création d'une structure, une institution de taille importante qui serait en mesure de défendre les intérêts des collectivités territoriales et de veiller à la protection des principes garantissant leurs libertés qui permettent à la décentralisation de s'affirmer. Le Sénat serait idéal pour assumer ce rôle et maintenir un équilibre institutionnel. Les gouvernants doivent assurer la création d'un Sénat qui va veiller aux intérêts des collectivités territoriales et permettre à la décentralisation d'être une réalité au Tchad. Nous devons noter qu'il est désormais impossible pour l'État à lui seul d'assumer la responsabilité du développement des territoires. C'est quasi impossible ; car les États ont montré leurs limites partout dans le monde. C'est pourquoi les discours en faveur de l'autonomie locale deviennent de plus en plus éloquents. La décentralisation administrative comme la fédération favorisent considérablement le développement territorial et maintiennent une animation territoriale composée des différents acteurs. Dans le cas du Tchad, comme la fédération est difficile à adopter dans les contextes actuels, il serait nécessaire de favoriser une mise en pratique optimale de la décentralisation. En effet, La tradition centraliste de l'État tchadien a toujours été défavorable à une véritable autonomie locale. L'État jacobin est méfiant au principe de subsidiarité en faveur des entités locales. D'où il est nécessaire d'engager des réformes tant sur le plan idéologique que structurel pour permettre aux entités locales de bénéficier de subsidiarité pour les affaires qui relèvent de leurs compétences. Cette subsidiarité peut rendre optimales les collectivités territoriales et leur permet de s'affirmer.

La question cruciale qu'il faudrait résoudre est celle d'accès au financement pour les collectivités territoriales. Cela constitue un handicap pour jouir pleinement de leur libre administration. À cet effet, il serait donc indispensable de penser à un modèle de financement qui pourrait résoudre ces difficultés. Cela se fera soit par la mise en place d'un fond institutionnalisé en faveur des collectivités territoriales ou soit de cibler un ensemble des catégories fiscales qui ont une existence réelle et dont les produits seront transférés aux collectivités territoriales. Il est incontestable que la réussite de la décentralisation tchadienne dépend grandement de la compensation des charges liées au transfert des compétences. Vu que l'État tchadien est aussi dans des difficultés budgétaires, il serait judicieux d'ingénier, d'inventer un autre mécanisme de financement.

II- Nécessité d'optimiser les outils de rationalisation des actions des collectivités territoire

La décentralisation offre aux collectivités territoriales différents mécanismes indispensables pour assurer une bonne gestion des affaires locales. Mais encore plus, pour rationaliser les actions des collectivités territoriales, il est nécessaire de les doter des moyens juridiques, techniques et humains pour pouvoir coopérer au niveau interne avec leurs homologues de même niveau (A) et au niveau international avec leurs homologues étrangers (B).

A- La coopération intercommunale : outil de rationalisation des actions des collectivités territoriales

La décentralisation administrative permet aux collectivités territoriales jouissant de personnalité morale de droit public d'avoir une autonomie juridique en plus d'autonomie financière et administrative. Cette autonomie consiste à édicter des normes juridiques de nature administrative pour la gestion des affaires qui relèvent de leurs ressorts. Cette autonomie juridique consiste également en la faculté de créer des services publics. Ainsi, les collectivités territoriales peuvent également créer des établissements publics locaux. En effet, cette faculté de création des établissements publics locaux a incité le législateur à reconnaître aux collectivités territoriales la possibilité de coopérer entre elles en mutualisant leurs compétences pour créer des établissements publics communs afin de gérer dans un cadre coopératif une ou plusieurs compétences. Cette coopération horizontale entre les collectivités dans un but de mutualisation des efforts collectifs est un outil de rationalisation des actions des collectivités territoriales qui leur permettrait de maîtriser leurs dépenses et de rendre plus efficaces les services fournis à la population. Dans un État unitaire organisé en système de décentralisation administrative, c'est le gouvernement central qui a la qualité d'initiateur du cadre législatif permettant à la coopération intercommunale d'exister[142]. En effet, dans une décentralisation, le pouvoir législatif appartient au gouvernement central et c'est ce dernier qui définit le cadre dans lequel s'exerce l'intercommunalité. Le manuel de comité européen sur la démocratie locale et régionale définit la coopération intercommunale de la façon suivante :

"L'intercommunalité ou la coopération intercommunale est relative à plusieurs communes ou municipalités de proximités qui se regroupent pour travailler en commun à la création et la gestion ou à la délivrance de prestation afin de mieux répondre aux besoins de leurs administrés et dans un but de développement local. L'intercommunalité va institutionnaliser ce qui leur est commun du point de vue structurel mais aussi fonctionnel. Est ainsi offerte une possibilité de réaliser des économies d'échelle, autour de la gestion mutualisée d'affaires considérées comme

[142]Manuel de comité européen sur la démocratie locale et régionale : Coopération intercommunale. P.3

d'intérêt général pour tous les membres, tout en recherchant un haut degré de qualité du service rendu"[143].

Cette définition démontre que la coopération intercommunale est un mécanisme de rationalisation des actions des communes. Elle vise à rechercher de l'efficacité des services rendus tout en économisant les dépenses publiques. La mutualisation des efforts des différentes communes se fait dans un cadre à la fois structurel et fonctionnel. Ce qui permet aux communes de réduire leurs dépenses en ce qui concerne le fonctionnement de leurs institutions mais aussi, pour leurs compétences lorsque celles-ci sont exécutées par une seule commune. Dès lors, le but ultime de la coopération intercommunale est la recherche de l'efficacité dans la gestion des affaires communales, de la performance des services rendus et de la rationalité dans les dépenses consacrées aux réalisations des projets.

En effet, les lois de la décentralisation ont prévu la possibilité pour les communes de s'engager dans une coopération intercommunale mais, les difficultés qu'a connues la décentralisation tchadienne à s'affirmer n'ont pas permis au législateur de mieux définir les contours de cette coopération intercommunale. Il est par conséquent nécessaire que dans les réformes postérieures un accent sera mis sur cette coopération intercommunale afin que les communes puissent mutualiser leurs efforts communs pour dynamiser leurs actions. La coopération intercommunale devrait être distinguée des autres formes de coopération dans lesquelles les communes peuvent être impliquées. En effet, *au regard du niveau de développement ou de perfectionnement de l'organisation de coopération, on peut réellement parler de l'intercommunalité, lorsque*

---

[143]Manuel de comité européen sur la démocratie locale et régionale : Coopération intercommunale. P.4

notamment une structure autonome est dédiée à la coopération et à la gestion en commun des divers services substantiels et est régie par diverses règles spécifiques. Au cas contraire, on reste au niveau d'une simple coopération[144]. La coopération intercommunale nécessite ses propres institutions autonomes qui sont dédiées à la coopération et à la gestion en commun des différentes compétences. Elle est aussi régie par des règles qui lui sont spécifiques. Ainsi, la coopération intercommunale suscite la création d'autres organes qui sont autonomes aux communes. Ces structures prennent en charge la gestion des compétences par exemple en matière d'eau potable, le transport urbain, la gestion d'électricité… Dès lors, dans le contexte actuel du Tchad dont la plupart des communes sont dépourvues des ressources, la coopération intercommunale leur permet de se mettre en commun pour gérer des compétences coûteuses. La mutualisation de leurs efforts et de leurs ressources permet de rationaliser leurs dépenses. Elle leur permet de réaliser des infrastructures importantes sans ressentir les coûts réels qui devraient être alloués.

La coopération intercommunale est basée sur une logique de liberté. La décentralisation est caractérisée par un principe de libre administration des collectivités territoriales. Par conséquent, la coopération intercommunale ne devrait pas s'imposer aux communes sans leur consentement. Pour se mettre dans une structure intercommunale, les communes doivent décider librement. Ainsi, beaucoup de principes peuvent permettre aux communes d'être capables d'intégrer une structure intercommunale. Cela dépendra également de la nature et du degré de la décentralisation. Par exemple, en Italie, un État fortement décentralisé qui a pris la forme d'État

---

[144]Manuel de comité européen sur la démocratie locale et régionale: Coopération intercommunale. P.5

régional, deux principes guident la possibilité pour une commune de déléguer des compétences à une structure intercommunale ; c'est le principe de *subsidiarité* et le principe d'*adéquation*. Le principe de subsidiarité nous l'avons déjà vu, c'est un principe qui permet aux collectivités d'être compétentes pour certaines affaires pour lesquelles elles ont la première compétence d'exercice. Ce principe permet aux communes de déléguer des compétences dont elles ont la responsabilité à l'intercommunalité. Et le principe d'adéquation consiste à ce que l'intercommunalité soit capable d'exercer les compétences qui lui sont déléguées. Ce principe d'adéquation exige que l'intercommunalité soit apte à exercer les compétences qui lui sont dévolues. Par conséquent, les communes doivent préalablement définir les compétences qu'elles souhaitent transfert à l'intercommunalité. De ce fait, ces compétences doivent être transférées avec les ressources nécessaires pour sa réalisation. Cependant, dans le cadre actuel de la décentralisation tchadienne, il est très difficile de mettre en place de façon optimale une coopération intercommunale. Les communes sont dépourvues elles-mêmes les moyens de leurs compétences ; elles ne disposent pas des ressources indispensables pour l'exercice de leurs compétences ; les communes ont des difficultés budgétaires sérieuses qui entravent leur fonctionnement et de ce fait, elles ne peuvent pas créer des structures intercommunales. Même si ces dernières n'exigent pas des moyens financiers conséquents comme les communes, celles-ci ne sont pas en capacité d'assumer dans le contexte actuel le peu des ressources que nécessite le fonctionnement d'une structure intercommunale. Dès lors, il est nécessaire que l'État optimise la décentralisation et rend les collectivités territoriales financièrement autonomes pour pouvoir rationaliser leurs actions par le biais de la coopération intercommunale.

L'incitation financière de l'État pour l'intercommunalité est un mécanisme que dispose l'État pour inciter les communes à s'intégrer dans une structure de coopération intercommunale. Comme les transferts des compétences des communes à un organe intercommunal nécessitent des moyens financiers qui peuvent parfois être insupportables pour les communes, l'État pourrait pallier ces difficultés en apportant lui-même son concours par des contributions financières. Ces contributions financières de l'État peuvent prendre plusieurs formes ; il peut s'agir des dotations qui seront allouées pour le fonctionnement des structures intercommunales ; il peut s'agir également des versements directs aux structures communales des produits d'impôts et taxes que l'État aurait prélevés ; ou encore, il peut s'agir des soutiens budgétaires de la part de l'État pour la réalisation d'un projet spécifique. En outre, le développement de catégorie *d'Établissement public de coopération intercommunale à fiscalité propre* est également une forme d'incitation financière voulue par l'État en faveur des communes pour se mettre en intercommunalité. L'intercommunalité à fiscalité propre est une structure de coopération intercommunale qui a la capacité de lever l'impôt. Elle peut percevoir les produits des taxes d'habitation, des taxes sur le foncier bâti et non bâti, des taxes professionnelles. L'établissement public de coopération intercommunale (EPCI) à fiscalité propre se distingue de l'établissement public de coopération intercommunale sans fiscalité propre. Ce dernier est qui *sans fiscalité propre est, par définition, dépourvu de tout pouvoir en matière fiscale (pas de vote des taux). Leurs ressources sont constituées soit d'une contribution budgétaire (les communes allouent les ressources nécessaires au fonctionnement de l'EPCI), soit d'une contribution fiscalisée (des taux additionnels aux taxes directes locales calculés par l'administration, sur la base du produit voté par le syndicat, s'ajoutent aux taux votés par la commune)*[145]. Cependant, l'institutionnalisation de l'établissement public de coopération intercommunal qui a une fiscalité propre permet de décharger les communes de certaines charges financières qui devraient normalement assumer. Le législateur tchadien pourra en effet prévoir un tel organe de coopération intercommunale à fiscalité propre. Par la suite, il est nécessaire d'inciter à l'application pratique de ce transfert de fiscalité. Ainsi, la coopération intercommunale dans toutes ses formes serait un atout indispensable à la rationalisation des actions communales.

La réussite de la décentralisation tchadienne ne doit pas seulement compter sur la mise en œuvre concrète des collectivités territoriales mais aussi, de prévoir des mécanismes supplémentaires qui permettront aux collectivités territoriales d'assurer l'efficacité des services rendus et la rationalisation de leurs dépenses. La coopération intercommunale permet aux communes de transférées des compétences dans la limites de leurs compétences à un organe commun avec d'autres communes pour partager des expériences. Ce mécanisme permet d'offrir un grand nombre de services et une grande qualité de prestation à moindre coûts. La coopération intercommunale est un outil d'efficacité, de rationalisation et de flexibilité pour les communes. La coopération intercommunale se dédouble avec la coopération décentralisée pour offrir aux collectivités territoriales un ensemble des outils au niveau interne et au niveau international pour servir efficacement et favoriser le développement territorial.

---

[145]Conséquences de l'intercommunalité sur la fiscalité des communes | collectivites-locales.gouv.fr

B- La coopération décentralisée : un atout indispensable au service des collectivités territoriales

Depuis la fin de la Seconde Guerre mondiale, la mondialisation s'est de plus en plus affirmée. Les mutations des relations internationales ont véritablement rénové les enjeux et les mécanismes d'intervention dans la sphère internationale. Les échanges des différentes formes entre les pays et les peuples se sont renforcés davantage et ont induit des différents mécanismes de partenariats et de coopérations dans les différents domaines. On assiste également à des évolutions des paradigmes des relations internationales. Aujourd'hui, les multiples formes de coopérations qu'elles soient bilatérales ou multilatérales évoluent constamment et touchent des domaines complexes et très variés tels que l'économie, l'environnement, la culture, le développement, l'environnement, la diplomatie sécuritaire et militaire, les sciences, le social, la santé et l'humanitaire. La liste n'est pas exhaustive. Le mécanisme de la coopération s'est constamment réinventé, chaque fois il élargit son champ d'action. Par conséquent, les multiplications des formes de coopération n'ont pas été sans incidence sur les acteurs qui doivent porter cette action. On observe l'émergence des nouveaux acteurs sur la scène internationale qui jouent des rôles non négligeables. Aux côtés des États comme acteurs classiques des relations internationales, d'autres acteurs parfois non étatiques sont apparus. Depuis quelques décennies, on constate des investissements très importants des acteurs tels que les organisations non gouvernementales, des associations, des experts scientifiques et des institutions internationales des coopérations bilatérales sur la scène internationale.

La transformation de modèle de l'État avec la crise de sa légitimité pour assurer le développement territorial a favorisé l'affirmation et les renforcements des compétences des entités infra-étatiques dans beaucoup des domaines, notamment celui des relations internationales qui autrefois relevaient du seul monopole de l'État. En effet, il y a lieu de constater les rôles croissant que jouent les collectivités territoriales en matière de coopération internationale. Ce qui confirme aujourd'hui leur présence dans des multiples cadres de coopérations tels que : les jumelages ; expertise, appui technique, assistance à maîtrise d'ouvrage ; formations ; fourniture de matériels ou d'ouvrages ; subventions ; coopération transfrontalière ou soutien aux collectivités du Sud ; projets de développement culturel, social et même économique.

Géraldine FROGER est Professeur de sciences économiques. Elle a investi dans le domaine des recherches en économie politique et institutionnelle du développement durable ; elle contribue aussi à l'analyse économique des politiques. Dans son article « Les coopérations au développement durable en question dans les pays du Sud », publié en 2010 dans la Revue Développement durable et territoires, elle a définit les contours de la coopération décentralisée dans son aspect général avant de questionner la coopération décentralisée en matière de développement durable avec comme étude de cas la coopération en matière de gestion des ressources naturelles au Madagascar.

Naima Hachemi-Douici et Djamal SI-MOHAMMED deux chercheurs en économie ont consacré ce travail sur la coopération décentralisée dans un cadre des relations franco-algériennes. Dans leur article intitulé : « La conception algérienne de la coopération économique décentralisée », publié dans la revue Mondes en Développement en 2016 au numéro n°175, ils fondent leurs études sur le concept de la coopération décentralisée selon une vision algérienne et celle qui est reconnue en

France. Cet article étudie profondément la coopération décentralisée en matière économique en fondant leur analyse sur des cas précis de coopération entre deux communes algériennes et françaises.

Bertrand GALLET est le président de Acted et ancien Directeur général de Cités Unies France. Il est aussi un enseignant chercheur et expert en questions internationales. Son article « Les enjeux de la coopération décentralisée » publié dans la revue internationale et stratégique en 2005 au numéro 57 expose la coopération décentralisée,son développement, les logiques de ses acteurs, ses finalités et les moyens consacrés pour sa réalisation.

Ces différents auteurs ont étudié de façon assez diversifiée la coopération décentralisée. Chacun de ces articles est basé sur des cas précis relevant de la coopération décentralisée, mais ils s'accordent tous sur un ensemble des points communs qui caractérisent cette forme particulière de coopération qui tend à se normaliser. La coopération décentralisée est fondée originellement sur la base de jumelage pour favoriser la paix entre les peuples, mais elle s'est développée de façon extensive sur d'autres aspects pour toucher aujourd'hui presque tous les domaines du développement. De jumelage entre des villes à l'assistance humanitaire en faveur des pays en voie de développement, la coopération décentralisée à évoluer constamment pour toucher aujourd'hui des questions assez diverses et elle intervient même en matière de développement économique et celui de développement durable qui relèvent avant de la coopération internationale classique.

Née dans un contexte particulier de vouloir renforcer la paix entre les peuples, la coopération décentralisée s'est développée de façon très extensive en touchant aujourd'hui presque tous les domaines. Elle débute dans les 50 avec la politique de jumelage qui consiste à renforcer les liens amicaux entre des villes, aujourd'hui, la coopération décentralisée s'est renforcée en développant ses propres instruments juridiques, financiers et techniques et s'est davantage affirmée en dépassant son cadre classique pour concurrencer la coopération internationale relevant du monopole de l'État. Le renforcement de la politique de la décentralisation en France a permis aux collectivités territoriales de développer leurs compétences dans ce domaine. Au niveau de l'Union européenne, la coopération décentralisée fut une préoccupation depuis la fin des années 70. Ce qui a permis notamment l'institution de la convention cadre relative à la coopération transfrontalière adoptée en 1980 à Madrid. Cette convention incite les entités infra-étatiques à se constituer dans un cadre de coopération transfrontalière pour mettre en œuvre des programmes et projets tout au long des frontières communes. Mais au départ, cette convention était respectueuse des compétences des États en matière de coopération internationale. C'était pourquoi elle s'est contentée simplement d'inciter les États de l'Union européenne à favoriser une telle coopération tout en restant circonspect sur plusieurs aspects. La coopération, la diplomatie, bref tout ce qui touche aux relations internationales classiquement il relevait du monopole de l'État. C'est un monopole constitutionnel, reconnu et délimité par la constitution du fait que l'État incarne la souveraineté à l'international. Par conséquent, il n'était pas envisagé au départ que d'autres entités infra-étatiques viennentconcurrencer le monopole de l'État dans ce domaine. Dès lors, la convention cadre de Madrid de 1980 relative à la coopération transfrontalière s'est heurtée à cette sensibilité. C'était pourquoi elle a voulu laisser une grande liberté aux État de définir eux même la forme de coopération que les collectivités peuvent engager. Elle n'implique aucune obligation précise pour les États. De plus, elle ne reconnaît pas officiellement un droit des collectivités à conclure des accords de coopération transfrontalière. Cette convention regroupant des États membres du Conseil de l'Europe, à Madrid, le 21 mai 1980, a pour but d'encourager et de faciliter la conclusion d'accords entre régions et communes, de part et d'autre d'une frontière, dans les limites de leurs compétences. Par cette convention, les États se sont engagés à « faciliter et à promouvoir la coopération transfrontalière ». Les accords prévus par cette convention peuvent s'étendre entre autres au développement régional, à la protection de l'environnement, ou encore à l'aménagement des infrastructures et des services publics. Cette convention cadre est reconnue comme premier texte international relative à la coopération décentralisée. Après avoir constaté un développement des coopérations transfrontalières par l'effet de la convention cadre de Madrid, un protocole additionnel à été signé en 1995, il est signé dans le but de renforcer la convention-cadre en reconnaissant expressément, sous certaines conditions, le droit aux collectivités territoriales à conclure des accords de coopération transfrontalière. Par conséquent, il a permis le développement de projets novateurs comme celui de développement durable.

En France, les grandes réformes de la décentralisation opérées à partir de 1982 ont favorisé la définition d'un cadre juridique et des compétences reconnues aux collectivités territoriales dans le cadre des coopérations décentralisées. Ainsi, la loi de 1992 relative à l'administration territoriale de la République a défini légalement la notion de la coopération décentralisée et pose ses limites. Dans son article 131, la loi de 1992 définit la coopération décentralisée comme « l'ensemble des actions de coopération internationales menées par convention dans un but d'intérêt commun par une ou plusieurs collectivités ». Elle ajoute que « les collectivités territoriales et leurs groupements peuvent conclure des conventions avec des collectivités locales étrangères et leurs groupements dans les limites de leurs compétences et dans le respect des engagements internationaux de la France ». Ainsi, la coopération décentralisée est limitée dans un cadre conventionnel qui doit forcément respecter les engagements internationaux de la France. De même, cette forme de coopération dans la conception française est forcément limitée aux collectivités territoriales et leurs groupements. Elle ne reconnaît pas d'autres acteurs. Ce qui diffère notamment de la conception européenne qui est très extensive. Elle reconnaît la capacité à tous les acteurs infra-étatiques des compétences dans le domaine de coopération décentralisées ; alors que la conception française reconnaît cette compétence aux seules organes de la décentralisation qui sont les collectivités territoriales et leurs groupements. C'était pourquoi les études ont distingué le développement de la coopération décentralisée à travers deux écoles ; celle qui est dite européenne ou encore "anglo-saxonne" ou encore extensive et celle de l'école française que les auteurs la qualifie de "latine" ou restrictive. La définition européenne reconnaît la qualité d'agent de la coopération décentralisée à tous les acteurs dits « infra-étatiques », c'est-à-dire toutes les organisations et personnes morales qui ne relèvent pas directement du gouvernement. Et comme nous l'avons dit ci-haut, la définition française accorde la qualité d'agent aux seules collectivités territoriales et leurs groupements. La loi du 7 juillet 2014 relative à la "politique de développement et de solidarité internationale, la coopération décentralisée" a renforcé le cadre et les domaines d'action de la coopération décentralisée. Cette loi offre la compétence aux collectivités territoriales de dépasser le cadre classique de coopération décentralisée basée sur des activités socioculturelles pour intégrer une action extérieure plus globale touchant tous les domaines du développement.

Apparue lentement dans un domaine bien précis, la coopération décentralisée s'est renforcée et a connu un développement important qui concurrencent même la coopération classique monopolisée par l'État. La coopération en matière de défense relève toujours du monopole de l'État. La mutation des enjeux et le renforcement des compétences des collectivités territoriales en matière de coopération décentralisée ont contribué à la promotion des projets de développement basée des coopérations entre des collectivités territoriales étrangères. Les collectivités territoriales ont vraiment affirmé leur implication et se renforçant davantage dans ce cadre de coopération. Ce qui fait qu'aujourd'hui l'action extérieure des collectivités territoriales est "venue s'inscrire de manière de plus en plus affirmée dans le champ de l'appui au développement dans les pays du sud". L'État français à l'instar des autres États est historiquement engagé dans des coopérations en matière de développement, qu'elles soient dans un cadre bilatérale ou multilatérale, avec également la participation d'autres institutions internationales ; la participation des collectivités territoriales dans la coopération de développement vient renforcer de façon complémentaire l'action déjà opéré par l'État.

Le rôle de la coopération décentralisée dans le champ du développement d'une manière générale est aujourd'hui indéniable. Presque tous les domaines du développement sont touchés par cette forme de coopération. La remise en cause des États des pays en développement critiqués pour leurs inefficacités en matière de gestion et celle des organisations internationales "contestées dans leurs démarches technocratiques" ont renforcé la légitimité de la coopération décentralisée en matière de développement de manière générale et celle du développement économique. L'indépendance vis-à-vis de l'État, la proximité avec la population et le moindre coût ont été des arguments pour le renforcement de la coopération en matière de développement, voire même en matière de développement durable. Cette dernière du fait de sa mise en œuvre qui nécessite une durée longue et des enjeux qui le caractérisent a été depuis longtemps une compétence réservée aux État dans leurs relations bilatérales ou multilatérales avec des organisations internationales. Cependant, la coopération décentralisée se saisit aussi des coopérations en matière du développement durable. Ce qui fait qu'aujourd'hui, plusieurs communes sont impliquées dans des coopérations avec leurs homologues des pays du sud dans le domaine de développement durable, notamment : le développement du Tourisme solidaire, du Tourisme durable, de la protection de l'environnement, de la lutte contre la désertification… Certaines collectivités territoriales françaises sont impliquées dans la protection des ressources naturelles en Madagascar par exemple. Par ailleurs, la coopération décentralisée touche aussi au développement économique. La coopération en matière économique s'est renforcée ces dernières années et implique les collectivités territoriales dans des relations de partenariats avec plusieurs collectivités des nombreux pays du sud. Les collectivités territoriales algériennes sont aussi engagées dans la coopération en matière de développement avec des collectivités françaises, malgré l'absence d'un cadre juridique en Algérie qui encadre ce genre de coopération. Les relations internationales en Algérie relèvent spécifiquement de la compétence de l'État et qu'il n'existe aucune loi qui autorise les collectivités territoriales algériennes à coopérer avec d'autres collectivités étrangères. Cependant, malgré l'absence d'autorisation législative, certaines collectivités algériennes parviennes à s'engager dans des coopérations décentralisées avec des collectivités française ; même en matière de développement économique.

La coopération décentralisée s'est constamment réinventée et elle continue de se développer malgré les difficultés qu'elle rencontre. Ce qui fait qu'aujourd'hui, d'après la base de données de la Commission nationale de la coopération décentralisée (CNCD) : "il existe quelque 3 800 collectivités territoriales françaises (régions, départements, communes et structures intercommunales) qui mènent des projets de coopération à l'international totalisant près de 8 000 coopérations localisées dans 132 pays. Les pays de l'Union européenne arrivent largement en tête avec 4 600 partenariats. ===) Les pays situés hors de l'Union européenne accueillent environ 3 400 projets de coopération, répertoriés dans le futur Atlas de la coopération décentralisée. Dans cet ensemble, sont distingués : premièrement, la zone dite de « solidarité prioritaire » (ZSP) comprenant 54 pays avec lesquels la France entretient des relations privilégiées, où sont dénombrés 1 115 liens, soit 32,8% du total hors Union européenne". L'Afrique francophone, la Chine et l'Asie du Sud-est constituent des zones d'intervention privilégiées en dehors de l'Europe.

Même si le développement rapide de coopération décentralisée est une réalité et le nombre croissant des partenariats entre des milliers des collectivités territoriales laissent penser à une réussite de cette forme de coopération, cependant, cette dernière rencontre souvent des difficultés pour son opérationnalisation dans certains domaines dans les pays du sud. Malgré l'extension de la coopération décentralisée dans presque tous les domaines du développement, il y a lieu de mentionner qu'il n'y a pas une concurrence avec la coopération internationale classique de l'État, mais plutôt, il y a une forme de complémentarité. Donc, la coopération décentralisée complète les actions de coopération internationale menée par l'État.

La coopération décentralisée est aujourd'hui indéniablement et incontestablement une réalité qui occupe de plus en plus de place dans les rapports avec les pays du sud. Elle s'est affirmée et s'est développée de façon remarquable en touchant un domaine assez vaste de développement dans les pays du sud. Elle est dans une dynamique de réadaptation constante aux exigences de la coopération internationale. Cependant, elle se heurte à certaines difficultés dues aux contraintes institutionnelles, financières et juridiques que rencontrent les pays du Sud. Ce qui constitue une limite à la coopération décentralisée pour s'affirmer de façon optimale dans certains champs de développement. Mais, il est aussi à noter qu'aujourd'hui la légitimité de la coopération décentralisée n'est point contestable. Elle n'est pas remise en cause comme autrefois. Son champ d'action continue de se renforcer et qui en France entraîne dans son sillage des réadaptations institutionnelles, juridiques, financières de façon constante. Les collectivités territoriales des États des pays du Sud, malgré leurs bonnes volontés à s'engager davantage dans cette forme de coopération, malheureusement, elles se voient parfois limitées par les retards qu'ils connaissent dans les réformes de la décentralisation. En effet, au Tchad, la loi organique de 2000 portant statut des collectivités territoriales décentralisées reconnaît aux collectivités territoriales la capacité de s'engager dans une forme de coopération internationale avec ses homologues étrangères sans toutefois préciser les modalités et les formes qu'elle envisage.

En France, même si la volonté de coopération décentralisée était affichée bien avant, son encadrement et les définitions de ses contours se sont faites avec les réformes de la décentralisation amorcées à partir de 1982. En effet, la décentralisation a permis aux collectivités territoriales de s'émanciper et de développer des compétences. Les élus locaux se sont saisis également des mécanismes de la coopération décentralisée pour tisser des relations avec des collectivités étrangères et développer leurs réseaux. La coopération décentralisée relève des savoirs très techniques et pour sa bonne réussite dans certains domaines tels que celui du développement durable ou celui du développement économique, il est indispensable que les collectivités territoriales disposent suffisamment des ressources qualifiées. Même si jusque-là les collectivités territoriales françaises ne disposent pas suffisamment de personnels qualifiés spécialisés en matière de coopération décentralisée, elles s'en sortent mieux que leurs homologues des pays du Sud. Aujourd'hui, les principales difficultés évoquées pour la concrétisation des coopérations en matière de développement économique ou celles relatives au développement durable se sont les fragilités institutionnelles, l'absence des mécanismes juridiques appropriés, la vulnérabilité économique et les difficultés financières que rencontrent les collectivités des pays du Sud.

Le retard de la décentralisation dans les pays du sud impose des difficultés pour les collectivités territoriales d'être véritablement acteurs de la coopération décentralisée dans certains domaines. En effet, le transfert des compétences aux collectivités territoriales opérées dans certaines matières reste très hypothétique et les autorités locales ne disposent pas véritablement des pouvoirs dans ce domaine malgré un transfert théorique des compétences. Les collectivités territoriales des pays du sud peuvent bien s'engager dans des coopérations sur des projets de développement, mais les réalités opérationnelles de ces projets sont soumises à des difficultés de réalisation. Il existe ici un problème de véritable et réel transfert des compétences aux collectivités territoriales dans les domaines qui demandent trop d'investissement. Il y a lieu d'expliquer que les difficultés de transfert des compétences que rencontrent les pays du Sud dans certains domaines sont susceptibles d'entraver la réussite de la coopération décentralisée. De même, dans certains pays, il y a une absence de reconnaissance législative de coopération décentralisée en faveur des collectivités territoriales. Cependant, malgré l'absence du cadre législatif, les collectivités territoriales sont habituées à s'engager en coopérant avec leurs homologues français sur plusieurs aspects dont la majorité est humanitaire.

Il y a aussi un point de vue commun entre les différents auteurs que la coopération décentralisée pourrait constituer comme une forme de coopération complémentaire à l'action internationale conduite par l'État, mais de même que ses conditions de réussite dépendent entre autres du succès des processus de décentralisation dans les pays du Sud. Par ailleurs, il est fait mention que les "structures locales doivent disposer de capacités institutionnelles suffisantes pour l'élaboration et la mise en place de programmes s'inscrivant dans une perspective de plus long terme". Dans le cas contraire, certains domaines qui nécessitent un temps assez long pour mettre en œuvre auront des difficultés à se réaliser.

La coopération décentralisée est un atout indispensable pour les collectivités territoriales des pays du Sud qui connaissent une récente décentralisation. Pour les collectivités territoriales tchadiennes, si elles arrivaient à fonctionner de façon optimale, elles pourraient profiter du mécanisme de coopération décentralisée pour bénéficier d'appuie multiforme de la part des collectivités ayant des expériences avancées et des moyens colossaux.

En analysant profondément les différents arguments des différents auteurs qui ont investi dans l'étude de la coopération décentralisée, beaucoup d'entre eux ont intelligiblement démontré que la coopération décentralisée est aujourd'hui une réalité indéniable et un atout indispensable pour les pays en développement. Aussi, cette forme de coopération continue de séduire et d'évoluer pour se perfectionner ; mâle si cela est d'ailleurs à saluer, cependant sa réussite est conditionnée à l'amélioration de la décentralisation. Ainsi, les pays du Nord connaissent une évolution institutionnelle, administrative, politique et financière en matière de décentralisation par rapport aux pays du Sud. Par conséquent, même si la coopération décentralisée continue de produire des effets positifs pour les pays du Nord, ce sont par contre les pays du Sud qui sont les grands bénéficiaires de cette forme de coopérations. Les pays du Nord peuvent aussi avoir des retombées en matière économique lorsque la coopération leur permet d'implanter leurs entreprises. Mais, les différents États du pays du Sud ou pays en développement sont dépourvus des ressources suffisantes pour assurer le développement local. Dès lors, l'opportunité de s'engager dans des relations de coopération décentralisée serait une opportunité pour eux de résoudre certains de leurs problèmes avec l'appui de leurs partenaires, leurs homologues étrangers. C'est une opportunité de prendre en charge certains domaines spécifiques. Les collectivités des pays développés investissent aujourd'hui en apportant leurs soutiens aux celles des pays du Sud dans des domaines tels que l'humanitaire, l'amélioration des institutions, le renforcement de la gouvernance locale, la gestion des ressources en eau et l'assainissement… Les domaines d'intervention en faveur des collectivités des pays du Sud sont vastes et bénéfiques. Bien que les auteurs soulignent dans leurs articles quelques difficultés qui seraient susceptibles d'entraver la coopération décentralisée, cependant, ces difficultés proviennent en grande partie des pays en voie de développement qui n'ont pas pu renforcer la décentralisation. Les collectivités territoriales de ces États connaissent des fragilités institutionnelles qui ne leurs permettent pas d'opérationnaliser de façon optimale les programmes et projets issus de la coopération ; Ou voir même que ces fragilités institutionnelles pourraient parfois constituer un handicap pour ces collectivités à pouvoir s'engager dans une forme de coopération de développement.

Nous pouvons soutenir que la coopération décentralisée constitue réellement un atout indispensable pour les collectivités territoriales des pays du Sud, car dans son évolution, elle s'est donnée comme objectif d'accompagner "la transformation de l'organisation administrative et politique des pays en voie de décentralisation par un appui aux nouvelles collectivités territoriales. Les objectifs sont de consolider les collectivités locales et de renforcer leur capacité à répondre aux aspirations des populations, dans le respect des traditions et spécificités de la société étrangère. Les actions conduites dans ce cadre prennent des formes diverses : jumelages, programmes, projets de développement...La coopération décentralisée présente donc des atouts importants". Comme de nombreux pays du sud sont engagés dans une dynamique de décentralisation, les choix opérés par les collectivités territoriales des pays développés d'accompagner le processus de décentralisation dans ces pays et soutenir les nouvelles collectivités territoriales à se développer convergent vers un point commun plus favorable aux premières. Il est en effet indéniable que la coopération décentralisée présente un grand atout pour ces collectivités territoriales. Les différentes formes d'atouts s'expliquent d'abord par le fait que la coopération décentralisée s'attache désormais au développement local ; elle est une coopération " de proximité, un partenariat entre acteurs locaux ; par leur connaissance du terrain, des besoins des administrés, ceux-ci peuvent ainsi mener des opérations concrètes, utiles et innovantes qui contribueront au développement économique et social durable de la collectivité bénéficiaire et de ses habitants". Ensuite, dès ses premières expériences, la coopération décentralisée s'est fondée sur des relations humaines. Ce qui facilite les *"rencontres, favorise la connaissance mutuelle des partenaires, elle instaure une solidarité et suscite le dialogue entre les cultures"*. Ainsi donc, les atouts de la coopération décentralisée sont nombreux et concourent tous à l'amélioration des conditions de développement locale favorables aux collectivités territoriales.

Nous pouvons donc reconnaître que les difficultés réellement constatée dans cette forme de coopération sont celles qui sont liées à un manque de clarté des mécanismes juridiques et financiers adéquats à la coopération décentralisée au Tchad. Cela est accentué encore plus par le fait que certaines collectivités territoriales créées par la constitution ne sont pas fonctionnelles. Ce qui rend parfois difficiles certains projets de coopération qui nécessitent des initiatives des acteurs locaux et des réelles implications de toutes les parties et de tous les acteurs de coopération. Par ailleurs, même dans certains pays développés, la coopération décentralisée se développe lentement et les compétences qu'elle fait appelle sont parfois difficiles à mobiliser. Ce qui serait ainsi défavorable pour certaines relations de coopération à se concrétiser si les collectivités partenaires sont d'autant plus en difficulté. Alors, même s'il y a des difficultés notoires, la coopération décentralisée affiche plus d'optimisme que de réticence ; car, elle n'est pas cloisonnée ; elle est ouverte, évolutive et s'améliore de plus en plus. Donc pour bénéficier de cet atout, la décentralisation tchadienne devra se montrer évolutive et accorder aux collectivités territoriales des réelles capacités à jouir de leurs prérogatives.

Conclusion

Depuis plus de trois décennies le Tchad est à la recherche constante d'un système territorial qui s'adapte le mieux à ses réalités politiques, géographiques et sociologiques. La Constitution de 1996 a fait le choix pour une forme d'État unitaire décentralisé qui est suivi d'un mouvement législatif dynamique très favorable à la décentralisation. Mais malheureusement, cette dynamique normative n'est pas traduite de la même façon sur le plan pratique. En effet, sur les quatre niveaux des collectivités territoriales créés, seulement 42 communes sont décentralisées. En 2012 les 42 communes dites de "plein exercice" sont dotées des assemblées élues et qui jusqu'à nos jours ne sont pas renouvelées. Les autres collectivités territoriales ne sont pas mises en pratique. Les réformes institutionnelles de 2018 ont réduit les niveaux des collectivités territoriales à deux. La décentralisation tchadienne est constituée désormais de deux échelons territoriaux qui sont les communes et les provinces. Les départements comme niveau intermédiaire et les communautés rurales comme niveau inférieur ont été supprimés. Cependant, la décentralisation tchadienne trouve des difficultés sérieuses pour la rendre pratique. Les raisons principales sont d'ordre financier. Les collectivités territoriales ne bénéficient pas toujours l'ensemble des ressources nécessaires pour compenser les transferts des charges et des compétences. Ce qui fait que la décentralisation est en crise et elle nécessite d'être réadapter aux réalités du pays et elle nécessite également que les collectivités territoriales créées soient mises en pratique de façon optimale. Cette crise de l'État unitaire et dans sa forme décentralisée ne permettant pas d'assurer efficacement le développement territorial et incapable de favoriser une autonomie locale incite à chaque occasion de réformes institutionnelles à remettre sur la table la question de la forme de l'État. Pendant le dialogue national inclusif de 2022, la problématique de la forme de l'État revient derechef avec acuité. Le choix entre un État unitaire décentralisé et celui d'un État fédéral a fait l'objet d'une résolution à l'issue de ces assises et conduisant ainsi à la tenue d'un référendum constitutionnel vers la fin 2023, dans lequel le choix entre les deux formes de l'État est inscrit. Après analyse profonde des réalités du Tchad en conjuguant son histoire politico-administrative et en étudiant les structures actuelles de l'État avec toutes les failles constatées pendant les réformes précédentes en faveur de la décentralisation, nous concluons que les mutations vers un système fédéral serait une erreur. Le fédéralisme est inadapté aux réalités actuelles du Tchad. Son fonctionnement est complexe et nécessite des moyens humains et financiers conséquents pour sa mise en œuvre optimale. En outre, les conséquences de l'histoire politico-administrative du Tchad seraient une entrave pour le fonctionnement d'un système fédéral. Par conséquent, il y a des risques non négligeables que le fédéralisme souhaité se dégénère en une forme de fédéralisme ethnique à l'exemple de l'Éthiopie. C'est pourquoi nous préconisons le maintien de la forme de l'État unitaire décentralisé en se méfiant de l'adverbe "fortement" qui risquerait de nous conduire dans le même sentier que celui de 1996. Alors, il est nécessaire de réadapter les réformes de la décentralisation aux réalités économiques et politiques du pays et de même d'assurer l'optimisation des institutions de la décentralisation qui sont créées. Car, la décentralisation administrative dans un processus constant et avancé, pourrait entraîner une transformation importante des territoires et elle est susceptible de produire une dynamique territoriale importante ; en même temps, elle permettrait à l'État de maintenir une cohésion et une unité dans ses actions sur l'ensemble du territoire national. Par conséquent, après avoir redynamisé les territoires et renforcer l'unité nationale, nous pouvons muter progressivement vers le fédéralisme en responsabilisant petit à petit les territoires. Donc, le fédéralisme reste une option mais, il est nécessaire de maintenir la décentralisation et procéder par incrémentalisme.

Bibliographie non exhaustive

Ouvrages généraux et spéciaux :

-Bertrand Mathieu ; Michel Verpeaux ; Les mutations constitutionnelles des collectivités territoriales ; Huitième Printemps du droit constitutionnel ; Dalloz 2014

-Michel Troper Francis Hamon ; Manuel de Droit constitutionnel 2022 LGDJ ;

- Jacques Baguenard, la décentralisation ; Que sais-je? Presses Universitaires de France 2004

-La théorie de l'État de Carré de Malberg Par Éric Maulin Année : 2003

- GRANDGUILLOT (D), les collectivités territoriales en France, Paris, Gualino lextensoédition, 2013/2014,

- TROTABAS (L) et ISOART (P), Droit public, LGDJ 1998

-Droit et gestion des collectivités territoriales. Tome 37, 2017. Les territoires de l'État

-Mathieu Doat, Recherche sur la notion de collectivité locale en droit administratif français, Paris, LGDJ 2003

- LA MÉTROPOLE DE LYON ; De la singularité à la modélisation ? Sous la direction de Christophe Chabrot; Harmattan 2019

- VIDA Azimi, nation contre petites nations ; Administration territoriale française 1750-1940 ; PU d'Orléan 1998

- ARDANT (Ph.) et BERTRAND (M), Droit constitutionnel et institutions politiques, Paris, LGDJ, 27ème édition, 2015/2016.

- Manuel Delamarre ; L'administration et les institutions administratives : 3e édition ; la documentation française 2022

- Alexis Tocqueville (A), De la démocratie en Amérique, 1835

- NACH MBACK (Ch), Démocratie et décentralisation, genèse et dynamique comparées des processus de décentralisation en Afrique subsaharienne, Paris, KARTHALA et PDM, 2003.

Articles scientifiques :

-Ferran Requejo ; Fédéralisme et groupes nationaux ; Dans Revue internationale des sciences sociales 2001/1(n°167), pages 43 à 51

-Loïc PHILIP - Professeur émérite à l'Université d'Aix-Marseille III ; Autonomie financière des collectivités territoriales ; Cahiers du Conseil Constitutionnel N°12 mai 2002

-Louis FAVOREU, André ROUX - Professeurs à l'Université d'Aix-Marseille III, GERJC CNRS-UMR 6055 ; Libre administration des collectivités territoriales Cahiers du Conseil Constitutionnel N°12 mail 2002

-Roig Charles. Théorie et réalité de la décentralisation. In : Revue française de science politique, 16e année, n°3, 1966. pp. 445- 471

-Bernard Husson ; Un dispositif de crédibilisation des collectivités décentralisées : les fonds d'appuis aux collectivités territoriales ; dans techniques financières et développement ; 2013

-Dr. Christian TRIMUA Professeur à la Faculté de Droit et des Sciencespolitiques, Université de Kara : Atelier sur « LA PLACE DU CHEF TRADITIONNEL DANS LE CONTEXTE DE LA DECENTRALISATION » 02-03 Mars 2007, Le statut jurdique de la chéfferie traditionnelle au Togo : incertitudes et ambiguïtés

-Gerard Marcou : annal des collectivités territoire ; bilan et avenir de la déconcentration 2002

-Fathi Zerari, « L'évaluation de l'autonomie des collectivités territoriales dans les systèmes juridiques d'inspiration française », P 216, Les Annales de droit [En ligne], 12 | 2018, mis en ligne le 05 février 2019. URL : http://journals.openedition.org/add/1306 ; DOI : https://doi.org/ 10.4000/add.1306

-Patrice Williams-Riquier, La charte européenne de l'autonomie locale : un instrument juridique international pour la décentralisation. Dans Revue française d'administration publique 2007/1-2 (n° 121-122)

-Loïc PHILIP - Professeur émérite à l'Université d'Aix-Marseille III, l'autonomie financière des collectivités territoriales ; nouveaux cahiers du conseil constitutionnel n° 12 mai 2002

-Chicot Pierre-Yves. XI. Le renouvellement de l'État territorial : le prisme de la décentralisation autonomique. In : Droit et gestion des collectivités territoriales. Tome 37, 2017. Les territoires de l'État, P. 188

-Jacques Baguenard, L'existence d'affaires locales ; Dans La décentralisation (2004)

- Azhiri ; La décentralisation dans les États de traditions juridiques française ; études comparées

- NACH MBACK (Ch),Démocratie et décentralisation, genèse et dynamique comparées des processus de décentralisation en Afrique subsaharienne

-KEUDJEU DE KEUDJEU (J.R), « La gestion des grandes cités en Afrique subsaharienne francophone : le cas des agglomérations urbaines à statut particulier du Burkina-Faso, du Cameroun, du Congo, du Mali et du Sénégal » (document électronique).

<u>Rapports :</u>

- Rapport final du Comité technique d'appui au Haut comité chargé des réformes institutionnelles au Tchad de 2018

- Extrait du rapport de la conférence nationale souveraine organisée au Tchad en 1993

Cours :

- Michel Verpeau ; Professeur Paris 1 Sorbonne ; cours de Droit Constitutionnel : théorie générale de l'État.

- Bertrand Faure ; professeur de droit public ; université de Nantes ; Cours Droit des collectivités territoriales.

Sites internet :

-Site officiel du Sénat français

- Site officiel du conseil constitutionnel français

- Site du journal d'information hebdomadaire au Tchad ; article sur les chefferies traditionnelles ; https://ndjamenahebdo.net/le-role-de-la-chefferie-traditionnelle-au-tchad

-3 collectivites-locales.gouv.fr

-Extrait du Discours de l'ancien président de la République du Tchad Idriss Déby à l'ouverture de la première session du Haut conseil pour les Collectivité territoriale et des ChefferiesTraditionnelles ;https://www.tchadpages.com/vers-un-renforcement-du-pouvoir-des-chefferies-traditionnelles-et-coutumieres

Thèses :

-Christophe Chabrot ; La centralisation territoriale. Fondement et continuité en droit public français. Thèse de droit public soutenue à l'université Panthéon Paris 2

Principaux textes constitutionnels, législatifs et réglementaires :

- Constitution de la République du Tchad du 31 mars 1959 ;
- Constitution de la République du Tchad adoptée par le Référendum du 31 mars 1996 et révisée par les Lois Constitutionnelles n°008/PR/2005 du 15 juillet 2005 et n°013/PR/2013 du 03 juillet 2013 ;
- Constitution de la République du Tchad du 04 mai 2018 ; - Loi organique n°002/PR/2000 portant statuts des Collectivités Territoriales Décentralisées ;
- Constitution de la République française de 1958
- Constitution de la République du Cameroun de 1996
- Constitution de la Suisse de 1999
- Constitution des États unis de 1871
- Constitution de la République Hellénique de 1994
- Loi organique de 2000 portant statut des collectivités territoriales décentralisées au Tchad
- loi organique de 2010 sur le statut des Chefferies traditionnelle
- Loi organique n°019/PR/2010 du 13 octobre 2010 déterminant les principes fondamentaux de l'organisation administrative du territoire de la République du Tchad ;
- Loi n°007/PR/2002 du 5 juin 2002 portant statuts des Communautés rurales ;
- Loi n°033/PR/2006 du 11 décembre 2006 portant répartition des compétences entre l'État et les Collectivités Territoriales Décentralisées ;
- Loi n°011/PR/2004 du 7 juin 2004 portant régime financier et fiscal des Collectivités Territoriales Décentralisées ;
- Loi n°012/PR/2004 du 07 juin 2004 portant régime comptable des Collectivités Territoriales Décentralisées ;

- Loi n°009/PR/2005 portant statut particulier de la ville de N'Djaména ; - Loi n°011/PR/2013 portant Code de l'organisation judiciaire ;

- Ordonnance n°0036/PR/2018 du 06 août 2018 portant Statut des Collectivités Autonomes ; - Ordonnance n°005/PR/2011 du 10 février 2011 portant création des communes d'arrondissement de la ville de N'Djaména ;

- Ordonnance n°017/PR/1985 du 24 Juillet 1985 portant organisation des communes de moyen exercice ;

- Ordonnance n°037/PR/2018 du 07 Août 2018, portant création des Unités Administratives et des Collectivités Autonomes ;

- Ordonnance n°038/PR/2018 du 10 Août 2018, portant création des Unités Administratives et des Collectivités Autonomes ;

- Loi de 1921 relative à la mise en valeur de l'Outre-Mer

-Circulaire du gouverneur Fedherbe circulaire du 27 septembre 193 JO Sénégal 1932-76 interprétant la loi de 1921 relative à la mise en valeur de l'Outre-Mer.

- Arrêté du Ministre de l'intérieur monsieur Keïta Fodéba, du 31 décembre 1957 portant suppression de la Chefferie traditionnelle sur le territoire de la Guinée

-loi n°7/sc du 10 décembre 1960 sur la reconnaissance des chefs traditionnels au Cameroun

-Décret n°77/245 du 15 juillet 1977 portant organisation des Chefferies traditionnelles au Cameroun

- Décret n°421/PR/PM/MASTSP/2014 fixant les clés de répartition des ressources financières entre la Commune de Ville de N'Djaména et les Communes d'arrondissement ;

- Décret n°529/PR/PM/MCD/2011 du 1er Juin 2011 portant création et attribution des services des collectivités territoriales décentralisées ;

- Décret n°528/PR/PM/MCD/11 du 1er Mai 2011 portant conditions et modalités de mise à la disposition des collectivités territoriales décentralisées des services déconcentrés de l'État ;

- Décret n°516/PR/PM/MAT/2016 du 10 août 2016, portant érection de nouveaux quartiers dans certaines communes d'arrondissement de la ville de N'Djaména ;

- Décret n°530/PR/PM/MCD/11 du 01 Juin 2011 fixant le nombre des conseillers municipaux des communes chefs-lieux des régions et des départements ;

- Décret n°609/PR/PM/SGG/2016 du 31 août 2016, portant création et organisation des délégations régionales des départements ministériels.

- Décret n°1006/PR/PM/2017, portant organisation et fonctionnement des délégations régionales des départements ministériels ;

- Décret n°154/PR/MISD/2001 portant attributions des Chefs des Unités administratives ;

- Décret n°267/PR/INT du 02/11/1972 fixant les attributions des Préfets ;

- Arrêté interministériel n°003/PR/PM/MISP/SE/DGAT/DTC/2013 du 17 Juillet 2013 portant répartition des ressources matérielles, humaines et financières entre la commune de ville de N'Djaména et les Communes d'arrondissements.

Jurisprudences

CC, 2012, Ahmed S

CE, avis, 1992, Préfet du Calvados

CC, 1999, Fonctionnement des conseils régionaux

CC°, 1984, Fonction publique territoriale)

CC°, QPC, 2016, Assemblée des départements de France

CC°, 1993, Loi anti-corruption (Sapin I)

CC, QPC, 2010, Commune de Dunkerque

CC 25 février 1982, décision n°82-137 DC du 25 février 1982

CC, décision n°84- 185 DC du 18 janv. 1985

TABLE DES MATIÈRES

Structures éditoriales du groupe L'Harmattan

L'Harmattan Italie
Via degli Artisti, 15
10124 Torino
harmattan.italia@gmail.com

L'Harmattan Hongrie
Kossuth l. u. 14-16.
1053 Budapest
harmattan@harmattan.hu

L'Harmattan Sénégal
10 VDN en face Mermoz
BP 45034 Dakar-Fann
senharmattan@gmail.com

L'Harmattan Cameroun
TSINGA/FECAFOOT
BP 11486 Yaoundé
inkoukam@gmail.com

L'Harmattan Burkina Faso
Achille Somé – tengnule@hotmail.fr

L'Harmattan Guinée
Almamya, rue KA 028 OKB Agency
BP 3470 Conakry
harmattanguinee@yahoo.fr

L'Harmattan RDC
185, avenue Nyangwe
Commune de Lingwala – Kinshasa
matangilamusadila@yahoo.fr

L'Harmattan Congo
219, avenue Nelson Mandela
BP 2874 Brazzaville
harmattan.congo@yahoo.fr

L'Harmattan Mali
ACI 2000 - Immeuble Mgr Jean Marie Cisse
Bureau 10
BP 145 Bamako-Mali
mali@harmattan.fr

L'Harmattan Togo
Djidjole – Lomé
Maison Amela
face EPP BATOME
ddamela@aol.com

L'Harmattan Côte d'Ivoire
Résidence Karl – Cité des Arts
Abidjan-Cocody
03 BP 1588 Abidjan
espace_harmattan.ci@hotmail.fr

Nos librairies en France

Librairie internationale
16, rue des Écoles
75005 Paris
librairie.internationale@harmattan.fr
01 40 46 79 11
www.librairieharmattan.com

Librairie des savoirs
21, rue des Écoles
75005 Paris
librairie.sh@harmattan.fr
01 46 34 13 71
www.librairieharmattansh.com

Librairie Le Lucernaire
53, rue Notre-Dame-des-Champs
75006 Paris
librairie@lucernaire.fr
01 42 22 67 13

www.ingramcontent.com/pod-product-compliance
Lightning Source LLC
LaVergne TN
LVHW011301061026
849535LV00005B/1349
* 9 7 8 2 1 4 0 4 9 5 6 3 2 *